BIBLIOTHÈQUE DU VOYAGEUR

LE GRAND GUIDE D'ATHÈNES

Traduit de l'anglais et adapté par Anne-Marie Térel
et Patrick Jézéquel

GALLIMARD

Insight Guides, Athens
© Apa Productions (HK) Ltd, 1990.
© Éditions Gallimard, 1990, pour la traduction française.

Dépôt légal : avril 1991
N° d'édition : 50488
ISBN : 2-07-072164-7

Imprimé à Singapour

CEUX QUI ONT FAIT
CE GUIDE

Après *Le Grand Guide de la Grèce* et *Le Grand Guide des îles grecques*, *Le Grand Guide d'Athènes* est le troisième ouvrage consacré à la Grèce. **Brian Bell**, responsable de collection aux éditions APA, fit une seconde fois appel à **Martha Ellen Zenfell**, qui avait travaillé pour l'ouvrage sur les îles grecques, pour la direction du *Grand Guide d'Athènes*. Elle fut donc, dans un premier temps, chargée de réunir une équipe de rédacteurs. Elle-même rédigea les chapitres « A une heure d'Athènes » et « A un jour d'Athènes ».

Rowlinson Carter, historien passionné par la Grèce, fut choisi pour la quasi-intégralité de la partie historique, ainsi que le premier chapitre de la partie « Itinéraires » : « L'Acropole » et l'encadré « Les archéologues sont-ils des voleurs ? ».

John Carr présente les actualités de langue anglaise sur une radio athénienne. Il est l'auteur des chapitres « Des dieux et des hommes », « Le Pirée-Kifissia par le chemin de fer ».

Elizabeth Boleman Herring a écrit, dans *The Athenian*, à propos des Grecs : « Nous sommes futiles et humbles, sensuels et distants, exigeants et patients à l'excès. » Elle est l'auteur des chapitres « La cuisine grecque », « Plaka », « De Syndagma à Monastiraki » et « De Syndagma à Omonia ».

Alec Kitroeff, un Grec d'Alexandrie, a servi dans la marine de guerre puis dans la marine marchande, avant de se lancer dans le journalisme, les relations publiques et la publicité. Il a rédigé le chapitre « Les Athéniens aujourd'hui ».

Zenfell

Carter

Carr

J.A. Lawrence, l'auteur d'« Autour de la place Syndagma », est née à New York, mais vit à Athènes depuis plusieurs années. Elle est par ailleurs l'auteur de guides touristiques, d'œuvres de fiction et d'ouvrages historiques.

Né en Californie, diplômé de l'université de Berkeley, **Marc S. Dubin** a exercé le métier de guide touristique et il a toujours eu une prédilection pour Athènes. On lui doit d'ailleurs pour *Le Grand Guide des îles grecques* de nombreux clichés, et pour le présent ouvrage, les chapitres « De Kolonaki à Exarchia », « Mets et Pangrati » et « Les autres quartiers ».

Cinéphile invétérée et correspondante en Grèce de *Variety* et de l'*International Film Guide*, **B. Samantha Stenzel** était toute désignée pour la rédaction des chapitres « Le cinéma du samedi soir », « Le Pirée » et l'encadré « Le rembetika ».

Nigel Lowry a vécu à Londres, dans le Yorkshire, en Australie et à Athènes. Journaliste de formation, il s'est spécialisé dans la chronique sportive, notamment celle qui a trait au monde de la mer. Voilà pourquoi c'est lui qui a écrit le chapitre « Naviguer dans le golfe Saronique ».

Carol Reed, qui avait abordé la question du tourisme dans *Le Grand Guide des îles grecques*, est rédacteur indépendant et vit actuellement à Athènes. Elle a traité d'un autre sujet épineux dans les pages qui suivent, celui de la pollution dans le chapitre « Athènes et la pollution ».

Les photographes qui ont brillamment illustré cet ouvrage sont nombreux et il serait difficile de parler de tous ici. Les plus représentés sont **Janos Stekovics**, **Marcus Wilson-Smith**, **Pierre Couteau**, **Markos G. Hionos** et **Michele Macrakis**.

Herring

Kitroeff

Stenzel

Dublin

TABLE

HISTOIRE ET SOCIÉTÉ — 23-81

Découvrir Athènes	23
Chronologie de la Grèce ancienne	30
Naissance de la Grèce	35
Guerres et démocratie : Athènes au premier plan	41
Athènes, la fin du monde antique	49
Les jeux Olympiques	50
Chronologie moderne	57
De la Grèce ottomane à la Grèce moderne	58
L'homme grec de l'Antiquité	67
Lord Byron et les Philhellènes	73
Des dieux et des hommes	79

CULTURE ET ENVIRONNEMENT — 85-116

Les Athéniens aujourd'hui	85

TABLE

Le Pirée-Kifissia par le chemin de fer	92
Athènes et la pollution	94
La cuisine grecque	101
Le Festival d'Athènes	109
Naviguer dans le golfe Saronique	113

ITINÉRAIRES — 125-229

L'Acropole : l'orgueil de la Grèce	127
Archéologie ou vol ?	135
Plaka	141
Autour de la place Syndagma	149
De Syndagma à Monastiraki	159
Le cinéma du samedi soir	169
De Syndagma à Omonia	171
De Kolonaki à Exarchia	181
Mets et Pangrati	187

TABLE

Les autres quartiers	195
Le Pirée	203
Le rembetika	206
A une heure d'Athènes	213
A un jour d'Athènes	223

INFORMATIONS PRATIQUES — 233-267

Préparatifs et formaliés de départ	234
Aller en Grèce	235
A l'arrivée	237
A savoir une fois sur place	238
Comment se déplacer	241
Pour mieux connaître la Grèce	245
Loisirs et spectacles	248
Nature et sports	251
Musées et curiosités touristiques	252

TABLE

Pour les gourmets	254
Où loger	258
Indications bibliographiques	262
Crédits photographiques	264
Index	264

CARTES

Athènes	124
L'Acropole	130
Plaka	142
Environs de la place Syndagma	150
De Syndagma à Monastiraki	160
De Syndagma à Omonia	172
De Kolonaki à Exarchia	182
Mets et Pangrati	188
Le Pirée	204

DÉCOUVRIR ATHÈNES

« *L'impression que me fit Athènes est de beaucoup la plus forte que j'aie jamais ressentie. Il y a un lieu où la perfection existe ; il n'y en a pas deux : c'est celui-là. Je n'avais jamais rien imaginé de pareil. C'était l'idéal cristallisé en marbre pentélique qui se montrait à moi. Jusque-là, j'avais cru que la perfection n'est pas de ce monde ; une seule révélation me paraissait se rapprocher de l'absolu. Depuis longtemps, je ne croyais plus au miracle, dans le sens propre du mot ; cependant la destinée unique du peuple juif, aboutissant à Jésus et au christianisme, m'apparaissait comme quelque chose de tout à fait à part. Or voici qu'à côté du miracle juif venait se placer pour moi le miracle grec, une chose qui n'a existé qu'une fois, qui ne s'était jamais vue, qui ne se reverra plus, mais dont l'effet durera éternellement, je veux dire un type de beauté éternelle, sans nulle tache locale ou nationale.* »

Ernest Renan
Prière sur l'Acropole
Souvenirs d'enfance et de jeunesse

Pour tous ceux qui n'y sont jamais allés, Athènes reste synonyme d'Acropole, de Parthénon et de Pirée. Or la capitale de la Grèce est avant tout une ville moderne qui compte, avec sa banlieue, plus de deux millions et demi d'habitants. Aussi ne faut-il pas s'attendre à la voir s'offrir au premier coup d'œil comme un musée bien rangé ; elle paraît au contraire vivre dans le plus grand désordre. Il ne faut pas se rendre à Athènes en imaginant qu'on aura le coup de foudre pour la ville mythique, et les réminiscences scolaires ou universitaires fondent comme neige au soleil au spectacle d'une vie débordante et anarchique. La réalité peut engendrer une certaine déconvenue : d'une part, l'architecture moderne est souvent quelconque, sans aucun souci d'esthétique. On perçoit d'emblée une croissance incontrôlée de la ville, avec notamment ici et là des forêts de tiges de fer surgissant de dalles de béton qui attendent l'adjonction éventuelle d'étages et d'un toit. Jouxtant le centre d'affaires de la place Syndagma et les quartiers aisés — comme Kolonaki et le long de la route de Kifissia — se trouvent des ensembles d'habitations sans réelle architecture et sans confort, qui

abritent tous ceux qui sont sont venus faire fortune dans la capitale. L'ensemble donne une allure improvisée et inachevée. Assez rares sont les avenues bordées d'arbres, et le passé, même s'il est représenté par de superbes monuments, semble éparpillé sans souci apparent d'harmonisation.

D'autre part, Athènes est la plus polluée, la plus encombrée et la plus bruyante des capitales européennes. La moitié de l'industrie grecque est concentrée au Pirée ; de plus, la ville étant située dans une cuvette, le *meltemi*, un vent de l'est qui souffle sur toute la Grèce, ne suffit pas à balayer les nuées polluantes de la vie

Pages précédentes : autocar personnalisé à la mode athénienne ; boléro noir surbrodé et fustanelle blanche d'un evzone de la garde ; les evzones traversent le marché aux fleurs ; vue d'Athènes ; le noir est une couleur traditionnelle dans l'habillement ; « antiquités » contemporaines. A gauche, Athènes, bruyante ? ; à droite, parfum d'orthodoxie.

moderne. En été, cela produit un effet de serre, et la ville entière est couronnée par un immense nuage de gaz appelé *penéfos*... Dans ce décor étonnant, des piétons chargés, qui d'une cage à oiseaux, qui d'un lampadaire, qui d'une pile de magazines, et des petites fourgonnettes tricycles ou des camions, bourrés de marchandises de toutes sortes, se croisent dans un incroyable brouhaha. Il faut dire qu'un tiers des Grecs habitent dans la capitale... Fraîchement débarqué, le touriste risque de faire des yeux ronds et de se demander où il est tombé... Mais, si Athènes n'est pas réductible à une carte la Léoforos Vasilisis Sophias, conduit au sommet du Lycabette d'où on admire toute la ville. L'idéal est d'y aller en fin d'après-midi ou la nuit ; l'ascension est un peu sportive et il fait toujours plus chaud dans la journée. Athènes illuminée est magnifique. L'œil est, bien sûr, attiré tout d'abord par le rocher sacré sur lequel s'élève l'Acropole et au pied duquel vit le vieux quartier de Plaka. Ce dernier est l'un des quelques îlots, comme les quartiers de Psiri et d'Exarchia, qui conserve son caractère original et un visage accueillant. Mais bien vite on est happé par l'immensité urbaine, qui s'étend au

postale, elle n'en est que plus vivante. Et, si la ville ne semble pas prête à accueillir le touriste, c'est plutôt à lui de faire un minimum d'efforts pour aimer une cité qui, finalement, se mérite.

Deux ou trois choses que je sais d'elle...

Après la première impression de désordre, le visiteur commencera à apprécier les détails de la vie athénienne. Pour mieux appréhender la ville, il existe quelques points de repère. Le mieux est de se rendre directement au centre et d'emprunter le funiculaire qui, à partir de sud jusqu'à la mer, et au nord jusqu'à la montagne du Pentéli.

Au centre d'Athènes, trois cœurs donnent le pouls de la capitale : la place Syndagma, la place Omonia et la place Monastiraki. La première, également appelée place de la Constitution, est intéressante pour plusieurs raisons : tout d'abord en temps que centre, elle sera un bon point de départ pour des excursions. Par ailleurs, elle regroupe banques, agences de voyages, magasins divers. Enfin, il est très agréable de s'attarder à l'une de ses terrasses de café pour s'y reposer et regarder la vie de la capitale. La place Omonia est sans doute moins touristique et, du coup, l'animation est plus typiquement grecque. Cette animation est entretenue dans les rues avoisinantes par les cafés, les épiceries et les grands magasins. La place de Monastiraki offre l'occasion de se familiariser avec la vie de la ville. Assis à une terrasse qui mord sur le trottoir de la rue Aréos, on sera bousculé par les passants qui font leurs courses. Là encore, ancien et moderne se conjuguent avec bonheur : au-dessus de la place s'élève le Parthénon, tandis que vous êtes au beau milieu d'une foule promeneuse et particulièrement bruyante. Ce qui fait donc le charme du centre d'Athènes, c'est l'harmonie qui règne entre son caractère typiquement classique et la modernité. Bien sûr, c'est l'élément humain qui donne vie au centre : les étudiants, les photographes des places, les marchands des quatre-saisons, les cireurs de chaussures...

Une architecture... sans histoire

La capitale s'étend sur un rayon variant entre vingt et quarante kilomètres. Pour un Athénien, Athènes n'existe pas ! En fait, il n'y a pas de séparation nette entre le dème (du grec *dêmos*, « peuple » — qui a donné démocratie et démographie — et qui désignait les bourgs de l'Attique) d'Athènes et les dèmes environnants. En 1833, on ne savait pas quelle serait la capitale de la Grèce.

Othon, fils de Louis Ier de Bavière, qui venait d'être choisi comme roi pour la Grèce, débarquait entouré d'architectes et d'urbanistes bavarois chargés de redonner à un pays retombé dans la sauvagerie sa grandeur antique... Louis Ier de Bavière décréta que l'illustre cité d'Athéna deviendrait la nouvelle capitale. A cette époque, la ville n'était qu'un amas de ruines, un bourg peu peuplé (à peine dix mille habitants) à la suite des multiples sièges et pillages turcs. La population grecque s'opposa fermement aux projets grandioses des architectes du roi qui pensaient tout raser pour mener à bien leur passion urbaniste. De toute façon, l'argent manquait et le plan initial de la ville nouvelle fut ramené à des proportions plus réalistes.

Or, malgré l'intervention, en 1862, de l'architecte français Daniel, le renouveau urbain d'Athènes fut complètement anarchique. Plusieurs projets furent proposés

A gauche, enseigne et pots de cuivre d'un artisan ; ci-dessus, imagerie populaire.

sans que, dans la pratique, un semblant d'harmonisation voie le jour. Les choses prirent un tour désastreux quand, au début des années 20 et à l'issue d'une malheureuse tentative de reconquête de l'Asie Mineure, un million de Grecs qui y vivaient durent s'expatrier, et que cent cinquante mille d'entre eux s'installèrent à Athènes. L'extension de la ville devint tout à fait sauvage, et le processus irréversible. Aujourd'hui, les tentacules de la capitale moderne poussent au nord sans aucune résistance, et plus on va vers la banlieue nord, plus le béton est important. Pour certains, Athènes devrait, avec le

temps, ressembler de plus en plus à Tokyo. De fait, cette ville géante réunit les contraires : les quartiers populaires et anciens voisinent avec les immeubles modernes et les bidonvilles. De véritables raz de marée humains submergent les ruelles du centre tandis que klaxonnent des files de voitures, tout cela près du seul espace à Athènes qui soit silencieux : l'ancienne Agora et l'Acropole.

Comment nos prédécesseurs regardaient la Grèce

« *En voyageant dans la Grèce, il faudrait avoir Pausanias à la main pour trouver les choses remarquables, parce qu'il a fait autrefois ce voyage par la même curiosité ; prendre les vues de Tempé en Thessalie, du Parnasse, du temple de Delphes et des ruines d'Athènes ; rapporter le plus d'inscriptions qui se pourra.* »

Cette phrase, tirée des *Mémoires des observations que l'on peut faire dans les voyages du Levant*, remis à M. Galland par Colbert en 1679, traduit bien l'état d'esprit dans lequel les visiteurs, dans les siècles passés, contemplaient les splendeurs antiques : en humanistes et en dilettantes raffinés. Au XIVe siècle, la Grèce ne constituait pas un but de voyage en elle-même ; on la visitait sur le chemin de Jérusalem ou de Constantinople. Ces voyageurs étaient donc des pèlerins, des négociants et quelques membres des missions diplomatiques. Tous étaient instruits et curieux de voir des choses nouvelles, tous s'intéressaient à la géographie – l'œuvre de Ptolémée était largement diffusée – et à l'histoire de l'Antiquité. En un mot, ils participaient au courant de pensée humaniste qui se développait hors d'Italie et que l'exode des intellectuels byzantins vers les pays occidentaux, après la conquête turque, était venu renforcer. Parmi ces voyageurs, il convient de citer Pierre Belon, naturaliste et médecin, qui partit en 1546 pour étudier les animaux, les plantes et les minéraux dans l'archipel et vérifier les connaissances transmises par les naturalistes et géographes anciens.

Mais les relations de voyages de l'époque restèrent assez pauvres et plates, ce qui montre dans quelle ignorance étaient beaucoup de visiteurs quant à l'état de la Grèce. Par exemple, le célèbre humaniste Tübingen Martin Kraus demandait, dans sa correspondance avec des Grecs de Constantinople, si Athènes avait été détruite et remplacée par un village de pêcheurs... L'ère des grands voyages en Grèce s'ouvre au XVIIe siècle, à un moment où le goût des collections, depuis François Ier, se propageait. Au plaisir de posséder ces objets rares et précieux s'ajoutait le désir de connaître le passé et, partant, de considérer ses objets comme matériel scientifique.

En France, Mazarin, puis Louis XIV et Colbert utilisèrent leurs ambassadeurs à Constantinople pour accroître leurs collections et leurs bibliothèques. Le plus connu d'entre eux est le marquis de Nointel, grand connaisseur, d'antiquités et avide collectionneur qui recueillit, partout où il passa, stèles, bas-reliefs, textes épigraphiques... En 1674, à son entrée à Athènes, il resta confondu par la beauté de l'Acropole :

« Personne n'a eu autant de moyens que j'en ai rencontrés de bien examiner toutes ces richesses de l'art et l'on peut dire d'icelles qui se voient dans le château autour du temple de Minerve qu'elles surmontent ce qu'il y a de plus beau dans les reliefs et les statues de Rome. (...) Tout ce que l'on peut dire de plus élevé de ces originaux, c'est qu'ils mériteraient d'être placés dans les cabinets ou les galeries de Sa Majesté où ils jouiraient de la protection

que ce grand monarque donne aux arts et aux sciences qui les ont produits. »

Le grand tour

Au XVIIIe siècle, la Grèce devint à la mode, et les voyageurs y affluaient. Bien sûr, il ne s'agissait pas encore de véritables touristes : beaucoup d'entre eux étaient des artistes et des jeunes gens des classes fortunées qui, leurs études achevées, complétaient leur éducation en faisant le tour de la Méditerranée, le « grand tour ». Ces voyages donnèrent naissance à nombre de publications et de succès de librairie. Cet engouement s'expliquait par l'enseigne-

A gauche et ci-dessus, scènes enfantines.

ment des philosophes des Lumières qui prônaient deux idées importantes : celle de la raison et celle de la nature. Or on avait admis une fois pour toutes que l'une et l'autre étaient l'apanage de l'Antiquité. Éducatrice du goût, la Grèce devint, après 1750, l'école de l'Europe. Ainsi le voyageur étranger eut-il une place dans la prise de conscience par les Grecs de leur identité puisque, par son culte de l'Antiquité, il réveilla la mémoire d'un peuple asservi. La plupart des missions en Orient avaient pour but, au XVIIIe siècle, de découvrir des médailles et des manuscrits anciens pour la bibliothèque royale.

Poussés par l'exemple italien (Herculanum fut découvert en 1738 et Pompéi en 1748), les architectes ouvrirent la voie aux études archéologiques et, partant, renouvelèrent les connaissances sur l'Antiquité. Les deux premiers hommes qui, à partir de 1751, s'intéressèrent à l'archéologie athénienne étaient deux Anglais, le peintre James Stuart, et l'architecte Nicolas Revett. Ils firent un plan de l'Acropole, dessinèrent les édifices avec précision, procédèrent à des fouilles... Le résultat, qui fait date et autorité, est un magnifique ouvrage de planches gravées et de cartes, dont le premier tome parut en 1762.

Parallèlement, le Français David Le Roy tenta de devancer ses deux rivaux anglais, et publia en 1758 les *Ruines des plus beaux monuments de Grèce*. Cet ouvrage montrait pour la première fois des édifices helléniques, des études du dorique et de l'ionique. Mais, influencés par Piranèse, qui avait développé le goût de la reproduction de ruines, les dessins de David Le Roy péchaient par manque de rigueur et offraient surtout matière à méditation et à rêverie.

Deux autres œuvres d'importance résumaient l'esprit de l'époque par la présentation, sans réelles prétentions archéologiques, d'un pays radieux, élégant et aimable, c'est-à-dire conforme au mythe. Il s'agit du *Voyage pittoresque de la Grèce*, du comte de Choiseul-Gouffier, et surtout du *Voyage du jeune Anacharsis*, de l'abbé Barthélemy. Ce dernier, sorte de roman historique, connut un énorme succès dans toute l'Europe. Mœurs et mentalités modernes se trouvaient mêlées à celles des Anciens dans une image conventionnelle du pays. L'auteur était pourtant un érudit, mais il n'était jamais allé en Grèce et, en homme du XVIIIe siècle, il avait donné libre cours au goût du jour, justifiant d'ailleurs la remarque de Stendhal : « *Le pays du monde où l'on connaît le moins les Grecs, c'est la France, et cela à cause de l'ouvrage de l'abbé Barthélemy.* »

Du voyage au pillage

La création des grands musées européens, à la fin du XVIIIe siècle et au début du XIXe siècle, favorisa le vol massif d'antiquités grecques. Bonaparte, par exemple, n'hésita pas, en 1797, à réquisitionner dans les collections italiennes quantité de chefs-d'œuvre de la statuaire grecque. Ces pièces furent exposées au Louvre jusqu'en 1816 ; Paris était devenu la nouvelle Rome et la nouvelle Athènes. La concurrence s'établit ouvertement entre Londres et Paris et fut incarnée par les ambassadeurs lord Elgin et le comte de Choiseul-Gouffier. En quatre années, de 1801 à 1805, l'Acropole eut le temps de se transformer en vaste ruine. Le fondé de pouvoir de lord Elgin, le peintre Lusieri, fit enlever une des caryatides de l'Érechthéion, remplacée par un pilier de brique.

Cet événement comme l'ensemble du démontage de l'Acropole furent unanimement condamnés.

Architecture et polychromie

La curiosité sauvage des visiteurs de la Grèce eut des répercussions bénéfiques dans la mesure où elle éclaira notre connaissance d'œuvres anciennes. Au milieu du XIXe siècle, deux questions agitaient les milieux savants : la couverture des temples et la couleur appliquée sur les statues et les monuments par les Grecs. Les révélations apportées par les originaux de l'atelier d'Egine, de Phidias et de Bassae bouleversèrent ce que l'on savait de l'art grec classique. Si le débat sur l'architecture peinte reste ouvert, la polychromie de la statuaire est un fait bien établi et ce, depuis 1855.

La leçon d'Henry Miller

Au siècle dernier, tous les curieux qui forçaient statues et monuments à leur parler d'un temps révolu ressemblent à tous ceux qui, aujourd'hui, essayent d'extraire la quintessence d'une ville qui échappe à la compréhension immédiate. Parmi les hommes qui nous ont laissé une trace de leur passage en Grèce, il en est un qui peut nous servir de guide : Henry Miller. Dans son récit *Le Colosse de Maroussi*, l'écrivain nous livre tous les sentiments et les sensations qui ont, à partir de 1939, marqué son périple en Grèce, pays qui l'a totalement bouleversé. Il a tout vu, tout compris dans un seul regard, de la Grèce antique et de la Grèce moderne ; voici sa pertinente leçon : « *A ceux qui pensent que la Grèce d'aujourd'hui n'a pas d'importance, je dis que l'on ne pourrait commettre erreur plus grossière. Aujourd'hui comme jadis, la Grèce est de la plus haute importance pour quiconque est à la recherche de soi-même. Mon expérience n'est pas unique. Et peut-être devrais-je ajouter qu'aucun peuple au monde n'a autant besoin de ce que la Grèce a à offrir, que le peuple américain. La Grèce n'est pas seulement l'antithèse de l'Amérique ; plus encore, elle est la solution des maux qui nous accablent économiquement, elle est peut-être infime ; spirituellement, elle reste la mère des nations, la source mère de la sagesse et de l'inspiration.* »

A gauche et ci-dessus, scènes de rues. Pages suivantes : Athènes la nuit, vue du mont Lycabette.

CHRONOLOGIE DE LA GRÈCE ANCIENNE

Néolithique	5000-2600	-Civilisation égéo-anatolienne.
Helladique ancien	2600-1950	
Helladique moyen	1950-1750	-Premiers palais minoens en Crète. -Arrivée des Hellènes sur le continent.
Helladique récent	1580-1125	-Éruption volcanique (1500) de Santorin, destruction du site d'Acrotiri. -Deuxièmes palais minoens en Crète. -Sur le continent, développement de la civilisation mycénienne et invasion de la Crète par les Mycéniens (1450). -Guerre de Troie. -Destruction des palais mycéniens.
Moyen Age héllenique	1125-VIIIe s.	-Invasion des Doriens. -Art géométrique.
Période archaïque	VIIIe s.-490	-Début des concours d'Olympie (776). -Colonisation des Grecs en Occident. -Fixation des poèmes homériques (750-700).
Période classique	490-338	-Guerres médiques (490-479). -Guerre du Péloponnèse (431-404). -Défaite des Grecs contre Philippe de Macédoine (338).
Période hellénistique	323-31	-Formation des royaumes grecs de Pergame, de Macédoine, d'Égypte, de Syrie et d'Asie Mineure à la mort d'Alexandre le Grand. -Destruction de Corinthe par les Romains et fondation de la province romaine de Macédoine (146). -Siège et destruction d'Athènes par Sylla (88-86). -Victoire d'Octavien, le futur empereur Auguste, sur Antoine à Actium.
Période de l'Empire romain	31-395	-Voyages de Strabon et de Pausanias en Grèce. -Athènes détruite par les Hérules (267). -Le christianisme devient religion d'État (381).

NAISSANCE DE LA GRÈCE
XXVIIe-VIe SIÈCLES AV. J.-C.

« D'un côté les vagues, comme des chevaux homériques, avec leur crinière blanche — c'étaient de longs vers d'Homère, pleins de fraîcheur ; de l'autre côté, l'olivier d'Athéna, tout gorgé d'huile et de lumière, le laurier d'Apollon et les vignes miraculeuses de Dionysos, toutes gorgées de vin et de chansons. Une terre sèche, sobre ; des pierres rosies par le soleil ; les montagnes bleues ondulaient dans les hauteurs de l'air, fumaient dans la lumière. Toutes nues, elles se chauffaient calmement au soleil, comme des athlètes au repos. (...) J'ai escaladé une colline ; je regardais au loin la mer, les minces rivages roses, les îles à peine dessinées. Quelle joie est-ce là ! murmurais-je ; comme le corps virginal de la Grèce nage et se soulève au-dessus des flots ; le soleil s'étend sur elle, comme un fiancé ! Comme il a dompté la pierre et l'eau, affiné la matière inerte et grossièrement taillée, pour n'en conserver que la substance. »

Nikos Kazantzaki
Lettre au Gréco

Au début du IIe millénaire avant notre ère, les premiers Hellènes se répandirent, à partir des régions du Nord, Macédoine et Thessalie, en Grèce propre. Ils constituaient l'une des branches de ces Indo-Européens dont la civilation et la langue se sont élaborées dans la vaste steppe européenne qui s'étend des Carpates à l'Oural et dont les migrations successives ont assuré le peuplement de presque toute l'Europe et d'une partie de l'Asie. Ces peuples indo-européens, qu'Homère appelle Achéens, se mêlèrent à une population déjà en place et lui imposèrent leur langue, qui devait devenir le grec mycénien. De la fusion des anciens habitants et des nouveaux venus naquit la civilisation dite de l'helladique moyen (1900-1600), qui succédait à celle dite de l'helladique ancien (2600-2000). Cette assimilation ne

Pages précédentes : carte italienne du XVIIe siècle de la Grèce antique. A gauche, la beauté masculine antique ; à droite, lion menaçant.

se fit pas sans heurts : les palais, symboles d'un pouvoir organisateur fort, furent anéantis ; les tombes vidées... Il fallut attendre des siècles pour que la Grèce sortît de la barbarie où l'avait jetée cette migration qui, dans un premier temps, épargna la Crète.

La rencontre des Hellènes et des Crétois

Les Hellènes du continent prirent vraiment contact avec la Crète minoenne au début de L'helladique récent (1600-1100). La Crète, jusque-là épargnée par les

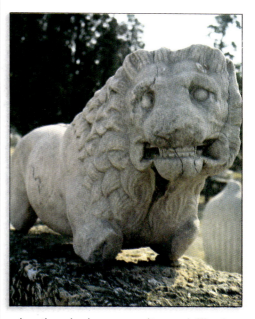

migrations ioniennes, avait une civilisation ancienne, brillante et raffinée. L'apparition de palais, vers 2000, fut liée à celle de monarchies despotiques. L'île, à peine ravagée par des séismes et des raz de marée dus à l'activité du volcan de Santorin, se recouvrit de palais encore plus grands, encore plus beaux. De nouveaux séismes sévirent au moment où débarquèrent les Grecs ; c'est alors que l'île fut unifiée sous l'autorité du prince de Cnossos, le site le plus important, qui comptait plus de cinquante mille habitants. Succédant aux petites monarchies de l'helladique ancien, s'établissait une royauté fortement structurée, dont le monarque était non seulement le roi-prêtre qui apparaît sur des fresques, mais aussi un roi-dieu, qui pouvait légitimement demander obéissance totale à ses sujets. Le roi portait le titre de minos ; les Grecs en feront un nom propre, symbole de la puissance, de la prospérité et de l'éclat extraordinaires de l'île entière. Et ils se souviendront de cette théocratie quand ils rappelleront dans leurs mythes les entretiens affectueux de Minos avec Zeus, le souverain des dieux. Le roi était entouré d'une aristocratie aimant la vie de cour, les palais ornés de fresques, les villas confortables, les fêtes et les jeux. Et, grâce

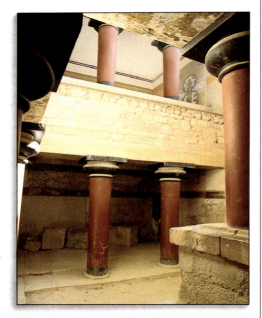

à une marine prospère, le commerce crétois florissait et répandait au-dehors les produits d'un art original et délicat.

Les palais des minos

Ils étaient ouverts, sans fortifications. Ils étaient non seulement conçus pour la commodité et le confort de leurs hôtes, qui disposaient d'installations sanitaires sophistiquées mais, en raison de leur plan ingénieux — voilà pourquoi on parle de labyrinthe —, ils sont éclatants de lumière et rehaussés par la polychromie de leurs fresques. Ce monde de couleur et de sensibilité se retrouve dans un palais insulaire à Théra, dans l'île de Santorin, où les fresques étonnamment conservées représentent d'étranges scènes : des Nègres de la garde royale, des boxeurs, des singes bleus, au milieu de fleurs innombrables restituant des cultes de la Grande Mère qui dominent le panthéon crétois.

La période mycénienne : les monuments et le linéaire B

Les Grecs s'imposèrent en Crète, se sédentarisèrent dans de petites communautés rurales et nouèrent avec les Crétois des relations commerciales. Ils se mirent à construire des palais fortifiés qui ne ressemblaient pas à ceux des minos. L'influence de la Crète se fit sentir dans tous les arts mineurs, de la céramique au travail du métal. Les murs des palais grecs furent ornés de fresques de technique minoenne, mais les thèmes étaient résolument grecs. Les Grecs supplantèrent l'État minoen et donnèrent naissance à une nouvelle période dite mycénienne. Cette époque était dominée par le roi de Mycènes, d'où son qualificatif, le plus puissant des monarques qui se partageaient toute la Grèce méridionale, notamment le Péloponnèse, l'Attique, la Béotie et la Thessalie. La puissance des rois de l'époque apparaît dans la noblesse impressionnante des palais et la richesse des tombes. Les palais de la période mycénienne furent construits selon un modèle analogue : le palais proprement dit s'élève au cœur d'une enceinte (celle de Mycènes est réputée pour sa porte monumentale dite des Lionnes) selon un plan tripartite qui devient canonique : trois pièces en enfilade, deux vestibules (dont l'un souvent doté d'un bain où l'étranger reçu comme hôte peut se laver et se détendre) et une grande pièce éclairée par un lanterneau soutenu par quatre colonnes centrales : le *mégaron*, caractérisé par un toit plat et un foyer fixe.

Pour ce qui est des tombes, l'époque mycénienne fut caractérisée premièrement par des tombes à fosse surmontées d'une dalle ou d'une stèle sculptée en relief plat. On trouve deux cercles de tombes royales de ce type sur l'Acropole de Mycènes. Tous deux sont dotés d'un somptueux mobilier qui justifie l'épithète homérique de « Mycènes la riche en or ».

Il y eut aussi des tombes à chambre, creusées dans le roc et munies d'un couloir d'accès, et des tombes à coupole, dont la plus belle est le trésor d'Atrée. Ces monuments funéraires renfermaient des trésors de bijouterie et d'orfèvrerie.

En 1953, deux savants britanniques, Michaël Ventris et John Chadwick, déchiffraient le linéaire B, une écriture jusqu'alors mystérieuse, et que les deux hommes identifièrent comme une variété du grec transcrite dans un système syllabique emprunté aux Crétois ; ce qui ouvrait des perspectives sur l'origine de la civilisation grecque. Elle était gravée sur des tablettes d'argile découvertes au tout début du siècle par sir Arthur Evans lors de ses fouilles de Cnossos. D'autres archéologues continuèrent de mettre au jour, en différents endroits, des tablettes en linéaire B. Malheureusement, les tablettes mycéniennes ne ont nous livré que des comptes d'intendance attachés aux palais de Cnossos, de Mycènes ou de Pylos. Il s'agit de listes d'ouvriers, de soldats, de provisions, de biens divers... Pas de textes littéraires, de traités, de lois. Mais les tablettes nous renseignent tout de même sur la vie quotidienne de l'époque. Celles trouvées à Pylos (en Messénie), par exemple, livrent une série d'archives assez complète. Le roi portait le nom de *wanax* ; il était à la fois despote et divinité (un dieu porte le même nom). Le *wanax* était assisté par un *lawagétas*, sorte de général en chef, et de toute une série de dignitaires qui constituaient les cadres d'une monarchie analogue à celle de la Crète minoenne ou de l'Orient. Les contributions en nature alimentaient les réserves du roi en blé, en vin, en huile, en miel, etc. Des textes mentionnent des noms de divinités auxquelles étaient faites des offrandes, ou font allusion à des opérations militaires. Les tablettes renseignent également sur l'exploitation de la terre. Le roi et les hauts responsables disposaient d'un apanage royal *(téménos)*. Cette propriété agricole était le seul moyen de récompenser leurs services. Une terre sacrée était réservée aux dieux et à leur culte. La propriété privée n'existait pas : les terres étaient distribuées par l'administration royale aux chefs de famille à l'intérieur du *damo* (qui donnera *démos*). Ainsi le *wanax* assurait-il son hégémonie par l'intermédiaire de la chancellerie des

A gauche, le palais de Cnossos. Ci-dessus, fresque datant de 1500 av. J.-C. environ ; baignoire d'époque minoenne, signe authentique d'une brillante civilisation.

scribes disposant de cet outil d'exploitation qu'était un système scripturaire, base de tout dénombrement.

Les Ages sombres et l'époque géométrique (XIe-VIIIe siècles av. J.-C.)

Le peuplement définitif de la Grèce fut assuré à partir de 1200 par les invasions doriennes. En effet, après les Ioniens, les Achéens et les Éoliens, les Doriens constituèrent les derniers envahisseurs grecs, c'est-à-dire d'origine indo-européenne. Les Doriens n'étaient pas les plus évolués des envahisseurs grecs. Et ces invasions se soldèrent essentiellement par le plus grand désordre qu'ait connu la Grèce : la ruine des forteresses et des demeures royales, la disparition de l'écriture et des formes supérieures de l'art, le retour à la barbarie. On parle d'Ages sombres, une période trouble qui devait durer quatre siècles... Mais tout ne fut pas noir dans ces Ages sombres. Petit à petit, les communautés se structurèrent mieux autour de leur roi, le *basileus*, assisté d'un conseil de chefs et dominant une assemblée du peuple. Homère situa son épopée dans les siècles qui la précédèrent immédiatement, dans une Grèce partagée en petites monarchies, souvent appelées royaumes homériques. C'est également à cette époque qu'apparut la métallurgie du fer, vers 1050, sans lien avec la venue des Doriens, et qui finit par remplacer le bronze. Les Doriens n'ont rien à voir non plus avec les céramiques à motifs géométriques qui donnent leur nom à l'époque. D'ailleurs, les ateliers novateurs qui créent ces vases se trouvaient dans des régions, comme l'Attique, épargnées par les migrations doriennes.

L'époque géométrique est bien plus marquée encore par l'apparition de l'alphabet et celle d'Homère. Au début du Ier millénaire, les Grecs adoptèrent

l'alphabet phénicien, c'est-à-dire une écriture phonétique, qu'ils enrichirent par la notation de voyelles. Cette technique nouvelle de l'écriture se répandit rapidement dans tout le monde hellénique et devait donner naissance à la plupart des alphabets modernes, dont l'alphabet latin. C'est au moment où les Hellènes commencèrent à se servir de l'écriture alphabétique que sont datées l'*Iliade* et l'*Odyssée*. Enfin la vie religieuse se renouvelle. De nouveaux dieux originaires d'Asie s'introduisent dans le panthéon grec : Aphrodite, une Sémite que les Grecs ont emprunté à Chypre ; Apollon et sa mère Leto, qui sont anatoliens. En même temps, Zeus s'impose davantage encore comme le dieu de la souveraineté.

On dit qu'Homère était aveugle

Quoi ou qui mettre derrière ce nom qui nous est familier depuis notre enfance ? Ce qui nous est parvenu signé d'Homère, l'*Iliade* et l'*Odyssée*, a toujours été présenté comme le texte fondateur de la Grèce. Au Ier siècle ap. J.-C., le poète Quintilien dit de l'aède légendaire qu'« *appliquant à lui-même ce qu'il dit de l'Océan, que les mers, les fleuves, les fontaines y prennent tous leur source, ne peut-on dire qu'il est*

le modèle et le type de toutes les parties de l'éloquence ? [et que] Non, personne ne le surpassera jamais ni en sublimité dans les grandes choses, ni en naturel et en exactitude dans les petites. » Il n'existe pas moins de sept *Vies* d'Homère, toutes très romanesques. Aujourd'hui, il est communément admis que son épopée n'est pas l'œuvre d'une seule personne, et certains pensent même qu'Homère n'a pas existé... L'*Iliade* et l'*Odyssée* sont les deux premiers chefs-d'œuvre de la littérature

A gauche et à droite, fresques de Santorin, vestiges de la splendeur passée de l'époque minoenne.

grecque ; ils ont contribué à la formation de la civilisation grecque, puis latine, puis occidentale. Non seulement ils continuent d'inspirer romanciers, poètes et dramaturges, mais ils font toujours l'objet de recherches érudites. L'*Iliade* a pour cadre la guerre de Troie, l'*Odyssée* le retour de Troie d'Ulysse. Les deux livres mettent en scène héros et dieux ; ils ne sont pas nés spontanément d'un ou de plusieurs poètes, mais prennent pied sur un vaste fonds de croyances et de récits. Ce qui explique leur ancrage dans la civilisation grecque et aussi cette formidable postérité qui les a fait entrer dans le patrimoine de l'humanité comme des œuvres vivant d'une existence propre, sans aucun lien avec leur(s) auteur(s).

L'époque archaïque (VIIIe-VIe siècles av. J.-C.)

Cette époque fut marquée par une crise sociale généralisée, provoquée par la mauvaise répartition foncière, qui se traduisit en un vaste mouvement d'émigration, et par des mutations politiques internes. Cela eut à son tour pour conséquence la reprise de contacts très étroits avec l'Orient. Lorsque le possesseur d'un lot avait plus d'un fils, son patrimoine se trouvait divisé lors de la succession, et ainsi de suite... Les propriétaires étaient tôt ou tard obligés de s'endetter ou de s'engager au service d'un riche qui ne tardait pas à se saisir du lopin. La tendance générale était donc à la concentration foncière d'un côté, au grossissement d'une masse laborieuse d'un autre. Durant trois siècles, les Grecs essaimèrent vers les côtes septentrionales de l'Égée, celles de la mer Noire et celle de Thrace, en Italie, en Sicile, en Extrême-Orient et en Afrique. Au VIIIe siècle, les royaumes homériques commencèrent à céder la place à une création originale : la cité, un État aux dimensions modestes ayant pour centre une agglomération urbaine dominée par une aristocratie. La Grèce archaïque était un monde morcelé, chaque cité frappait sa propre monnaie et manifestait un patriotisme local, d'où des rivalités et des guerres, malgré les confédérations et les jeux Olympiques, symbole de la conscience des Hellènes d'appartenir à une même communauté.

GUERRES ET DÉMOCRATIE : ATHÈNES AU PREMIER PLAN

« Quand ces peuples se trouvèrent soumis et incorporés par Crésus à la Lydie, Sardes, au faîte de sa prospérité, reçut tour à tour la visite de tous les Sages de la Grèce qui vivaient à cette époque, entre autres celle de Solon, un Athénien qui, après avoir donné des lois aux Athéniens, sur leur demande, s'était éloigné d'Athènes pour dix ans sous prétexte de voir le monde, mais en fait pour ne pas être contraint d'abroger l'une des lois qu'il avait établies ; les Athéniens ne pouvaient y toucher eux-mêmes, car ils s'étaient engagés par des serments solennels à suivre pendant dix ans les lois que Solon leur aurait imposées. »

Hérodote
L'Enquête, Livre I

Ce fut dans les dernières décennies du VIIe siècle av. J.-C. qu'Athènes, qui était demeurée à l'écart du vaste mouvement de colonisation commencé au VIIIe siècle, entra à proprement parler dans l'histoire. La cité se hissa au premier plan à tous les niveaux : politique extérieure, évolution sociale, vie artistique et intellectuelle, et elle devint un exemple pour tout le monde grec.

Malgré la colonisation, la tension subsistait dans les cités en raison de l'hégémonie que les nobles faisaient peser sur le *démos* (ce terme désignait, dans les textes officiels, les citoyens d'Athènes et, dans le langage politique, la masse, le peuple, par opposition aux riches, aux aristocrates). Par ailleurs, les cavaliers, tous de souche noble, ne suffisant plus à la défense, il devint nécessaire de constituer une infanterie lourde (les hoplites) en armant les paysans aisés qui se mirent à réclamer des privilèges. Ils désiraient qu'au droit des grandes familles aristocratiques on substituât une loi instituant un droit pour tous et capable de mettre fin aux luttes qui opposaient ces mêmes familles. Le code de Dracon fut le premier texte allant dans ce sens. Mais ces lois, même si elles por-

Le temple de Zeus Olympien.

taient atteinte aux privilèges juridiques des familles aristocratiques, n'entamèrent pas leur pouvoir politique.

Solon le législateur

Un aristocrate du nom de Solon, élu archonte en 594, conscient du grondement de la classe paysanne, refusa de devenir tyran et proclama la « levée du fardeau » *(seisachteia)*. Il s'agissait d'arracher les bornes qui, sur les champs, délimitaient la propriété foncière et concrétisaient l'état de dépendance de leurs propriétaires. En enlevant les bornes, il supprimait les

dettes et libérait définitivement les paysans athéniens du mécanisme de l'endettement. L'œuvre de celui qui apparaît comme le législateur d'Athènes se poursuivit par une série de lois, fondant ainsi un véritable droit athénien. Solon aurait créé, parallèlement à l'Aréopage, un conseil de quatre cents membres. Il aurait réparti l'ensemble des citoyens en quatre classes censitaires, définissant les charges militaires de chacun. On lui attribue enfin un certain nombre de mesures économiques, comme la réforme des poids et mesures qui aurait eu pour but d'aligner les mesures athéniennes sur d'autres en vigueur dans le bassin méditerranéen. A cette époque, en effet, la monnaie n'existait pas encore et les importations devaient se payer en partie avec de l'huile. Ces réformes n'abolirent cependant pas les tensions entre aristocratie et peuple qui, finalement, espéraient tous davantage du sage législateur modéré. Quant au problème agraire, malgré une nouvelle orientation de l'Attique vers les cultures arbustives et la recherche d'un approvisionnement régulier en céréales, il restait essentiel.

Pisistrate le tyran

D'après Hérodote et Aristote, Pisistrate se lança contre Licurgue et Mégaclès dans la lutte pour le pouvoir en rassemblant tous les mécontents, ce qui conféra à son mouvement un caractère populaire. En 560, il s'empara du pouvoir par la ruse : après s'être proclamé chef d'un parti dit des Diacriens, formé de bergers, de paysans, de pauvres, il se blessa lui-même et se présenta devant l'Assemblée en affirmant avoir subi une attaque du clan des Eupatrides ; il se fit alors accorder une garde personnelle. Fort de cette petite armée, il occupa l'Acropole et imposa son autorité. Après une assez courte période au pouvoir, il fut exilé pendant une dizaine d'années puis revint triomphalement reprendre sa place de tyran, fut de nouveau exilé pour rentrer définitivement à Athènes. Sa tyrannie fut modérée. Il poursuivit la politique de Solon, imposa les riches propriétaires terriens et s'attacha à se concilier les paysans par des mesures destinées à porter remède à leur misère, sans toutefois procéder au partage des terres que Solon avait également refusé. Par ailleurs, il fut à l'origine de l'ouverture d'Athènes vers la mer Égée et la région des Détroits. Il encouragea la production de céramique, monnaie d'échange du blé importé, et fit frapper la première monnaie athénienne à l'effigie d'Athéna. Enfin, son action culturelle contribua à la renommée de la cité. Il fit ouvrir la première bibliothèque publique, encouragea les productions littéraires et les fêtes civiques, et inaugura les premiers grands travaux sur l'Acropole en faisant bâtir l'*Olympieion* et l'*Hécatompédos*. Ses fils, Hippias et Hipparque lui succédèrent et poursuivirent sa politique. Hipparque fut assassiné, et comme Hippias durcissait sa politique à l'égard des aristocrates athéniens, ceux-ci firent appel à Cléomène, roi de Sparte, qui chassa le tyran en 510.

Clisthène, à l'origine de la démocratie

Deux hommes se disputaient la place de tyran : Isagoras, ami de Cléomène, et Clisthène. Ce dernier fut porté au pouvoir par le *démos*. Clisthène remodela le territoire de l'Attique qu'il divisa en dix territoires égaux correspondant à dix tribus (au lieu de quatre auparavant). Les territoires furent partagés en trois parties, ou *trittyes*, chacune d'entre elles regroupant un nombre variable de dèmes. Ainsi Clisthène parachevait-il l'œuvre d'unification de l'Attique entamée par Pisistrate. Le geste le plus important de cette politique apparaît dans la création d'une nouvelle *boulè* des Cinq-Cents (conseil formé de cinq cents membres tirés au sort, cinquante par tribu, appelés bouleutes), qui allait devenir le pivot de la démocratie athénienne. Il existait deux instances importantes dans la vie politique athénienne : l'Assemblée *(ecclésia)*, qui groupait en principe tous les citoyens jouissant de leurs droits politiques. Elle devait se réunir environ tous les dix jours, mais il était difficile de rassembler l'ensemble des citoyens, aussi un Conseil restreint, la *boulê*, suivait-il les affaires courantes. Aristote, l'auteur, entre autres, de la *Constitution d'Athènes* (parue vers 329), écrivit que Clisthène était également l'auteur de la loi sur l'ostracisme, ce qui est moins sûr. Cette loi prévoyait une peine d'exil de dix années à quiconque tenterait d'établir la tyrannie à son profit. Ainsi se mettaient en place les conditions qui allaient permettre à la démocratie de naître.

L'Age classique et les guerres médiques

A la fin du Vᵉ siècle, la conquête des villes grecques d'Asie Mineure, suivie de leur révolte, constitua le premier choc entre Perses et Grecs. En 490, les armées athéniennes repoussèrent celles de Darius à Marathon, mettant fin à la première guerre médique. Dix ans plus tard, c'était au tour du fils de Darius, Xerxès, d'essayer d'écraser une fois pour toutes les Grecs. Cette entreprise fut effectivement récompensée, au début de l'invasion, par la victoire des Thermopyles (bataille célèbre grâce à la résistance farouche de Léonidas, roi de Sparte, qui défendit avec trois cents hoplites spartiates le défilé des Thermopyles, causant d'importantes pertes chez les Perses). Xerxès entra dans Athènes, désertée par sa population, et l'incendia. Mais les puissances armées

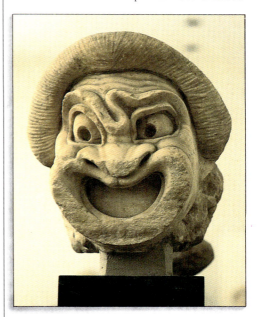

perses furent vaincues grâce à la ruse et à la ténacité des Grecs. Tout d'abord, en 480, la flotte perse, attirée par le génial Thémistocle dans le chenal de Salamine, fut anéantie par la flotte des Grecs confédérés. Xerxès regagna l'Asie, mais poursuivi par les Grecs, il subit une autre défaite importante : celle de Platées, en 479. Une troisième victoire des Grecs près du cap Mycale, en Ionie, mit fin aux guerres médiques et permit aux vainqueurs de reprendre leur indépendance. Les guerres médiques favorisèrent la démocratie dans la mesure où les classes les moins favorisées y jouèrent un rôle important.

A gauche, la tête d'Asklépios ; à droite, masque antique.

La période « des cinquante ans »

Entre la victoire contre les Perses et la funeste guerre du Péloponnèse, s'étend une période que les Anciens appelaient « les cinquante ans », durant laquelle, Athènes fatiguée par les guerres, continuait de tenir son rôle d'« école de la Grèce ». La démocratie favorisait l'art du discours, ou rhétorique, important à l'Assemblée ou au tribunal. Le début de la comédie, *Les Nuées*, d'Aristophane, illustre bien le pouvoir de la parole qui peut faire, par le biais du comique, assurer le triomphe du raisonnement injuste sur le

juste. La rhétorique dut son plein essor, à partir de la fin du Ve siècle, aux sophistes, des philosophes spécialistes du doute méthodique, dont l'art consistait à bien parler autant qu'à bien penser. Ils pouvaient tenir le rôle d'écrivains publics et rédiger les discours des justiciables qui, ne pouvant se faire représenter par un avocat professionnel, devaient plaider leur cause eux-mêmes.

Le domaine de la rhétorique était vaste : il comprenait les discours d'apparat prononcés lors des grandes réunions dans les sanctuaires panhelléniques, tels que le *Panégyrique*, le chef-d'œuvre d'Isocrate (436-338). Ce discours, qui ne fut jamais prononcé, était censé être tenu aux fêtes olympiques auxquelles assistaient tous les Grecs. L'auteur y faisait l'apologie d'Athènes : la cité est présentée comme bienfaitrice, comme le phare de la civilisation grecque et de la civilisation tout court. Parallèlement, Sophocle, Eschyle et Euripide donnaient alors au discours tragique ses lettres de noblesse. Quant à la comédie, même si elle avait des allures de farce, elle ouvrait la voie aux plus fructueuses réflexions sur les sujets d'actualité, comme la justice et la paix. Tout tendait à renforcer la pratique de la discussion par les joutes oratoires que se livraient les protagonistes. Ainsi le discours était-il un instrument majeur de la démocratie athénienne.

L'empire d'Athènes et la guerre du Péloponnèse

Après les guerres médiques, Athènes était la grande bénéficiaire d'une victoire à laquelle elle avait tant participé. C'est elle qui, devant une Sparte hésitante, se hissant au premier plan, fédéra les cités grecques d'Asie, délivrées de la tutelle perse, et celles de l'Archipel. Ainsi naissait la ligue de Délos, une Confédération des cités grecques qui avaient prêté serment de rester unies et qui avait son siège dans l'île de Délos. Si au début Athènes se borna à diriger les opérations, très vite elle outrepassa sa qualité d'arbitre et transforma la ligue de Délos en empire d'Athènes. Son insolence fut remarquable en 454, quand elle transporta le trésor commun de Délos à Athènes, pour le confier, sur l'Acropole, à la garde d'Athéna. Par ailleurs, elle prit des mesures sévères à l'égard des autres cités visant à tuer dans l'œuf toute velléité de révolte. En 448, la paix fut signée avec le Grand Roi, Xerxès, libérant définitivement les Grecs d'Asie. Plusieurs cités supportèrent mal la sujétion d'Athènes. Les relations se tendent également avec les grands États du Péloponnèse (Sparte, Égine et Mégare) et des conflits sporadiques éclatèrent jusqu'à ce qu'une paix de compromis fût conclue avec Sparte en 445. Mais Athènes continuait d'agir sans ménagement pour les intérêts économiques des autres États, et la tension aboutit, en 431, à un conflit qui devait durer une trentaine d'années : la guerre du Péloponnèse. Après des victoires de part et d'autre, une paix est signée en 421. Mais en 415, les Athéniens répondirent à Ségeste, qui sollicitait leur aide contre ses voisines : Syracuse et Sélinonte. Erreur impardonnable puisque la flotte athénienne fut anéantie dans le port de Syracuse l'année suivante. Athènes, assiégée et accablée par la famine, perdit donc contre les cités aristocratiques du Péloponnèse, et son empire faisant défection, elle dut accepter, en 404, les conditions des vainqueurs : livrer ses vaisseaux, abattre ses Longs Murs et évacuer les clérouquies (garnisons installées en territoire ennemi) athéniennes.

Périclès (495-429), l'Olympien

Périclès fut celui qui préconisait le plus la guerre du Péloponnèse. Or comme il était l'homme le plus influent à Athènes, la guerre fut décidée. Mais, une fois celle-ci entreprise, les Athéniens ne voyant aucun résultat définitif, se retournèrent contre le stratège. En même temps se développait à Athènes un désir de paix. Périclès dut rendre des comptes et payer une amende. Mais si grande était son influence sur le *démos* qu'il fut réélu stratège. Il mourut peu après, victime à son tour de l'épidémie de peste qui, à l'époque, ravageait la cité. Fils d'une grande famille aristocratique, petit neveu de Clisthène, jeune homme formé à la réflexion par les philosophes Anaxagore et Zénon d'Élée, avide de pouvoir, Périclès se rangea dans le parti démocratique adverse de Cimon. Ses discours à l'Assemblée frappèrent par leur rationalisme, et son éloquence lui valut le surnom d'Olympien. Il inspira la politique d'Athènes pendant trente ans. Sa réforme politique la plus importante est la mistophorie, qui consistait à rétribuer la plupart des fonctions publiques. Ainsi les plus pauvres pouvaient-ils, grâce à cette rémunération (le *misthos*), remplir leur mandat. Cette volonté d'intéresser tout le corps civique à la gestion de l'État s'étendit dès lors aux marins, aux hoplites et aux cavaliers qui reçurent également une solde. Par ailleurs, Périclès créa des emplois grâce à de grands travaux, notamment ceux de l'Acropole. Il voulait réparer les ruines des guerres médiques et élever à la déesse tutélaire d'Athènes un sanctuaire digne d'elle. Périclès fit appel à un ami, le célèbre sculpteur Phidias qui, entouré des

A gauche, le jeune homme d'Anticythère ; ci-dessus, exposition variée de masques.

meilleurs artistes et architectes, se mit à l'œuvre. Certes, la démocratie à Athènes au Vᵉ siècle ne ressemblait pas à celle que nous connaissons aujourd'hui en France. Périclès avait une autorité telle qu'il était seul à prendre les décisions importantes, et la politique athénienne porte indéniablement sa marque. De plus, le corps civique était réduit, et les femmes et les métèques (étrangers) en étaient exclus. La démocratie athénienne, la plus avancée de toute l'Hellade, était limitée, mais c'était la première fois qu'un peuple était appelé, en toute légalité institutionnelle, à prendre en main son destin. Et la politique de Périclès, si autocratique qu'elle puisse nous paraître, résultait d'une réflexion mesurée comme du choix délibéré d'assurer au *démos* les moyens de vivre décemment, d'assurer librement sa souveraineté et de permettre à Athènes d'imposer son modèle dans le monde égéen. Le grand historien Thucydide montre quel était le succès du stratège auprès du peuple athénien : « *Ils* (les Athéniens) *étaient à ce moment-là devenus moins sensibles à leurs souffrances privées et l'on voyait en lui l'homme le mieux fait pour défendre les intérêts de la collectivité. De fait, pendant tout le temps qu'il s'était trouvé, au cours des années de paix, à la tête de la cité, il avait su, grâce à une politique avisée, assurer sa sécurité et elle parvint ainsi sous sa direction à l'apogée de sa puissance. (...) Cela s'explique quand on pense que Périclès, grâce à l'estime qu'il inspirait, à son intelligence et à son évidente intégrité, avait acquis une autorité qui lui permettait de contenir le peuple tout en respectant sa liberté. (...) Parmi ses successeurs, aucun ne put affirmer une véritable supériorité sur les autres. Désirant tous atteindre à la première place, ils se mirent, pour complaire au peuple, à lui abandonner la conduite des affaires.* »

Sparte, le modèle aristocratique ?

A l'opposé d'Athènes, Sparte apparaît comme une cité réfractaire à toute évolution démocratique ; à y voir de plus près, il convient de nuancer l'opinion généralement admise. Elle se constitua au IXᵉ siècle, par la réunion de quatre villages doriens. Au XIIIᵉ siècle, les Spartiates s'approprièrent la plaine fertile de Messénie au terme d'une longue guerre et réduisirent les Messéniens en esclavage. Sparte, ou Lacédémone, était organisée en un État oligarchique et militaire vivant du travail des vaincus et replié sur lui-même. On admet que Lycurgue, législateur en partie mythique, fut le fondateur de ses institutions, qui visaient à perpétuer dans l'immobilisme ses structures sociales. Leur base était les citoyens, ou Égaux, les Spartiates proprement dits, que l'État dotait d'un lot de terre, appelé *cléros*, destiné à les nourrir, eux et leur famille, et qui dominaient la masse des esclaves : les ilotes. Ceux-ci formaient une population dépendante, nombreuse et dangereuse, qui descendaient des pré-Doriens, et fournissait une main-d'œuvre qui cultivait la terre des Égaux et leur payait une redevance annuelle fixe. Les Égaux étaient voués au métier des armes ; toute activité productrice leur était interdite, ce qui les maintenait dans une stricte obéissance et assurer la défense contre les attaques des voisins. Il existait un troisième groupe formé par les périèques, ou hommes du pourtour, qui pouvaient s'adonner à toutes les occupations, y compris la culture, en dehors de la terre des Égaux, ou « terre politique ». Les périèques étaient des hommes libres, mais qui ne jouissaient que de droits civils.

L'originalité institutionnelle de Sparte tenait en l'existence de ces lots, en principe de taille égale, de la « terre politique », qui correspondait à la seule vallée de l'Eurotas et qui traduisait une vision égalitaire de la communauté. En fait, il existait à l'origine, comme partout d'ailleurs, une aristocratie foncière qui possédait des domaines en dehors de la « terre politique ». Au milieu du VIᵉ siècle, un soulèvement en faveur de l'égalitarisme réduisit le train de vie des plus fortunés et interdit tout contact avec l'extérieur, ce qui revenait à mettre fin à toute richesse, qui résultait de la vente des surplus et des échanges. Malgré la grande influence que continuait d'exercer l'aristocratie terrienne, Sparte devenait donc — pour les seuls citoyens — une cité égalitaire, en principe tout du moins. Dans la réalité, cette répartition pouvait avoir des effets négatifs. Dans le cas, par exemple, où un citoyen mourait sans héritier mâle, son *cléros* était transmis au parent le plus proche, qui avait dû épouser la fille du défunt, désormais qualifiée d'épiclère (c'est-à-dire ajoutée au *cléros*). Plusieurs lots pouvaient ainsi revenir entre les mêmes mains, tandis que les cadets étaient réduits à la portion congrue. A partir du ve siècle en effet, la structure commença de s'effondrer. Des ilotes, des périèques et des citoyens pauvres se soulevèrent contre les Égaux. Et, au début du ive siècle, une loi permit, sinon de vendre son *cléros*, du moins de l'hypothéquer. C'en était fait de la Sparte de jadis, même si subsistaient l'assemblée du peuple, le Sénat de trente membres, les cinq éphores qui surveillaient le fonctionnement de l'État, ainsi que les rites des classes d'âge qui donnaient accès au monde des adultes. Ces institutions devenaient caduques, comme le comprirent les rois réformateurs des temps hellénistiques.

Le procès de Socrate

Un homme du peuple allait succéder à Périclès, le tanneur Cléon, partisan de la poursuite de la guerre. Mais, comme le dit Thucydide, la disparition de Périclès contribua à accroître le désordre à la fin de la guerre du Péloponnèse. L'*ecclésia* s'abandonna à d'indignes orateurs. La société était à ce point troublée que, par deux fois, en 411 et en 404, à la faveur de la guerre et de la défaite, des complots aristocratiques parvinrent même à supprimer la Constitution démocratique. Par ailleurs, la cité championne de la démocratie intenta en 399 un procès inique à un philosophe, Socrate, qui, condamné à mort, dut, lors d'une scène restée célèbre, boire la ciguë. Ce personnage énigmatique

qui n'a rien écrit, nous le connaissons grâce à Xénophon et surtout à Platon, son élève. On sait que l'Athénien Socrate était un citoyen comme les autres, soucieux d'accomplir ses devoirs civiques. On l'accusa de ne pas reconnaître les dieux de la cité et d'en introduire d'autres et aussi de corrompre la jeunesse. Il apparaissait comme un gêneur lorsqu'il invitait ses jeunes auditeurs, fils de nobles, à se tourner vers la philosophie plutôt que vers l'acquisition de richesses. On peut voir dans cette affaire, où le philosophe apparaît comme un bouc émissaire, l'extrême conformisme d'Athènes dans les domaines religieux et politique.

Proue d'un trirème. L'œil scrute les fonds et détecte les dangers, comme ces légendaires sirènes au chant maléfique...

ATHÈNES, LA FIN DU MONDE ANTIQUE

« *Athènes immédiatement me conquit ; l'écolier un peu gauche, l'adolescent au cœur ombrageux goûtait pour la première fois à cet air vif, à ces conversations rapides, à ces flâneries dans les longs soirs roses, à cette aisance sans pareille dans les discussions et les voluptés. Les mathématiques et les arts m'occupèrent tour à tour, recherches parallèles ; j'eus aussi l'occasion de suivre à Athènes un cours de médecine de Léotichyde. (...) Léotichyde prenait les choses du point de vue le plus positif : il avait élaboré un admirable système de réduction des fractures. Nous marchions le soir au bord de la mer : cet homme universel s'intéressait à la structure des coquillages et à la composition des boues marines. Les moyens d'expérimentation lui manquaient ; il regrettait les laboratoires et les salles de dissection du Musée d'Alexandrie, qu'il avait fréquenté dans sa jeunesse, le choc des opinions, l'ingénieuse concurrence des hommes. Esprit sec, il m'apprit à préférer les choses aux mots, à me méfier des formules, à observer plutôt qu'à juger. Ce Grec amer m'a enseigné la méthode.* »

Marguerite Yourcenar
Mémoires d'Hadrien

Au IVe siècle, Sparte s'allia avec le Grand Roi et imposa son hégémonie sur la Grèce entière. Athènes essaya de retrouver son empire en confédérant une seconde fois les cités maritimes d'Asie Mineure menacées par les Perses. Mais Artaxerxès III Ochos, le nouveau roi de Perse, lança à Athènes un ultimatum, qui dut reconnaître l'indépendance des cités révoltées. C'était la fin de l'empire d'Athènes.

Le péril macédonien

Voici donc Athènes isolée pour se défendre contre la volonté d'expansion du nouveau roi de Macédoine : Philippe II.

A gauche, enfant à l'oie, musée national d'archéologie d'Athènes ; à droite, statue de la Victoire de l'île sainte de Délos.

Celui-ci s'empara sans trop de problèmes des dernières possessions d'Athènes dans le Nord. Le danger grandissant, Eubule le pacifiste et Démosthène, pourtant partisan farouche de la résistance, tombèrent d'accord pour signer avec les Perses la paix de Philocratès, en 346. Or Philippe multiplia ses coups de force contre la cité, notamment en interceptant sur les Détroits un convoi de ravitaillement de cent quatre-vingts vaisseaux athéniens, ce qui entraîna la guerre. Démosthène réussit à bander toutes les énergies d'une cité qui avait tendance à s'endormir sur son tas d'or et lui fit gagner quelques batailles,

mais Philippe battit définitivement les coalisés dans les vallons de Chéronée, en 338. Athènes put garder son autonomie, mais dut rejoindre la ligue de Corinthe, qui regroupait sous l'autorité du roi de Macédoine toutes les cités grecques, sauf Sparte.

Démosthène et Aristote

La deuxième moitié du IVe siècle est une époque bien connue de l'histoire d'Athènes grâce à l'ensemble des discours de Démosthène : discours politiques et plaidoyers dans des affaires publiques ou privées. Démosthène était à Athènes le

LES JEUX OLYMPIQUES

Les premiers jeux qui nous soient connus sont ceux qu'Achille, dans *l'Iliade,* organise lors des funérailles de Patrocle. Il existe d'autres textes épiques qui mentionnent des jeux funèbres, ce qui permet d'affirmer que les compétitions athlétiques en Grèce eurent pour origine des coutumes funéraires et plus largement religieuses. Le même Homère donne un exemple de jeux hors contexte religieux : dans *l'Odyssée*, des concours sportifs sont organisés par Alcinoos, roi des Phéaciens, en l'honneur de son hôte de marque, Ulysse. Mais, d'une manière générale, les jeux grecs avaient toujours un cadre religieux ; d'ailleurs, aux yeux des Grecs, la victoire, tant à la guerre que lors d'une compétition sportive, dépendait de la faveur divine.

Quatre jeux réunissaient tout le monde hellénique : ceux d'Olympie, de Delphes, les jeux Isthmiques et ceux de Némée. Et parmi ces manifestations importantes, les jeux Olympiques, en l'honneur de Zeus d'Olympie, étaient les plus célèbres. Selon l'historien Timée de Tauroménion, qui institua le calendrier par olympiades, les jeux étaient célébrés tous les quatre ans, l'été, et les premiers eurent lieu en 776. A l'époque classique, ils s'étendaient sur sept jours. Ces réjouissances revêtaient une telle importance qu'elles étaient toujours l'occasion d'une trêve au milieu des sempiternelles guerres intestines, en l'honneur de Zeus. Les athlètes prenaient le chemin de l'Élide et logeaient pour quelques semaines dans un village de tentes et de baraquements.

Le déroulement des Jeux

Le premier jour des fêtes était réservé aux sacrifices et à la prestation solennelle du serment olympique par les athlètes, qui devaient être grecs, libres de naissance et vierges de toute condamnation. Une autre prescription religieuse interdisait aux femmes l'entrée dans le sanctuaire, à l'exception de la prêtresse de Déméter Chamyné. Les épreuves duraient cinq jours, et les vainqueurs, ou olympioniques, recevaient leur récompense : la couronne olympique, une simple couronne d'olivier sauvage tressée avec le feuillage de l'arbre sacré qu'Héraclès avait, selon le poète Pindare, rapporté du pays des Hyperboréens pour le planter à Olympie.

Le tout premier concours gymnique fut la course à pied d'un stade (192 m), auquel s'ajou-tèrent successivement : la course double, la course de vingt-quatre stades (4 608 m), le pentathlon (cinq épreuves : la course à pied, le saut, le lancement du disque, celui du javelot et la lutte), le pugilat, le pancrace (qui combinait lutte et pugilat), la course des hoplites, les courses de chars et de chevaux (sur l'hippodrome). Les derniers jeux Olympiques de l'Antiquité furent interdits par Théodose Ier en 394.

Renaissance des jeux Olympiques

En 1896, à l'initiative de Pierre de Coubertin, eurent lieu, à Athènes, les premiers jeux Olympiques modernes. Ces fêtes ont perdu leur caractère religieux d'origine et ont accueilli beaucoup d'autres disciplines, mais elles continuent de perpétuer, tous les quatre ans, une tradition de paix et de rencontre entre États.

porte-parole de tous ceux qui craignaient Philippe. Ses discours étaient passionnés et, loin de vouloir flatter le *démos*, ils le mettaient en face de ses responsabilités. Homme de parole et homme d'action, il tenta de rallier à la cause athénienne les cités du Péloponnèse et celles des Détroits, Byzance et Abydos, ainsi que Rhodes et Chio. Il essaya également de mieux organiser la cité : « *Il faut avoir une armée organisée, lui assurer les moyens de vivre, des trésoriers, un service public, surveiller rigoureusement la gestion financière, et après cela, vous faire rendre compte de l'emploi des fonds par ces trésoriers, des opérations par le général. Si vous agissez ainsi, si vous êtes vraiment résolus, alors, ou bien vous contraindrez Philippe à observer réellement la paix et vous le forcerez à se tenir chez lui, ce qui serait le mieux de beaucoup, ou bien vous le combattrez du moins à chances égales.* » (*Sur les affaires de Chersonnèse*). Sa politique intransigeante, ses diverses innovations lui amenèrent beaucoup d'ennemis, mais malgré la défaite de Chéronée, il conserva toute l'estime de ses concitoyens. Démosthène reste un personnage émouvant et attachant, dans la mesure où son discours marque l'apogée de la rhétorique attique, qui s'épanouit avec la démocratie athénienne et périt avec elle.

L'autre personnage, à qui nous devons une excellente connaissance de la Grèce de l'époque, est Aristote (384-322) le « prince des philosophes », qui vint à Athènes pour y suivre les leçons de Platon. Il fonda sa propre école dite du Lycée ; ses textes eurent une grande influence sur toute la pensée occidentale. Son ouvrage, la *Politique*, pour lequel il avait fait rassembler par ses disciples des renseignements sur plus de cent cinquante États grecs ou barbares, fut publié en 336, année de l'avènement de son ancien élève, Alexandre. La *Constitution d'Athènes*, l'une des dernières œuvres d'Aristote, fut publiée vers 329. La première partie déroule l'histoire du système politique athénien jusqu'à l'époque d'Aristote, elle-même développée dans la seconde partie. On y sent une préférence de l'auteur pour la Constitution de Solon, celle qu'il considère comme la plus à même de concilier les intérêts particuliers de chaque classe avec le bien suprême de la collectivité.

La période hellénistique (323-31)

Soumise à la Macédoine depuis la bataille de Chéronée, Athènes attendit la mort d'Alexandre, fils de Philippe II, en 323, pour se soulever et provoquer la guerre lamiaque, qui aboutit à l'écrasement d'Athènes, en 322. La cité perdit alors ses

dernières clérouquies. Démosthène s'empoisonna. Unie à Sparte et à Ptolémée Philadelphe, Athènes se souleva plusieurs fois contre les rois perses, notamment contre Antigone Ier Gonatas, lors de la guerre chrémonidienne, qu'elle perdit en 262. La démocratie athénienne conservait ses institutions, mais le pouvoir était concentré entre les mains des riches. L'économie n'était plus florissante depuis que le centre de gravité du monde grec s'était déplacé vers les métropoles de l'Orient soumis à Alexandre. Le Pirée n'était plus le centre d'un réseau commercial à l'échelle de la Méditerranée. Athènes avait également fini d'être le

A gauche, statue de discobole près du stade d'Olympie ; à droite, chaque cité avait un animal qui la représentait notamment sur sa monnaie, pour Athènes c'était la chouette.

phare de la vie intellectuelle : les nouveaux genres littéraires apparaissaient ailleurs, de même la sculpture. C'est à cette époque pourtant qu'apparurent à Athènes deux doctrines philosophiques qui cherchaient, en des temps troublés, la paix de l'âme : l'épicurisme (du nom de son chef de file, Épicure, 341-270) et le stoïcisme (qui eut pour fondateur Zénon de Citium, 335-264).

L'hégémonie romaine

Rome intervint en Grèce à la fin du IIIe siècle, lors des trois guerres macédoniennes, qui prirent fin en 168, lors de la bataille de Pydna, où l'armée romaine de Paul-Émile battait celle, macédonienne, de Persée, fils de Philippe V. Le royaume de Macédoine était annexé et devenait une province romaine. Athènes put, dans un premier temps, s'en louer, puisque, en 166, Rome lui restituait ses clérouquies et lui donnait Délos, ce qui – Corinthe ayant par ailleurs été détruit – donna un nouvel essor au Pirée.

La Grèce se distinguait des autres régions annexées par Rome par la prééminence de son art ; aussi la célèbre phrase du poète latin Horace (Ier siècle av. J.-C.) exprime-t-elle la réalité : « *La Grèce vaincue a vaincu son farouche vainqueur.* » De fait, l'hellénisation de Rome eut une portée incalculable puisqu'elle reprit le flambeau de la civilisation grecque pour le monde occidental.

Au Ier siècle, Mithridate VI Eupator, dit le Grand, roi du Pont, réussit à soulever les Grecs d'Asie, puis la Grèce elle-même contre Rome. Envoyé contre lui, Sylla attaqua Athènes, la pilla et la reprit en 88, et, après plusieurs victoires, il imposa à Mithridate, en 85, la paix de Dardanos. Vidée de ses œuvres d'art, Athènes était également morte sur le plan économique. Cependant elle garda son prestige culturel

et profita, sous l'Empire, de la paix romaine. Elle connut une renaissance sous les Antonins, grâce notamment à l'empereur Hadrien, qui y avait fait une partie de ses études et y avait été archonte en 112 ap. J.-C. Une fois empereur, il séjourna dans sa cité de prédilection et fut initié aux mystères d'Éleusis.

Ce passionné d'hellénisme que l'on surnommait avec une pointe d'ironie *Graeculus*, le petit Grec, entreprit de grands travaux : terminer le temple de Zeus Olympien, bâtir des édifices (bibliothèque, portiques de l'Agora romaine), entreprendre la construction d'une « ville d'Hadrien »... Il apporta un secours financier à Athènes et fit d'elle le siège d'une ligue appelée Panhellénion, réunissant les cités de la Grèce d'autrefois. Dans les *Mémoires d'Hadrien*, Marguerite Yourcenar donne une idée de l'effort d'Hadrien d'intégrer au monde romain toute la culture grecque :

« *Mais il m'arrivait de me dire que le sérieux un peu lourd de Rome, son sens de la continuité, son goût du concret, avaient été nécessaires pour transformer en réalité ce qui restait en Grèce une admirable vue de l'esprit, un bel élan de l'âme. Platon avait écrit* La République *et glorifié l'idée du Juste, mais c'est nous qui, instruits par nos propres erreurs, nous efforcions péniblement de faire de l'État une machine à servir les hommes, et risquant le moins possible de les broyer. Le mot philantropie est grec, mais c'est le légiste Salvius Julianus et moi qui travaillons à modifier la misérable condition de l'esclave.* » Le renouveau intellectuel d'Athènes dut beaucoup également à Hérode Atticus, issu d'une famille extrêmement riche, qui, après une carrière de grand fonctionnaire et de rhéteur (il fut le précepteur de Marc Aurèle), revint dans sa cité natale. Connu comme un sophiste de haute volée, Hérode Atticus fit profiter la cité par son enseignement et par son mécénat : construction d'un stade, d'un odéon... Cette renaissance se poursuivit encore aux IIIe et IVe siècles jusqu'aux invasions des Barbares.

La fin de l'Athènes antique

Les Goths et les Hérules envahirent l'Attique en 267 ap. J.-C. Athènes fut dévastée. La sécurité revint au Bas-Empire ; Athènes gardait encore un certain éclat grâce à ses écoles, malgré un nouveau sac dû au Barbare Alaric en 396. L'Empire romain fut partagé en deux moitiés après la mort de Théodose.

Mais les manifestations proprement hellènes disparaissaient : le christianisme était devenu religion d'État, la dernière célébration des jeux Olympiques eut lieu en 395, et l'université ferma en 529, après que l'empereur Justinien eut décrété la supression de toutes les écoles philosophiques. C'en était fini de l'Antiquité, et Athènes n'était plus qu'un immense patrimoine.

A gauche, le Théséion, sur l'Agora, sanctuaire de Thésée, élevé vers 470 ; ci-dessus, détail et ensemble d'une statue de l'empereur Hadrien (117-138 ap. J.-C.) sur l'Agora romaine, au pied de l'Acropole.

La Grèce byzantine : d'une invasion à l'autre

Après le partage de 395, la Grèce échut naturellement à l'Empire byzantin ; du coup Athènes vit décroître son pouvoir au profit de Constantinople devenu nouvelle capitale du monde grec. Or un nouveau danger planait sur la Grèce entière, les Slaves qui, par tribus entières, déferlaient. Ces invasions marquèrent la fin de la tradition classique grecque, de la civilisation urbaine et, avec elle, de la culture romaine et chrétienne. L'empereur résistait pourtant et les missionnaires chrétiens convertirent les Slaves dans le Péloponnèse tout en leur enseignant le grec. Mais si la langue survit, le mot *polis* finit par ne plus désigner que Constantinople. L'Empire byzantin n'avait pas la puissance nécessaire pour contrôler efficacement l'ensemble de son territoire. De plus, les provinces grecques étaient moins vitales que l'Anatolie qui approvisionnait Constantinople en céréales, aussi tombaient-elles plus facilement aux mains d'autres puissances. Aussi quand, en 1182, l'archevêque de Constantinople arriva à Athènes, espérant bien découvrir les traces tangibles de la glorieuse cité, fut-il amèrement déçu. Privée de ses Longs Murs, l'ancienne *polis* n'était plus qu'une espèce de forteresse médiévale semblable à Mistra, près de Sparte, une cité de second plan, et sa campagne dépeuplée.

La période glorieuse de l'Empire ne dura que du milieu du IXe siècle au milieu du XIe siècle, date à laquelle des Turcs venus d'Asie centrale, les Seldjoukides, mirent, à Manzikert, en Anatolie, l'armée byzantine en pièces. Au XIIe siècle, le Normand Roger de Sicile envahit la Grèce et saccagea Corinthe et Thèbes. En 1204, lors de la quatrième croisade en Terre sainte, Constantinople fut à son tour pillée. L'Empire se fragmenta et donna naissance au despotat d'Épire et aux empires de Nicée et de Trébizonde. La Grèce fut elle-même partagée en trois royaumes : le duché d'Athènes échut au Bourguignon Othon de la Roche, la principauté d'Achaïe à Villehardouin, des aventuriers italiens s'emparèrent des îles, et Venise mit la main sur les ports de la côte occidentale de première importance.

Dans la seconde moitié du XIIIe siècle, Constantinople fut reprise par les Paléologues, qui régnaient à Nicée. Pendant ce temps, la Grèce occidentale passa brièvement sous contrôle serbe, la Thessalie devint principauté valaque, et la Grèce méridionale et insulaire resta occupée par les successeurs des croisés jusqu'à ce que les Paléologues rétablissent la présence byzantine à Mistra, au XIVe siècle. Si l'Empire byzantin réussit, grâce à l'aide de mercenaires turcs, à contenir la poussée serbe et bulgare, les Grecs n'eurent pas le temps de se réjouir de ces victoires qui ne tardèrent pas à être les victimes de l'expansionnisme turc. En 1400, l'Empire byzantin se réduisait à Constantinople, à Salonique et au Péloponnèse. Quelque cinquante années plus tard, le sultan Mehmet II s'empara de Constantinople après un siège de seulement deux mois. Et dix ans après, l'ensemble de la Grèce continentale fut désormais absorbée par l'Empire ottoman. La reprise de Constantinople allait devenir pour le peuple grec la mission essentielle.

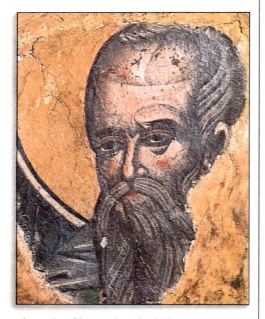

L'Empire byzantin, dont le siège était Constantinople, était essentiellement de culture grecque. Du musée byzantin d'Athènes : à gauche, tête d'ascète âgé ; à droite, ange copte.

CHRONOLOGIE MODERNE

1014 - Victoire de Basile II le Bulgaroctone sur les Bulgares. Il rend à Byzance la maîtrise de la péninsule balkanique.
1040-1084 - Incursion des Normands. Exigences de privilèges commerciaux des cités italiennes, notamment Venise.
1204 - A l'issue de la quatrième croisade et de la prise de Constantinople, la Grèce est partagée entre les vainqueurs. Venise reçoit la Crète et des places de commerce dans les îles, et les princes francs instaurent des principautés franques vassales de l'Empire latin de Constantinople : le royaume de Thessalonique, le duché d'Athènes, la principauté de Morée.
1206-1261 - Désagrégation de l'Empire latin. Michel Paléologue reconquiert Constantinople.
1387-1453 - Progression des Turcs en Thrace, en Macédoine, en Thessalie et en Épire.
1453 - Chute de Constantinople.
Fin XVIe-début XVIIe siècle - Révoltes grecques.
1797-1815 - Les îles Ioniennes, affranchies par Venise, passent sous domination russe, française, puis britannique.
1821-1829 - Guerre d'indépendance.
1823 - Lord Byron est élu commandant des forces grecques. Il meurt l'année suivante à Missolonghi. Intervention de la France, de l'Angleterre et de la Russie en faveur de la Grèce.
1827 - Victoire de Navarin sur les Turcs.
1829 - Traité d'Andinople reconnaissant l'autonomie de la Grèce.
1831 - Assassinat de Kapodistrias. La Grèce devient une monarchie avec Othon de Bavière, Othon Ier.
1832 - Reconnaissance de l'indépendance hellénique par la Sublime Porte.
Oct. 1862 - Abdication d'Othon Ier après l'insurrection de l'armée.
1863 - Le prince danois Guillaume devient Georges Ier, roi des Hellènes.
1877-1878 - Guerre russo-turque dans les Balkans, défaite turque. La conférence de Constantinople restitue la Thessalie et l'Épire à la Grèce.
1882-1883 - Creusement du canal de Corinthe.
1896 - Reprise des jeux Olympiques, à Athènes.
1897 - Autonomie de la Crète.
1909 - Coup d'État, le Crétois Vénizélos devient président du Conseil.
1912 - Formation de l'Entente balkanique (Grèce-Serbie-Bulgarie) contre la Turquie.
1913 - Rattachement officiel de la Crète à la Grèce. Assassinat du roi Georges Ier, avènement de son fils Constantin Ier.
1917 - Vénizélos renverse le roi, remplacé par son fils, Alexandre Ier.
1920 - Mort d'Alexandre Ier et retour de Constantin Ier.
1922 - Guerre gréco-turque, défaite de la Grèce qui perd la Thrace orientale et Smyrne. Échange de population entre les deux pays.
1923 - Mort de Constantin Ier. Georges II monte sur le trône et abdique en décembre.
1924 - La République est proclamée.
1924-1928 - Succession de coups d'État militaires.
1928-1932 - Régime de Vénizélos.
1935 - Restauration de la monarchie.
1936-1941 - Dictature du général Metaxás.
Oct. 1940 - Attaque italienne, la Grèce entre dans le conflit.
1941-1944 - Occupation par les puissances de l'Axe (Italie-Allemagne-Bulgarie).
Sept. 1946 - Retour du roi George II.
1946-1949 - Guerre civile.

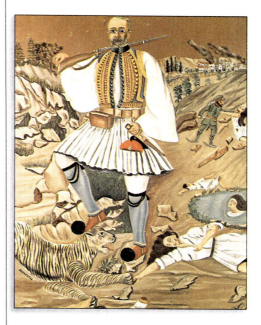

1947-1964 - Règne du roi Paul Ier. Succession de gouvernements de droite.
1964 - Avènement de Constantin II.
1967 - Coup d'État ; junte des colonels. Exil de Constantin II.
1972-1973 - Manifestations. Proclamation de la République.
1974 - L'intervention turque à Chypre provoque la chute des colonels. Le parti de Caramanlis remporte les élections.
1975 - République restaurée par référendum.
Mai 1980 - Caramanlis prés. de la République.
1er janv. 1981 - La Grèce dans le marché commun.
Oct. 1981 - Le PASOK (parti socialiste) remporte les élections législatives. Papandreou Premier ministre.
1985 - Démission de Caramanlis, remplacé par le candidat du PASOK, Sarzetakis.

DE LA GRÈCE OTTOMANE A LA GRÈCE MODERNE

Depuis Constantinople, le sultan Mehmet II s'efforçait de régner sur son vaste empire. Pour éviter la rivalité des pouvoirs locaux, il mutait les gouverneurs de place en place et récompensait les fonctionnaires musulmans zélés par des terres qui retournaient à l'empire après le décès de leurs propriétaires. Les Turcs étaient peu

soucieux de préserver ou développer les régions annexées. La police locale était si démunie qu'elle logeait ses officiers dans la demeure des criminels. Par ailleurs, les routes ne tardèrent pas à se détériorer. Reconnaissant les minorités religieuses, les autorités turques accordaient à leurs communautés une relative autonomie. L'église orthodoxe grecque obtint ainsi certains privilèges qui lui permirent d'exercer une autorité religieuse et civile.

Dans une large mesure, la population grecque conservait son style de vie. Les habitations, comme celles des Turcs, ressemblaient à des forteresses en miniature bâties sur deux étages autour d'une cour centrale. La plupart des ingrédients de la cuisine grecque contemporaine étaient déjà couramment employés, du *resinato*, ce vin si peu apprécié des étrangers, au café particulièrement fort avec lequel Ali Pacha, le « Lion de Ionnona », empoisonna son rival, le pacha de Vallona. Les pommes de terre apparaîtront plus tard (les prêtres grecs s'y étant longtemps opposés car ils prétendaient que c'était dans une pomme de terre, et non dans une pomme, qu'Adam et Ève avaient croqué). Mais l'autonomie dont jouissaient les Grecs n'excluait pas l'oppression. Lorsque, à partir du XVIIe siècle, le pouvoir central s'affaiblit, les administrateurs locaux se livrèrent à des abus. De multiples révoltes éclatèrent dans les Balkans, notamment celle de 1805, qui aboutissait à la renaissance d'un État serbe. Le sultan était fréquemment prié d'intervenir contre des propriétaires fonciers ou des évêques corrompus. Inversement, des régions comme Chio, traditionnellement acquise à la famille du sultan, connaissaient la prospérité et étaient soumises à une administration disciplinée.

L'Empire ottoman était continuellement menacé par de puissants ennemis tels les Vénitiens, et plus tard les Français. A l'intérieur de l'empire, les farouches Albanais, véritable ossature de l'armée ottomane, avaient leurs propres revendications territoriales. Les conflits qui en résultèrent affaiblirent davantage encore la Grèce. En 1537, l'armée turque s'en prit à la colonie vénitienne de Corfou. Après l'attaque, l'île ne comptait plus qu'un sixième de la population qu'elle avait dans l'Antiquité. Théâtre de batailles entre ces mêmes belligérants, le Péloponnèse fut également ravagé, en 1715, par les Albanais qui combattaient pour les Ottomans, et dans les années 1770. Des carnages firent suite à l'insurrection de 1821. Les Grecs massacrèrent les Turcs à Tripoli, ces derniers firent subir le même sort à leurs ennemis à Chio. Enfin, les troupes égyptiennes commandées par Ibrahim Ali dévastèrent le Péloponnèse. Pendant ce temps, brigands et pirates faisaient régner un climat d'insécurité. Des régions entières, notamment la Thessalie, étaient évitées par les voyageurs. Les collines et les montagnes, qui avaient toujours échappé au contrôle des Turcs, étaient le repaire de bandes de malfrats appelés *klephtes*. Même si ces bandits s'attaquaient autant aux villages grecs qu'aux propriétés de musulmans, ils finirent par incarner, chez la population, la résistance grecque. Le développement du nationalisme grec dut davantage à l'apparition d'une communauté commerçante qu'aux *klephtes*. Les Grecs byzantins puis les Turcs méprisaient toute activité lucrative ; du coup, le commerce fut assuré par les Grecs, les Juifs et les Arméniens. Ainsi vit le jour une classe aisée qui, liée avec les Européens par le commerce, commença de s'initier à leur mode de vie et se laissa influencer par leur culture. En revanche, toute une partie de la population grecque était favorable aux occupants turcs : une frange de la gente aisée s'était vue octroyer des postes élevés dans l'administration ottomane, les aristocrates de Constantinople, les phanariotes, avaient tissé des liens étroits avec la cour impériale, et l'Église orthodoxe bénéficiaient de la nouvelle politique. Trois négociants grecs d'Odessa créèrent, en 1814, la Société des amis, une organisation secrète nationaliste, qui trouva rapidement un soutien à travers l'empire. Ce bouillonnement nationaliste aboutit à l'insurrection de 1821. La lutte pour l'indépendance dura jusqu'en 1832 et opposa aux Turcs toutes les composantes sociales du pays, tout aussi ardentes à défendre leurs propres intérêts que la cause grecque. Les grandes puissances finirent par intervenir diplomatiquement et militairement pour obtenir des Turcs la reconnaissance de l'autonomie grecque.

La destruction, en 1827, de la flotte turque à Navarin par les escadres de la Triple-Entente (France-Angleterre-Russie) fut un tournant décisif. La même année, le comte Capo d'Istria, diplomate grec et ancien ministre du tsar, fut élu président par une Assemblée nationale. Il engagea les forces grecques à poursuivre la lutte au nord du Péloponnèse. Vaincue dans la guerre russo-turque qui s'ensuivit, la Turquie reconnut, en 1829, par le traité d'Andrinople, l'autonomie de la Grèce. En 1830, le protocole de Londres proclama l'indépendance hellénique sous la protection des trois puissances, France, Russie, Angleterre. De nombreux Grecs

Pages précédentes : tableau de Louis Dupré, Le Mariage grec (vers 1820) ; peinture naïve représentant le chef Éleuthérios Vénizélos pendant la guerre des Balkans. A gauche, le jeune roi Othon Ier ; ci-dessus, aquarelle du siècle dernier représentant Athènes.

critiquaient le gouvernement de Capo d'Istria et suspectaient ce dernier de vouloir imposer une dictature. Il fut assassiné en 1831 à Nauplie. Enfin, par le traité de Constantinople, en 1832, la Turquie reconnut l'indépendance de l'État grec.

Le royaume de Grèce

Le nouvel État grec comprenait le Péloponnèse, la Grèce centrale et l'Eubée. Sa politique fut dominée par les influences étrangères. La Couronne, offerte à différents prétendants, échut finalement à Othon Ier, fils de Louis Ier de Bavière, trop jeune pour régner, plusieurs régents se succédèrent sur le trône qui négligèrent les demandes répétées du peuple en faveur d'une Constitution. L'autocratie othonienne, appuyée sur les troupes et la bureaucratie bavaroise, domina la politique d'où les Grecs étaient exclus. L'allemand devint même seconde langue officielle. Ce climat de désordre et de revendications aboutit au coup d'État de 1843. Othon Ier dut accepter la Constitution, très conservatrice, de 1844. Avec cette Constitution puis celle de 1864, la Grèce se dotait de structures démocratiques modernes, mais le Parlement reflétait l'étrange situation du pays : aucune classe n'y était représentée par un parti, seules les personnalités influentes y avaient leur propre faction. Leurs points de divergence recouvraient essentiellement des questions de politique étrangère. Ainsi, les trois principaux partis empruntèrent leur nom aux puissances étrangères qui les soutenaient : l'Angleterre, la Russie et la France.

La Grande Idée

Les politiciens, qui voyaient là un excellent dérivatif aux questions intérieures, épousèrent la cause du peuple en faveur de la création d'un nouvel empire byzantin, qui impliquait la prise de Constantinople et la « libération » des Grecs qui vivaient au Proche-Orient : la Grande Idée. Cet anachronisme devint le dogme quasi officiel de la politique extérieure et de l'éducation. Aussi le successeur d'Othon Ier, destitué en 1862, devint-il selon la nouvelle Constitution, non plus roi de Grèce, mais Georges Ier, « roi des Hellènes », en octobre 1863.

La Grèce bénéficia de la politique plus réaliste du politicien Charilaos Tricoupis, qui relança l'économie du pays par l'amélioration de l'état des routes et du réseau ferroviaire, par la construction du canal de

Corinthe, par le développement du Pirée et par la participation d'investisseurs étrangers à des opérations minières et bancaires. Cependant, malgré l'essor timide des industries textiles et alimentaires, l'industrie resta sous-équipée jusqu'à la Première Guerre mondiale. La Grèce était un pays rural, une nation de petits cultivateurs qui, pour la plupart, restaient très pauvres et, partant, incapables d'adopter des méthodes agricoles plus modernes. Si l'exportation des raisins de Corinthe enrichit le pays un certain temps, la récession de 1893 mit l'économie en faillite et provoqua un exode massif de la paysannerie. En 1912, beaucoup de villages ne survivaient que grâce aux sommes envoyées des États-Unis par les jeunes Grecs émigrés. Ces problèmes intérieurs renforcèrent l'enthousiasme des Grecs pour la Grande Idée. Le congrès de Berlin permit au pays d'élargir ses frontières en 1881. Profitant des troubles qui éclatèrent en Crète ottomane en 1897, la marine de guerre grecque mit le cap sur l'île, tandis que l'armée remonta vers le nord. Elle fut arrêtée par les Turcs, qui pénétrèrent en Grèce. La défaite fut humiliante. Il y eut trois coups d'État militaires en Grèce : en 1843, en 1862 et en 1909, date à laquelle de jeunes officiers offrirent le pouvoir à un Crétois de réputation radicale, fin diplomate et pourvu d'un grand charme, Éleuthérios Vénizélos. Son propre parti libéral allait dominer la vie politique durant un quart de siècle et traduire les aspirations de la bourgeoisie. Grâce à un soutien financier étranger, il modernisa l'armée. Et, lorsqu'en 1912 éclatèrent les guerres balkaniques, la Grèce fut assez forte pour prendre aux Turcs la plus grande partie de la Macédoine. En 1912-1913, elle récupéra également le sud de l'Épire, la Crète et les îles égéennes orientales, doublant ainsi sa superficie et sa population.

A gauche, la place Syntagma vers 1865 ; ci-dessus, la libération d'Athènes par les troupes britanniques en 1944.

La Grèce durant les deux conflits mondiaux

Le roi germanophile Constantin Ier était partisan de la neutralité, tandis que Vénizélos souhaitait apporter le soutien de la Grèce à la Triple-Entente. La querelle déboucha sur une guerre civile qui prit fin en 1917 avec l'exil du roi et l'entrée en guerre de la Grèce. Constantin Ier fut remplacé par son fils,

Alexandre Ier, qui se battit aux côtés des Alliés. Vénizélos espérait que l'Entente allait, en échange de son soutien, accorder à son pays de nouveaux territoires. Aussi le traité de Sèvres avait-il accordé à la Grèce la région de Smyrne. En 1920, le parti royaliste renversa le parti libéral et rappela Constantin Ier au pouvoir. Une expédition grecque rencontra à Smyrne une farouche résistance turque menée par Mustafa Kemal, tandis que l'Entente, invoquant le retour sur le trône de Constantin, abandonnait la Grèce. La Grande Idée prit fin en 1922 avec la défaite militaire et l'arrivée en Grèce d'un mil-

économique. La politique extérieure, plus heureuse, améliora les relations avec la Turquie et les pays balkaniques, mais l'attitude modérée de Vénizélos au sujet de Chypre et du Dodécanèse, qui revendiquaient leur rattachement à la Grèce, provoqua une crise politique. En 1935, la monarchie fut restaurée par le parti royaliste. Le roi Georges II dissout le Parlement et offrit le pouvoir au général Metaxás qui imposa sa dictature le 4 août 1936. En avril 1939, l'armée de Mussolini pénétrait en Albanie et dix-huit mois plus tard, traversait la frontière albano-grecque. Metaxás dut répondre à l'ultima-

lion cinq cent mille Grecs orthodoxes venus de Turquie.

La politique des années qui suivirent fut pour le moins cahoteuse. Un coup d'État mené par les partisans de Vénizélos renversa Constantin Ier, qui reprit le chemin de l'exil, et mit en place son fils, Georges II, en 1922. Après l'échec d'un coup d'État royaliste, le roi abdiqua en 1923 et la Chambre proclama la République en 1924. En 1925, c'était autour du général Pángalos de prendre le pouvoir, puis celui du général Condylis en 1926. De 1928 à 1932, le gouvernement Vénizélos hésita entre des réformes radicales et le libéralisme, et finalement se noya dans une crise

tum lancé par le *Duce* par un « non » énergique, commémoré le 28 octobre (le jour *Ohi*, ou jour du « Non »). La Grèce repoussa victorieusement l'offensive italienne, mais fut submergée, en 1941, par l'armée allemande. Maîtres de la Grèce le 1er juin, les Allemands choisirent pour Premier ministre le général Tsokaloglu qui avait signé l'armistice avec eux.

Alors, en l'absence du roi et du gouvernement en fuite, une héroïque résistance s'organisa autour de l'E.A.M. (Front national de libération), une coalition de gauche animée par les communistes. Son armée, l'E.LA.S. (Armée populaire grecque de libération), harcela les forces d'occupation et finit par contrôler les deux tiers du territoire. D'autres mouvements de résistance virent le jour, parmi lesquels l'E.D.E.S. (Armée grecque démocratique nationale), et des heurts survinrent entre les différents groupes.

Ces frictions étaient entretenues par le gouvernement britannique, qui protégeait le roi et le gouvernement, et qui, craignant que le puissant parti de l'E.A.M. ne formât un État communiste, armait les autres groupes de résistants pour faire contrepoids. Après le départ, en 1944, des troupes allemandes, les troupes anglaises intervinrent en Grèce afin de désarmer l'E.L.A.S., ce qu'elle réussit par faire après un mois de combats.

La guerre civile et la guerre froide

Georges II ne revint en Grèce qu'en septembre 1946, à l'issue d'un plébiscite âprement discuté. Dans un contexte de crise économique et de violence, éclata la guerre civile, qui opposa durant trois ans les communistes de l'« Armée démocratique de la Grèce » à l'armée gouvernementale qui, appuyée par les Américains, finit par l'emporter. En 1947, le Dodécanèse fut rattaché à la Grèce.

Une certaine stabilité s'instaura de 1952 à 1963, sous le gouvernement de deux Premiers ministres conservateurs. Le parti communiste fut interdit et la moindre opposition vite découragée. En 1951, la Grèce adhéra à l'O.T.A.N. Sa politique pro-occidentale lui assura l'aide des États-Unis. Mais lorsque se posa la question de Chypre, en 1954, les Grecs refusèrent de prendre part aux opérations de l'O.T.A.N. Chypre s'érigea en République indépendante en 1959.

A gauche et ci-dessus, les colonels s'emparèrent du pouvoir le 21 avril 1967.

Chaos politique et arrivée des colonels

Les liens de la Grèce avec l'Occident se renforcèrent à partir de 1962 avec, en point d'orgue, l'entrée du pays dans la C.E.E. en 1981. La Grèce connut une sorte de miracle économique. Athènes se mit à attirer de plus en plus de jeunes pour compter rapidement presque un tiers de la population grecque. Le pays connut également un exode important vers l'Allemagne de l'Ouest. Les élections de 1961 virent la résurgence d'un mouvement centriste à la tête duquel se trouvait l'ancien libéral Georges Papandréou, mais ce fut Caramanlis qui remporta les suffrages. Papandréou dénonça la fraude électorale et les intimidations policières. En mai 1963, Georges Lambrakis, un député de gauche, fut assassiné, ce qui accrut le sentiment, chez le peuple, de l'existence de liens entre le parti au pouvoir et les actes de violence commis par l'extrême droite. Caramanlis démissionna peu après et, à la fin de l'année, l'Union centriste de Papandréou gagna les élections. Papandréou demanda le départ de certains officiers supérieurs, mais son propre ministre de la Défense ainsi que le jeune roi Constantin II s'y opposèrent. Papandréou s'entendit avec l'opposition conservatrice pour organiser des élections en mai 1967 ; une nouvelle victoire semblait acquise à l'Union centriste. Le roi demanda alors à l'armée d'intervenir, mais un groupe d'officiers soutenus par l'O.T.A.N. devança son plan par le coup d'État du 21 avril 1967.

La loi martiale fut proclamée, les partis politiques furent dissous : la junte des colonels était au pouvoir. Après une tentative avortée de reprendre le pouvoir en décembre 1967, le roi Constantin II quitta la Grèce. En 1968, le gouvernement militaire fit approuver par référendum sa Constitution. La loi martiale restait en vigueur à Athènes et la presse était muselée. Le général Papadopoulos, chef de la junte, réunit en 1972 tous les pouvoirs entre ses mains. L'année suivante, il abolit la monarchie, déposa le roi Constantin II et, instituant la République, s'autoproclama président. Il fut renversé par une fraction de l'armée au profit d'un personnage plus sinistre encore, Dimidrios Ioannidis.

A la suite d'un coup d'État organisé par les nationalistes grecs contre l'archevêque Makários III, président de la République de Chypre, l'armée turque débarqua au nord de l'île en 1974. La réponse militaire grecque fut désordonnée et, en outre, les pressions en faveur d'un retour au gouvernement civil se firent de plus en plus grandes : l'ex-Premier ministre Caramanlis, en exil à Paris, fut rappelé à Athènes le 24 juillet 1974 pour rétablir la démocratie parlementaire.

Transport d'antiquités.

L'HOMME GREC DE L'ANTIQUITÉ

« *Athènes avait à cette époque son philosophe de la vie frugale : Démonax menait dans une cabane du village de Colone une existence exemplaire et gaie. Ce n'était pas Socrate ; il n'en avait ni la subtilité, ni l'ardeur, mais j'aimais sa bonhomie moqueuse. L'acteur comique Aristomène, qui interprétait avec verve la vieille comédie attique, fut un autre de ces amis au cœur simple. Je l'appelais ma perdrix grecque : court, gras, joyeux comme un enfant ou comme un oiseau, il était plus renseigné que personne sur les rites, la poésie, les recettes de cuisine d'autrefois. Il m'amusa et m'instruisit longtemps. Antinoüs s'attacha vers ce temps-là le philosophe Chabrias, platonicien frotté d'orphisme, le plus innocent des hommes, qui voua à l'enfant une fidélité de chien de garde, plus tard reportée sur moi. Onze ans de vie de cour ne l'ont pas changé : c'est toujours le même être candide, dévot, chastement occupé de songes, aveugle aux intrigues et sourd aux rumeurs.* »

Marguerite Yourcenar
Mémoires d'Hadrien

Civilisation et alimentation

Dans la littérature grecque, les textes anciens définissaient l'homme de la sorte : exclu des temps divins de l'âge d'or, il n'était pas un cannibale et il n'existait que par le travail agricole familial. L'homme, c'était bien entendu l'homme grec, ce « mangeur de pain », et Ulysse en était le symbole vivant.

Le thème de l'âge d'or, ce paradis végétarien, s'opposa au thème de la misère de l'homme sauvage. Les cités s'attribuaient chacune l'origine de la civilisation ; Athènes utilisa les mystères d'Éleusis pour faire sienne l'invention de l'agriculture. Au Ve siècle, l'arrachement de l'humanité à la sauvagerie fut attribué à l'humanité elle-même (par Démocite), mais cela ne dura pas.

La majeure partie de la Grèce continentale et de la Grèce des îles, à l'époque hellénistique comme dans les âges antérieurs, était constituée d'une mosaïque de petits domaines. Ces terres étaient cultivées par leurs possesseurs aidés d'une main-d'œuvre mi-libre, mi-servile, qui vivait sur le domaine du maître. Il existait également de grands domaines ruraux, dont les propriétaires résidaient en ville.

On cultivait partout les céréales, notamment l'orge. L'idéal de la cité étant l'autarcie économique, on faisait tout pour tirer d'un sol difficile les galettes, les bouillies et le pain qui constituaient la base de l'alimentation. Quelques légumes verts, des fèves, des lentilles, des pois chiches, de l'ail et des oignons étaient les produits du jardin. Le verger était planté de figuiers, surtout en Attique, de cognassiers, de poiriers et de pommiers. L'olivier fournissait olives et huile en abondance. On cultivait également des plantes aromatiques, et surtout la vigne. Moutons et chèvres paissaient dans la montagne. On pouvait également trouver quelques rares vaches et bœufs qui, en dehors de leur utilisation aux grands sacrifices, aidaient le cultivateur dans sa tâche. Enfin les ruches fournissaient le miel qui servait de sucre.

Les plats plus élaborés servis lors de grandes occasions étaient souvent préparés par des cuisiniers originaires des colonies, comme Syracuse, plus habitués à une nourriture plus riche. Le vin était si bon marché et si abondant qu'il pouvait servir au lavement des pieds des invités. On buvait beaucoup, semble-t-il, dans toute la Grèce. Le vin était tout d'abord le signe de l'hospitalité offerte au visiteur, comme le montre si souvent Homère dans *l'Odyssée* :

« *Vint une chambrière, qui, portant une aiguière en or, et du plus beau, lui donnait à laver sur un bassin d'argent et dressait devant lui une table polie. Vint la digne intendante ; elle apportait le pain et le mit devant lui, puis lui fit les honneurs de toutes ses réserves ; le héros d'endurance, Ulysse le divin, but alors et mangea.*

Sa Force Alcinoos dit ensuite au héraut :
— Pontonoos, fais-nous le mélange au cratère et donne-nous du vin à tous en cette salle ; je veux que nous buvions au

Détail d'un lécythe blanc attique de la fin du Ve siècle av. J.-C.

brandisseur de foudre, à Zeus qui nous envoie et recommande à nos respects les suppliants. » Quant au chasseur, au contact direct avec la nature sauvage, les mythes et la tragédie le montraient sous deux aspects. La chasse représentait un premier stade de rupture avec le monde sauvage, aussi les héros étaient-ils bien souvent, comme Héraclès, des chasseurs et des destructeurs de bêtes fauves. Mais la chasse était en même temps la manifestation de la part sauvage de l'homme. Dans les mythes, le sacrifice d'un animal chassé était le plus souvent le substitut d'un sacrifice humain.

avec Aristote, qui voyait dans le Barbare, celui qui, par nature, était fait pour être esclave.

La cité et le citoyen

Dans la *Politique*, Aristote définissait l'homme comme un être qui vivait en cité, et il montrait que, si la cité avait été créée pour permettre à l'homme de vivre, une fois constituée, elle lui permettait de bien vivre. Cette définition théorique coïncidait avec la réalité : la notion de cité, création originale et vivace du peuple grec, a dominé toute son histoire et toute sa pensée. Ici

Grec ou Barbare

La distinction entre Grec et non-Grec n'était pas raciale, mais uniquement culturelle et sociale. Le Barbare était celui qui ne parlait pas grec. La notion d'hellénisme était une conquête de la génération des guerres médiques. Avant d'être le vainqueur de Marathon, Miltiade avait été au service du Grand Roi, et son cas n'était d'ailleurs pas isolé.

Au IVe siècle, la notion d'hellénisme demeura culturelle : était grec quiconque avait eu l'éducation hellénique, et un Barbare d'origine pouvait très bien être considéré comme tel. La notion évolua

encore, Homère nous éclaire sur une notion qui a évolué, puisqu'il distinguait trois sens de la cité. Le mot *polis* désignait tantôt l'agglomération urbaine, tantôt l'unité politique qui constituait un État, tantôt l'ensemble des citoyens considérés en corps. Dans la langue classique, l'ambiguïté demeurait puisque *polis* pouvait désigner des villes barbares. Mais bien souvent, la valeur politique prédominait sur les autres, et la cité n'était autre chose que l'unité politique et sociale qui servait de base au monde hellénique et qui, jointe à l'originalité de la langue, le distinguait du monde barbare. Si la cité tirait sa subsistance du labeur de la campagne, c'était néanmoins à la ville que se traitaient les affaires, celles des particuliers comme celles de l'État. De là dans la civilisation grecque la prédominance, dès l'âge archaïque, de l'élément urbain. Socrate ne disait-il pas qu'il s'ennuyait dans la campagne et qu'il préférait la compagnie plus riche de ses frères humains ? La civilisation hellène était avant tout le fruit de groupes denses et mettait au premier plan les rapports sociaux. Dans la Grèce classique, la maison individuelle était la règle. Au IVe siècle il existait à Athènes quelques immeubles, mais c'était l'exception. Ces maisons contrastaient avec la somptuosité habituelle des monuments publics par leurs dimensions modestes et leur simplicité. Les parois en étaient blanchies à la chaux ou décorées d'un enduit aux motifs simples ; très rarement les murs d'une maison étaient décorés de fresques. Le mobilier était constitué de tables, de sièges, de lits et de coffres, avec, éventuellement, les tapis importés d'Orient. Le Grec moyen disposait d'une vaisselle en terre cuite de fabrication locale, tandis que le riche pouvait avoir de la céramique peinte et des vases de bronze ou d'argent, orgueil d'une belle table. Mais, d'une manière générale, il n'y avait pas de luxe domestique à l'époque classique, le faste était réservé aux dieux.

Maîtres et esclaves

A la ville comme à la campagne, l'essentiel du travail était assuré par les esclaves. Ils effectuaient toutes les tâches domestiques et assuraient la marche des entreprises artisanales. Homère parle d'esclaves, mais il les confond souvent avec de simples serviteurs. Il semble que l'esclavage est né dans les cités, notion qui s'est précisée en même temps que celle de citoyenneté, c'est-à-dire à partir du moment où les Athéniens ne purent plus être vendus en esclavage. De fait, à l'époque classique, l'esclavage était une donnée naturelle de la vie de la cité, même si l'on confondait deux types d'esclaves : ceux qui étaient sur les marchés et les dépendants ruraux. Leur régime était pourtant différent, et seuls les esclaves des campagnes eurent des revendications politiques. Platon et tous ses contemporains pensaient qu'il valait mieux posséder des esclaves qui ne fussent pas de la même patrie et qui ne parlassent pas la même langue. Autrement dit, l'esclave était de préférence un Barbare.

Le travail manuel était méprisé par l'homme libre dont le rôle était de s'occuper des affaires publiques. Même le terme de *kapélos*, qui désignait le petit commerçant, était affecté d'une nuance péjorative, et l'homme qui s'adonnait au commerce ne jouissait d'aucune considération dans

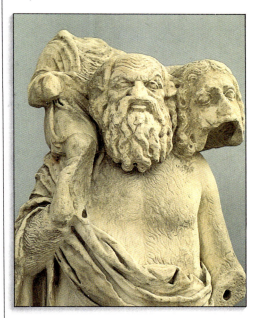

la cité, même celle d'Athènes. Ainsi les métiers manuels furent-ils progressivement laissés aux esclaves ou aux « métèques », les étrangers domiciliés qui devenaient fort nombreux. On voit donc que la notion de démocratie dans la Grèce classique ne concernait que les citoyens, c'est-à-dire une minorité privilégiée.

La femme

Le jeune Athénien vivait dans l'exclusive compagnie des femmes, à l'intérieur du gynécée, jusqu'à l'âge de six ou sept ans, âge auquel il se rendait à l'école, accompagné par un esclave appelé pédagogue.

A gauche, coupe d'or du temple de Vaphio ; à droite, statue de vieillard.

A Sparte, les jeunes filles participaient au même entraînement et aux mêmes concours que les garçons. Partout ailleurs, le citoyen, de même qu'il s'était fait contre l'esclave et contre le « métèque », s'était fait contre la femme. Voilà une contradiction saisissante dans une société qui avait reconnu l'éminente dignité de la personne humaine et qui maintint la fille et la femme dans une condition inférieure à celle de l'homme. Il semble que cette profonde misogynie a eu pour origine l'invasion de la Grèce, autour du XIe siècle, par les Doriens qui apportèrent un idéal militaire de virilité. Recluses dans le gynécée

avoir quarante ans au moins. A l'Assemblée, les anciens avaient droit à la parole en premier. Platon considérait, dans les Lois, l'enfance et la jeunesse comme la part sauvage de la vie.

Confié en bas âge aux femmes, le jeune citoyen athénien allait à l'école à partir de six ans pour y suivre l'enseignement de maîtres établis à leur compte rétribués par ses parents. La musique primait dans l'éducation du jeune Grec. Le maître de musique enseignait l'art de la lyre, de la cithare et de la flûte double appelée *aulos*. Le grammatiste enseignait la lecture, l'écriture, le calcul et faisait apprendre par

(appartement des femmes dans les maisons), les femmes n'étaient retenues par aucune grille, aucune entrave matérielle, mais par les mœurs. Et l'art grec, s'il a magnifié la beauté du corps, il s'agissait avant tout du corps masculin. Quant à l'homosexualité grecque, devenue proverbiale à cause de Platon qui en parle dans *le Banquet* par exemple, il semble qu'elle a été le fait de quelques aristocrates.

L'éducation

Le pouvoir de la Grèce antique était le fait de personnes raisonnablement âgées. Pour être bouleute à Athènes, il fallait

cœur les poèmes d'Homère et d'Hésiode. Le maître de gymnastique dispensait son savoir dans les palestres, des bâtiments pourvus d'équipements sportifs.

L'exaltation du beau

Passé les quinze ans, le jeune Grec pouvait se rendre dans les gymnases publics, ceux du Lycée ou de l'Académie, dans lesquels il trouvait, outre les équipements des palestres, une piste de course, des jardins et des salles de réunions où les philosophes rencontraient leurs disciples après les exercices physiques. Les gymnases étaient réservés aux hommes libres qui, après les deux années d'éphébie (le service militaire), continuaient de les fréquenter. La culture physique avait donc un rôle aussi important que le développement intellectuel (et même plus important à Sparte notamment) dans l'éducation du jeune Grec. L'humanisme grec était caractérisé par le culte du beau sous toutes ses formes mais surtout celle du corps humain. Dans *l'Odyssée*, la force physique garantit la force morale, elle est un facteur d'harmonie chez l'homme bon et juste. C'est ainsi qu'après vingt années d'absence Ulysse se fit reconnaître des siens et se vengea des jeunes gens qui tentaient de lui ravir son épouse : « *Or, tandis qu'ils parlaient, Ulysse l'avisé finissait de tâter son grand arc, de tout voir. Comme un chanteur, qui sait manier la cithare, tend aisément la corde neuve sur la clef et fixe à chaque bout le boyau bien tordu, Ulysse alors tendit, sans effort, le grand arc, puis sa main droite prit et fit vibrer la corde, qui chanta bel et clair, comme un cri d'hirondelle. Pour tous les prétendants, ce fut la grande angoisse : ils changeaient de couleur, quand, d'un grand coup de foudre, Zeus marqua ses arrêts. Le héros d'endurance en fut tout réjoui : il avait bien compris, cet Ulysse divin, que le fils de Cronos, aux pensers tortueux, lui donnait ce présage... Il prit la flèche ailée qu'il avait, toute nue, déposée sur sa table ; les autres reposaient dans le creux du carquois, — celles dont tâteraient bientôt les Achéens. Il l'ajusta sur l'arc, prit la corde et l'encoche et, sans quitter son siège, il tira droit au but... *»

L'archéologue Johan Winckelmann (1717-1768) renouvela le goût occidental en mettant en avant la simplicité de l'art idéal des Grecs et la nécessité de le prendre comme modèle pour étudier le Beau immuable et éternel. Il fut aussi l'initiateur d'un mouvement de retour à l'antique, surtout au grec, qui connut un immense retentissement. Il s'exaltait ainsi, dans *Réflexions sur l'imitation des œuvres des Grecs en peinture et en sculpture*, à propos de l'Apollon du Belvédère : « *De toutes les productions de l'art qui ont échappé à la puissance du temps, la statue*

A gauche, ce que l'on trouve chez un marchand de Plaka ; à droite, ce que l'on voit dans les musées.

d'Apollon est sans contredit la plus sublime. L'Artiste a conçu cet ouvrage sur l'idéal et n'a employé de matière que ce qu'il lui en fallait pour exécuter et rendre sensible sa pensée. (...) Un éternel printemps, tel que celui qui règne dans les champs fortunés de l'Élysée, revêt d'une aimable jeunesse les charmes mâles de son corps et brille avec douceur sur la fière structure de ses membres. (...) Ce corps n'est ni échauffé par les veines, ni agité par les nerfs ; un esprit céleste, répandu comme un doux ruisseau, circule pour ainsi dire sur toute la circonscription de cette figure. (...) Semblables aux tendres

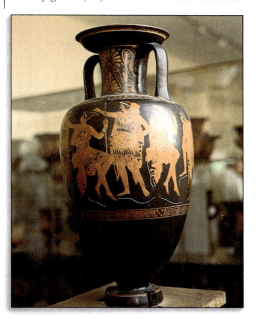

rejetons de la vigne, ses beaux cheveux flottent autour de sa tête divine, comme s'ils étaient légèrement agités par l'haleine des Zéphirs : ils semblent parfumés de l'essence des dieux et attachés négligemment sur le sommet par la main des Grâces. »

La beauté du corps, non seulement était le signe d'une harmonie héritée des dieux, mais en plus préfigurait l'amour qui, chez Platon, était la condition première de la connaissance la plus haute et de l'illumination suprême. La religion anthropomorphique des Grecs anciens avait trouvé dans la forme humaine la perfection dans la représentation les Immortels.

LORD BYRON ET LES PHILHELLÈNES

« *Viens, céleste vierge aux yeux bleus !...*
Mais, hélas !
tu n'as jamais encore inspiré un seul chant mortel...
Déesse de la Sagesse ! c'est ici que fut ton temple,
et qu'il est toujours, malgré la guerre et le feu dévastateur,
et les années, qui voulurent que ton culte s'éteigne.
Mais pires que le fer et le feu, et la lenteur des siècles,
sont le sceptre lugubre et l'atroce domination
d'hommes qui jamais n'éprouvèrent l'ardeur sacrée
accordée aux âmes raffinées qui pensent à toi et aux tiens. »

Lord Byron
Pèlerinage de Childe Harold
Chant II, I

Le 5 janvier 1824 au matin, une troupe bigarrée débarquait de deux bateaux ancrés au large de Missolonghi, à l'entrée du golfe de Corinthe, et gagnait le rivage en canot avec une quantité énorme de bagages, cinq chevaux, un terre-neuve et un bouledogue. La troupe fut accueillie avec faste par des combattants pour l'indépendance de la Grèce, parmi lesquels se trouvait un homme petit et fort, portant une queue-de-pie et une casquette. Cet homme se disait président du Sénat grec, ce qui dénotait une bonne part d'optimisme puisque la guerre contre les Turcs était loin d'être gagnée. Celui qu'on appelait le prince Alexandre Mavrocordato n'était pas vraiment un prince, mais il finit par devenir, dix ans plus tard, Premier ministre.

Byron le romantique

Le premier visiteur qui foula, cette année-là, le rivage, dans un uniforme rouge, était lord Byron (1788-1824), poète roman-

Le jeune lord Byron habillé en sultan.

tique, célèbre pour son anticonformisme et sa vie licencieuse. Mais le comité d'accueil se souciait peu de sa réputation de libertin ; ce qui importait, c'était sa richesse et son dévouement à la cause de la Grèce.

Ce bienfaiteur débarquait escorté de son valet Fletcher, qui connaissait déjà la Grèce et redoutait d'y remettre les pieds, du frère d'une maîtresse, d'un gondolier vénitien qui donnait l'impression d'avoir été vendu à l'écrivain par son père, d'un éphèbe grec vêtu comme un page, d'un médecin et d'un laquais noir américain. A vrai dire, lord Byron se sentait ridicule : poète de trente-cinq ans déjà reconnu, il se donnait là en spectacle comme le directeur d'un cirque.

Ses poèmes, notamment *le Pèlerinage de Childe Harold*, qui célébraient la gloire de la Grèce antique, remportaient un énorme succès et prônaient l'indépendance d'un pays réduit en esclavage par les Turcs. Aussi, quand les Grecs commencèrent à se soulever, le poète épousa leur cause et se joignit à eux dans un uniforme de général, bien qu'il ne connût rien à la guerre. Par ailleurs, ses sentiments romantiques furent quelque peu froissés lorsqu'il découvrit une bande de demi-sauvages prêts à s'entre-tuer pour s'accaparer l'argent qu'il destinait à la lutte. En fait, lord Byron n'eut pas le temps de faire autre chose que de donner son argent et intervenir en faveur de quelques prisonniers musulmans que les Grecs allaient tuer. Il avait conscience de la relative modestie de son intervention :

« *Je ne me plains pas, car je suis venu en Grèce terminer ma lassante existence. Ma richesse, mes capacités, je les ai consacrées à ma cause. Je lui offre ma vie* », dit-il avant de mourir. Quatre mois en effet après son arrivée, le poète, pris sous une averse alors qu'il était à cheval, souffrit durant quelques jours de fièvre et mourut d'une mort qu'il aurait souhaitée plus héroïque. Si lord Byron ne remporta pas, tel un Alexandre, de mémorables batailles sur le terrain, en revanche, son appel rallia à la cause grecque beaucoup de monde : des Allemands, des Danois, des Suisses et des Britanniques (parmi lesquels le philosophe Jeremy Bentham) qui formèrent dans les rangs grecs des milliers de volontaires.

Les sièges de l'Acropole

La guerre était bien engagée quand Athènes en général et l'Acropole en particulier acquièrent un prestige symbolique. Auparavant, dit un récit grec, *« presque tous les chefs politiques ou militaires étaient engagés dans un complot pour supplanter ou massacrer quelque rival. »* Une garnison turque resta jusqu'à la fin des troubles sur l'Acropole. Si elle ne pouvait pas partir, elle n'était pas particulièrement menacée avant d'être privée d'eau, lors de l'hiver particulièrement sec de 1821. Aux termes de sa capitulation, la sécurité de circulation était garantie pour les navires étrangers au Pirée en échange de ses armes et de la moitié de son argent.

Sur les mille cent cinquante Turcs qui furent rassemblés au portique d'Hadrien, il n'y avait que cent quatre-vingts hommes valides, le reste se composant de réfugiés du village de l'Acropole, de vieillards, d'estropiés, de femmes et d'enfants. La foule les pourchassa dans les rues, et quatre cents d'entre eux furent massacrés avant d'avoir pu se réfugier dans les consulats. Par la suite, un brigand du nom d'Odysseus, que lord Byron appelait Ulysse, occupa l'Acropole, proposant cyniquement de se soumettre au sultan turc pour pouvoir conserver la place. Les Turcs n'étaient pas encore défaits, et en 1826, aidés par les troupes du maître de l'Égypte, Mehmet Ali, qui n'était pas égyptien mais un ancien marchand de tabac albanais, ils reconquirent la quasi-totalité de la Grèce continentale. L'Acropole fut de nouveau assiégée, mais cette fois, par les Turcs.

Fabvier le bonapartiste

Le Parthénon n'aurait normalement pas dû survivre aux six mois de siège. Malgré la promesse du sultan, les soldats turcs le

bombardèrent à plusieurs reprises. Mais, contrairement à Schwarz, un artilleur vénitien de 1687, ils le manquèrent. Toute une clique de philhellènes excentriques participèrent à la défense de l'Acropole : tout d'abord un colonel à demi-fou, Charles Fabvier, qui se croyait victime d'une ruse de son ennemi juré, le général anglais sir Richard Church, et du gouvernement grec pour se débarrasser de lui. Church était bien citoyen de la Couronne, mais n'était général que dans l'armée napolitaine et il tenait son titre de chevalier du Hanovre.

Fabvier, fervent disciple de Napoléon Bonaparte, ne s'était jamais remis de la défaite de Waterloo, et avait parcouru toute l'Europe afin d'ourdir des complots bonapartistes. C'était un officier tout à fait capable qui se battait bénévolement pour la Grèce. Il détestait Church parce qu'il avait combattu pour le roi de Naples et surtout contre Napoléon. Pris au piège dans l'Acropole, Fabvier apprit que Church avait été nommé Commandant en chef de l'armée à sa place.

Cochrane, un Écossais haut en couleur

Fabvier pouvait difficilement estimer le nouvel amiral, lui aussi britannique, le capitaine lord Cochrane, digne héritier du comte de Dundonald. Audacieux capitaine de frégate à Trafalgar, il avait par la suite été emprisonné en Angleterre et expulsé de la Chambre des communes pour avoir annoncé prématurément la défaite française, ce qui lui avait permis de faire de fructueuses opérations boursières. Cet homme au sang chaud se réfugia en Amérique du Sud et fut tour à tour commandant en chef de la marine du Chili, du Pérou et du Brésil. Ce géant à la tignasse rousse brandissait son télescope comme un stick d'officier et faisait taire tout désordre rien qu'en montrant le poing. Rentré en Écosse à cinquante ans, Cochrane apprit que les Grecs cherchaient un amiral et que, grâce à des opérations en Bourse aussi peu orthodoxes que les siennes, ils pouvaient enfin en payer un. La solde qu'il réclama — la moitié devant être versée d'avance et le reste à la proclamation de l'indépendance — était équivalente au revenu annuel de la Grèce ; les Grecs acceptèrent cependant. Au montant convenu pour ses frais, environ cent mille livres sterling, venait s'ajouter un droit sur toute prise que la marine effectuerait sous son commandement, y compris sur la vente des navires capturés. Il déclara qu'il détruirait les marines ennemies et incendierait Constantinople si on voulait bien lui octroyer la flotte qu'il réclamait avec, en sus, un yacht pour lui-même et pour son état-major.

Pressé d'être les premiers à dîner sur l'Acropole, Church et Cochrane, qui surveillaient les combats de leurs yachts respectifs, furent responsable de la pire catastrophe qu'aient connue les Grecs durant cette guerre. Contre l'avis des commandants locaux, ils décidèrent de débarquer à l'autre extrémité de la baie de

A gauche, aquarelle de 1824 représentant la bataille de Samos ; ci-dessus, autre tableau, autre bataille : celle de Navarin.

Phalère. Ainsi, au lieu d'approcher l'ennemi protégés par les oliveraies, leurs hommes progressèrent à découvert face à l'unique obusier turc. Church et Cochrane débarquèrent chacun de son yacht, croyant qu'ils allaient célébrer la victoire. En fait ils se heurtèrent aux débris de leurs troupes qui, pourchassés par la cavalerie turque, fuyaient dans leur direction. Le plan de levée du siège fut abandonné et, quelques jours plus tard, Fabvier, fou de rage, dut se rendre avec ses hommes.

Il aurait pu, en se rappelant le fabuliste grec du Ve siècle av. J.-C., qui a inspiré notamment Jean de La Fontaine, Ésope,

ironiser sur son propre sort et se réciter *Le Renard et les Raisins* :

« *Un renard mourant de faim, voyant des grappes de raisins qui pendaient d'une treille voulut les attraper, et n'y put parvenir. Alors il s'éloigna et se dit en lui-même : " Ils sont trop verts. " De même certains hommes qui ne peuvent mener à bien leurs affaires parce qu'ils en sont incapables, accusent les circonstances.* »

La bataille de Navarin

Le traité de Londres régla la question de la possession de l'Acropole. Les Grecs acceptèrent immédiatement l'armistice, mais pas les Turcs. La confusion était à son comble, et le 20 octobre 1827, les vaisseaux amiraux des flottes française, anglaise et russe réunies entraient dans le port de Navarin et jetaient l'ancre en face des flottes turque et égyptienne afin d'intimider les musulmans d'Ibrahim qui ravageaient la Messénie. Une frégate britannique envoya un canot pour demander qu'on déplace un brûlot. Quelqu'un tira un coup de mousquet et toucha un officier de la frégate. Puis un vaisseau égyptien tira un coup de canon sur le navire amiral français qui répliqua, entraînant un combat généralisé.

« *Au bout de quatre heures d'un combat particulièrement acharné,* écrivit l'amiral britannique sir Edward Codrington dans une dépêche, *les épaves et les ruines offraient, à la fin des hostilités, un spectacle absolument unique.* » Toute la bataille, en effet, fut livrée à bout portant par des navires à l'ancre sans qu'aucun des pays belligérants — France, Russie, Grande-Bretagne, Égypte et Turquie — n'eût déclaré la guerre aux autres ! L'amiral Codrington lui-même finit la journée avec deux trous de balle dans son manteau et un troisième dans son chapeau. La flotte de la Triple-Entente ne perdit pas un seul vaisseau, mais beaucoup furent endommagés. En revanche, la flotte musulmane fut pratiquement anéantie. La bataille de Navarin accéléra le processus d'indépendance, même si elle ne mit pas un terme à la guerre, qui dura encore cinq années durant lesquelles le sultan discuta les conditions de l'indépendance de la Grèce. On est loin de la Grèce antique dont rêvait lord Byron, de celle qui lui avait appris, avec Protagoras (Ve siècle av. J.-C.) que « l'homme est la mesure de toute chose », de celle qui, avec le style de Pindare (Ve siècle av. J.-C.), distillait la sagesse :

« *Êtres éphémères : qui est chacun ?*
Qui n'est-il pas ? l'homme
est le rêve d'une ombre.
Mais quand un rayon donné par les dieux
vient à le toucher
une lumière claire l'entoure
et la vie est douce. »

Deux portraits de lord Byron.

DES DIEUX ET DES HOMMES

La mythologie grecque prit forme durant la période mycénienne, au cours de laquelle s'opéra une synthèse entre les religions des Hellènes, des peuples antérieurs et celle des Crétois, fondée sur un principe féminin de fécondité, la déesse mère. Des origines à la période hellénistique, les images divines se modifièrent, les dieux s'humanisèrent progressivement tandis qu'apparurent des croyances mystiques promettant l'éternité dans un au-delà. Les divinités de chaque cité, telle Athéna, étaient l'objet d'un culte officiel. Le peuple resta très attaché aux divinités de la nature, telles Coré et Déméter. Notre connaissance de la vie religieuse dans la Grèce antique est due à plusieurs sources. La source littéraire est la plus abondante, mais c'est elle qui risque de nous induire le plus en erreur. Une œuvre essentielle nous renseigne sur la multitude des dieux célébrés : la *Théogonie*, d'Hésiode, un poème mythologique de mille vingt-deux hexamètres, composé au VIIIe siècle avant Jésus-Christ. Le polythéisme hellénique était très fourni en dieux, l'imagination des Grecs s'étant librement épanouie, sans scrupule à l'égard de la tradition. Aussi n'y eut-il jamais de véritable dogme dans le domaine mythologique : la dispersion de la population, la pluralité des lieux de culte et le particularisme des cités favorisèrent la diversité des légendes. Parmi ces divinités, certaines étaient connues et bien définies : celles du panthéon traditionnel. Cette unité était toute relative, dans la mesure où chacune de ces personnalités possédait toute une série d'épithètes sacrées qui lui conféraient autant de fonctions. Il y avait également une pléiade de divinités mineures, moins riches et moins précises, attachées à un site agreste : les Nymphes, le Démon, le Héros, l'Héroïne.

Au commencement était l'abîme

Hésiode écrivit que de Chaos (l'Abîme originel) sortirent l'Érèbe (l'Enfer) et la Nuit, puis l'Éther et le Jour. De Gaia (la Terre), l'ancêtre maternel des races divines et des monstres, naquirent tout d'abord, sans intervention mâle, Ouranos (le Ciel), Pontos (la Mer) et les Montagnes. Unie à Ouranos, Gaia engendra les Titans, les Titanides, les Hécatonchires et les Cyclopes. Cronos (le Temps), le dernier des Titans, aidé de sa mère, trancha les testicules de son père et régna sur les autres dieux. Le sang versé d'Ouranos féconda Gaia pour donner naissance aux Géants, aux Érinyes et aux nymphes des arbres. D'autres unions de Gaia donnèrent de nouvelles divinités et de nouveaux monstres : Nérée, Typhon, Échidna, Antée, Python...

Zeus, père des dieux et des hommes

Le Titan Cronos s'unit à une Titanide, Rhéa, et donna naissance aux dieux olympiens de la première génération : Hestia, Déméter, Héra, Hadès, Poséidon et Zeus. Cronos ayant la fâcheuse manie d'avaler ses enfants nouveau-nés, Rhéa enfanta Zeus nuitamment et le cacha sur le mont Ida, en Crète, le confiant aux bons soins des Nymphes et des Curètes. Zeus y fut nourri par la chèvre Amalthée et, une fois adulte, il donna à son père une drogue qui lui fit vomir les enfants qu'il avait avalés. Puis il prit la tête d'une révolte contre les Titans. Vainqueurs, les Olympiens se partagèrent le pouvoir : Poséidon obtint la mer, Hadès le monde souterrain, Zeus le ciel et la suprématie sur l'univers. Hésiode voyait dans ce passage de la souveraineté des mains des Titans à celles des Olympiens, celui d'un monde désordonné et violent à un monde juste et pacifique. De fait, Zeus était essentiellement le dieu de la Lumière céleste. Armé de son sceptre, la foudre, il gouvernait les phénomènes physiques. Mais son rôle apparaissait surtout dans le gouvernement de l'humanité : en tant que symbole d'une organisation patriarcale, il était le garant de la royauté, de l'ordre social et le juge suprême. Il surveillait la piété des hommes, leur sens de l'hospitalité (si importante en Grèce, comme on le voit dans *l'Odyssée*) et dispensait les bienfaits et les maux. Zeus annonçait la conception d'une souveraineté universelle fondée sur la raison mais lui-même était soumis aux

Athéna ne domine plus le Parthénon...

Destins qui gouvernaient tout ce qui, dans le monde, était irrationnel ou incompréhensible. Zeus eut d'innombrables unions, avec des divinités comme avec des mortelles, et engendra quantité de dieux et de héros. Les divinités olympiennes les plus connues furent : Aphrodite, Hermès, Apollon, Artémis, Dionysos, Perséphone. Les divinités primordiales issues des unions de Zeus étaient : Astrée, les Muses, les Heures, les Moires et les Charites. Parmi les héros, nous trouvons : Héraclès, Persée, Minos, Hélène, Castor et Pollux, Tantale, etc. Quant à sa fille, Athéna, elle sortit de sa tête.

Naissance et patronage d'Athènes

La divinité fondatrice d'Athènes s'appelait Cécrops, considéré comme « autochtone », c'est-à-dire né de la Terre (les Athéniens se disaient autochtones). Il était souvent représenté avec le buste d'un homme et le corps d'un serpent. On lui attribua l'organisation de l'Attique en douze tribus, l'établissement de l'Aéropage, l'enseignement de l'agriculture et de l'écriture et les premières institutions. C'est également lui qui dut choisir entre Poséidon et Athéna pour le patronage de l'Attique. Ces dieux revendiquant la protection de la région, Poséidon offrit une source d'eau salée qui jaillit sur l'Acropole, tandis qu'Athéna fit don de l'arbre qu'elle avait créé : l'olivier. Athéna remporta la victoire et devint la déesse tutélaire de la cité à laquelle elle donna son nom : Athènes.

Athéna, la divine protectrice

La tradition la faisait sortir du crâne de Zeus, adulte, armée et casquée. Fille de Zeus et de lui seul, elle était son enfant préférée. Il lui prêtait la foudre et l'égide, un bouclier merveilleux qui était une arme offensive autant que défensive : l'égide était faite de la peau de la chèvre Amalthée, frangée de têtes de serpent, et portait en son centre la tête de Méduse, l'une des trois Gorgones, dont le regard pétrifiait l'ennemi. Il suffisait d'agiter ce bouclier, symbole de la souveraineté, pour répandre la terreur. Athéna était une déesse guerrière dont la chasteté n'était pas moins farouche que celle d'Arthémis.

Dans le premier récit qui la mentionne, *l'Iliade*, ne pouvant pardonner à Pâris d'avoir préféré à sa beauté majestueuse et pure la sensualité d'Aphrodite, elle s'attachait à protéger les Grecs. Dans *l'Odyssée*, la « déesse aux yeux pers », devenait extrêmement attachante dans la mesure où elle guidait les pas d'un homme, Ulysse, « l'homme aux mille ruses ». D'une part, elle montrait un autre aspect de son caractère et de sa fonction : Athéna était aussi la déesse de l'Intelligence, qu'il s'agît de l'intelligence spéculative ou des arts et des techniques. D'autre part, elle représentait bien ce

qu'était la mythologie grecque : un ensemble de dieux faits à l'image des Grecs, capables de passion, qui avaient des défauts, et qui prenaient part aux aventures humaines. Homère, dans le chant V de *l'Odyssée*, décrivait un héros s'en revenant de dix ans de guerre, mais aussi un homme fatigué et aux prises avec les éléments, sur lequel se penchait une déesse, une femme aimante et fière : « *Son esprit et son cœur ne savaient que résoudre : un coup de mer le jette sur la roche d'un cap. Il aurait eu la peau trouée, les os rompus, sans l'idée qu'Athéna, la déesse aux yeux pers, lui mit alors en tête. En un élan, de ses deux mains, il prit le* roc : tout haletant, il s'y colla, laissant passer sur lui l'énorme vague. Il put tenir le coup ; mais, au retour, le flot l'assaillit, le frappa, le remporta au large... *Aux suçoirs de la pieuvre, arrachée de son gîte, en grappe les graviers demeurent attachés. C'est tout pareillement qu'aux pointes de la pierre, était restée la peau de ses vaillantes mains. Le flot l'ensevelit.* Là, c'en était fini du malheureux Ulysse ; il devançait le sort, sans la claire pensée que lui mit en l'esprit l'Athéna aux yeux pers. Quand il en émergea, le bord grondait toujours ; à la nage, il longea la côte et, les regards vers la terre, il chercha la pente d'une grève et des anses de mer. Il vint ainsi, toujours nageant, devant un fleuve aux belles eaux courantes, et c'est là que l'endroit lui parut le meilleur : la plage était sans roche, abritée de tout vent. »

L'hommage des Athéniens à leur déesse

Les principaux dieux avaient des qualificatifs qui précisaient certaines attributions, ou leur histoire. Athéna, par exemple, était souvent appelée Pallas Athéna et rappelait ainsi une autre Pallas, fille de Triton et amie d'enfance d'Athéna, qu'elle avait tuée accidentellement lors d'un de leurs jeux. Ce surnom évoquait également un des Géants, du nom de Pallas, qui avait tenté de violer Athéna. Celle-ci l'avait écorché et fait de sa peau une cuirasse qu'elle portait pendant le combat contre les Géants. Les autres surnoms étaient : Niké (Victorieuse), Ergané (Laborieuse), Hygieia (de la Santé), Polias (Protectrice de la Cité). Vierge et chaste (Parthénos), elle avait pour elle les plus beaux temples de l'Acropole : le Parthénon (« salle des Vierges »), l'Érechthéion et celui d'Athéna Niké. Il existait également une statue chryséléphantine d'Athéna, haute de 12 m, abritée dans une salle du Parthénon appelée *Hécatompédon*, réalisée par le sculpteur Phidias. Athéna était célébrée dans sa cité, lors de fêtes annuelles appelées Panathénées, et aussi tous les quatre ans, à l'occasion de festivités plus importantes, les Grandes Panathénées. Ces réjouissances comportaient des concours hippiques et athlétiques, dont les vainqueurs recevaient comme prix une amphore pleine de l'huile produite par les oliviers sacrés. Elles avaient lieu en juillet et duraient quatre jours. La nuit, il y avait une course aux flambeaux et une procession qui commençait au lever du soleil. Le peuple s'y rassemblait derrière les victimes des sacrifices, les jeunes filles qui portaient des corbeilles sacrées et les magistrats. On offrait à Athéna Polias un vêtement sacré, le *péplos*, que des femmes et des jeunes filles d'Athènes, les *Ergastines*, avaient tissé pendant neuf mois. Sur la toile étaient tissés les épisodes de la Gigantomachie (combat des dieux contre les Titans et les Géants), dans laquelle la déesse avait joué un rôle décisif. Phidias immortalisa ces fêtes en l'honneur de la divine patronne sur la frise des Panathénées, qui couronnait le mur du naos du Parthénon. Mais, au-delà de l'hommage de la cité à ses dieux, par les fêtes et les monuments, et du fidèle à une divinité, sous la forme d'offrandes, il y avait une grande familiarité de l'Hellène avec le sacré qui, plutôt qu'une effusion mystique, était le sentiment que les dieux existaient et qu'ils s'intéressaient au sort des mortels.

Un seul profil féminin, à gauche, fresque de Cnossos ; ci-dessus, portrait des années 30.

LES ATHÉNIENS AUJOURD'HUI

Le signe le plus distinctif des Grecs est leur unicité. Ils n'appartiennent à aucun des grands groupes ethniques : ils ne sont ni latins, ni slaves, ni anglo-Saxons, ni scandinaves, ni ibériques, ni africains, ni asiatiques. Ils sont totalement à part. Ils figurent même en tant qu'ethnie distincte sur les formulaires d'entrée aux États-Unis. Leur religion est *grecque* orthodoxe. C'est à leur histoire, à celle d'Alexandre le Grand, ce jeune roi qui conquit la totalité du monde connu, qu'appartiennent les racines de la civilisation occidentale. Les Grecs tirent tous une grande fierté de leur histoire ancienne et quand ils y pensent, ils se sentent nettement supérieurs à leurs semblables.

Fatal mardi, ou l'héritage de l'histoire

Quatre siècles de domination turque ont profondément marqué le caractère des Grecs. On mesure toute l'étendue des conséquences de la chute de Constantinople pour les Grecs quand on sait que la ville étant tombée le 29 mai 1453 qui était un mardi, le mardi est resté en Grèce un jour funeste comme le vendredi 13 ailleurs en Occident. Aucun Athénien qui se respecte ne se mariera, n'entreprendra une nouvelle activité, n'achètera une nouvelle maison, ni ne fera rien d'important un mardi, fermement convaincu qu'il sera frappé par le malheur qui, il y a cinq siècles, s'abattit sur le dernier empereur byzantin, Constantin IX, en ce jour fatal où il mourut au combat sur les remparts de sa capitale.

Pendant les quatre siècles que dura la domination turque, les Grecs s'efforcèrent de survivre alors que leurs voisins européens, qui ne ployaient pas sous le joug ottoman, connaissaient tour à tour la Renaissance, les grandes découvertes, le siècle des Lumières, l'inquisition espagnole, la Révolution française, la révolution industrielle et devenaient des nations prospères et sophistiquées. Les Grecs qui survécurent, ancêtres de ceux d'aujourd'hui, sont ceux qui avaient l'esprit vif et la conscience tranquille, ceux qui esquivaient avec le plus de ruse les lois tyranniques de l'oppresseur.

Les traits de caractère athénien

Henry Miller, grand amateur de femmes devant les mortels, suggère, dans *Le Colosse de Maroussi*, le trouble et l'admi-

ration mêlées que peut exercer sur la gente masculine une jeune fille méditerranéenne : « *Une Grecque, même cultivée, est d'abord et avant tout une femme. Elle exhale un parfum distinct, elle vous réchauffe, vous fait vibrer. Grâce à l'assimilation de l'élément grec venu d'Asie Mineure, la nouvelle génération d'Athéniennes a gagné en beauté et en vigueur. La jeune fille grecque ordinaire que l'on voit dans la rue est supérieure à tous égards au type correspondant d'Américaine.* »

En réalité, si exotisme a souvent tendance à se confondre avec érotisme dans l'esprit du touriste moyen, la plupart des

Pages précédentes : affabilité grecque. A gauche, evzone de la garde ; à droite, offrande votive, comme on en trouve beaucoup dans les églises.

jeunes filles et des jeunes femmes grecques ignoreront totalement un inconnu qui leur sourit amicalement, fermement convaincues qu'il essaie de les draguer.

En 1952, lorsque fut enfin adoptée une loi donnant aux femmes le droit de vote aux élections parlementaires, un journaliste américain entreprenant sortit dans les rues d'Athènes, aborda la première femme venue et lui demanda ce qu'elle pensait de la nouvelle loi. Elle lui lança un regard furieux et indigné et lui jeta son sac à main à la tête en criant : « *Allez-vous en, sale vaurien !* »

plus faire qu'un avec elle. Et quand ils labouraient et entaillaient profondément avec le soc le ventre de la terre, ils revivaient dans leur poitrine et dans leurs cuisses la première nuit où ils avaient dormi avec leur femme. »

L'ingérence des gouvernements étrangers dans les affaires de la Grèce a aussi suscité un autre trait du caractère grec qui existe toujours. Elle a souvent amené des catastrophes dont on a rejeté la responsabilité sur le *xenos dactylos* (le doigt étranger), mais quand les désastres politiques, militaires et économiques ont été provoqués par des Grecs – et Dieu sait s'il y en a

La Grèce est avant tout une nation paysanne, comme le montre l'écrivain mystique Nikos Kazantzaki, qui peint, dans *Lettre au Gréco*, les traits de sa mère, faisant d'elle une Déméter , la déeese des Moissons, ou une Madone. La femme et la terre finissent par se confondre :

« *Ma mère était une sainte femme. (…) Elle avait la patience, la résistance et la douceur de la terre. Tous mes ancêtres du côté de ma mère étaient paysans. Penchés sur la terre, collés à la terre, leurs pieds, leurs mains, leur esprit étaient pleins de terre. Ils l'aimaient et plaçaient en elle toutes leurs espérances. Ils en étaient venus, de génération en génération, à ne*

eu ces cent cinquante dernières années –, le « doigt étranger » est devenu un bouc émissaire commode pour le gouvernement coupable. Les Grecs se sont ainsi accoutumés à refuser d'endosser la responsabilité de leurs méfaits ou de leurs échecs et à les imputer totalement à quelqu'un d'autre. Leurs arguments sont dans ce cas si astucieux qu'ils finissent par y croire eux-mêmes.

Une qualité enracinée dans le caractère des Grecs pendant les années de domination turque, et qui est admirable quand elle n'est pas poussée à l'extrême et engendre une sorte de Mafia, est la fidélité aux liens familiaux et la loyauté qui place la famille au-dessus de toutes considérations, y compris la loi et la nation. L'unité familiale était capitale à l'époque ottomane car même un ami ou un voisin pouvait faire des confidences aux Turcs si sa propre vie en dépendait ou simplement s'il avait une dent contre quelqu'un. Les membres de la proche famille étaient donc les seuls à qui le Grec pouvait accorder sa confiance absolue. Ils occupaient en revanche la toute première place dans ses loyautés et ses priorités. Ce sentiment est toujours bien vivant et, à de très rares exceptions près, aucun Grec ne transgressera jamais le code de la loyauté familiale.

cette ville de quelques centaines de milliers d'habitants est devenue une métropole tentaculaire de près de trois millions d'âmes, qui a absorbé le port du Pirée et la plupart des faubourgs environnants. Les premiers à grossir les rangs de la population athénienne furent les réfugiés de Turquie arrivés vers 1922, lors des échanges de populations qui suivirent la défaite infligée par Mustafa Kemal (alias Atatürk, « père des Turcs ») à l'armée grecque en Asie Mineure.

Un nombre encore plus élevé de familles grecques quitta les campagnes et se réfugia à Athènes pendant l'horrible

Les origines des Athéniens

En plus de tous ces traits de caractère, le Grec athénien possède ceux qu'il a acquis dans divers milieux. Rares sont les Athéniens de plus de trente ans qui sont nés et ont grandi dans la ville, et les moins de trente ans ont été influencés par les origines exotiques de leurs parents. De même que l'Amérique a jadis été le creuset de l'Europe, Athènes est devenue le creuset de la Grèce. En un demi-siècle,

A gauche, brodeuses ; ci-dessus, à la recherche du temps perdu. L'été grec se passe dehors.

guerre civile qui dévasta le pays juste après la Seconde Guerre mondiale. Ce mouvement continua dans les années 50 et 60 quand la population quitta les provinces et afflua dans la capitale pour trouver du travail et assurer un meilleur avenir à ses enfants.

Un exode de masse, ou le surpeuplement d'Athènes

D'autres Grecs, membres des communautés relativement petites vivant encore à Istanbul, furent contraints de se réfugier en Grèce à partir de 1955, car la vie était devenue insupportable en Turquie quand

Chypre commença à réclamer l'union avec la Grèce. A ceux-ci vinrent s'ajouter les Grecs d'Égypte, membres d'une communauté prospère vieille de plusieurs sècles, qui durent partir au moment de la révolution, quand Nasser lança le slogan : « *L'Égypte aux Égyptiens.* »

Certains réussirent à emporter leurs biens et commencèrent une nouvelle vie en Grèce. D'autres s'aperçurent que leurs notions linguistiques, acquises parmi les communautés étrangères polyglottes d'Alexandrie, du Caire, de Port-Saïd et de Suez, étaient fort précieuses pour l'industrie touristique naissante en quête d'inter- prètes pour travailler à la réception des hôtels, dans les compagnies aériennes, les agences de voyages et les compagnies maritimes.

La crise pétrolière des années 70 ramena vers la capitale de nouvelles et nombreuses vagues de rapatriés, des ouvriers et leurs familles qui rentraient d'Allemagne et d'autres pays d'Europe occidentale, pays dans lesquels on n'avait alors plus besoin d'eux. La ville accueillit également des familles qui avaient émigré en Australie, au Canada ou ailleurs, et qui, pour une raison ou une autre, avaient décidé de regagner définitivement leur patrie bien aimée.

Les méfaits de la vie urbaine, ou les Athéniens au volant…

Bien que la plupart des Athéniens soient des hypocondriaques qui se soucient fort de leur santé (sauf du tabac dont ils refusent d'admettre la nocivité), ils perdent toute notion d'instinct de conservation quand ils sont au volant et ils conduisent en général comme des fous. Presque tous les conducteurs athéniens sont convaincus que les feux rouges n'ont qu'un rôle décoratif et la Grèce possède un des taux d'accident les plus élevés d'Europe. On voit couramment à Athènes des voitures

cabossées et endommagées et les hôpitaux sont remplis de blessés. La police de la route se soucie surtout d'accélérer la circulation en soufflant constamment dans un sifflet strident. Les chauffeurs de taxis athéniens sont souvent assez grincheux, ce qui est compréhensible puisque les malheureux passent leurs heures de travail dans les embouteillages et dans un brouillard nocif de gaz d'échappement. Les taxis de l'aéroport, comme leurs homologues des autres pays, sont réputés pour escroquer les voyageurs grecs et étrangers qui débarquent, en leur faisant parfois payer jusqu'à dix fois le prix normal de la course.

En ville, ils préfèrent éviter les touristes pour la simple raison qu'ils gagnent beaucoup plus avec leurs concitoyens. Depuis des années, il est usuel que les taxis prennent en route des passagers qui vont dans la même direction. Le chauffeur demande à chacun le prix total de la course et peut ainsi gagner trois ou quatre fois plus pour la même distance. Avec un étranger, c'est impossible parce qu'il ne peut pas expliquer cette coutume ou lui demander de partager le taxi avec un autre passager. En compensation, certains chauffeurs de taxi athéniens, généreux à l'excès, feront tout pour conduire un étranger à une adresse

Les cafés et les restaurants

Le personnel des hôtels d'Athènes est généralement polyglotte et efficace. Composé principalement de Grecs d'Égypte ou de Turquie ou de rapatriés du Canada et d'Australie, le personnel est poli et serviable, surtout si l'hôtel est une entreprise familiale et qu'ils sont parents avec le propriétaire.

Il en est de même des serveurs dans les petits restaurants, toujours charmants même s'ils jettent bruyamment six couverts au milieu de la table avec le panier à pain. Les étrangers s'étonnent souvent de

inconnue sans lui faire payer le temps passé à tourner en rond pour trouver la destination. Il faut excuser les chauffeurs qui ne connaissent pas les rues de la ville parce que, souvent, ils arrivent tout droit d'un village où ils ont appris à conduire un tracteur et qu'ils ont acheté leur taxi et leur licence avec l'argent avancé par la Banque Agricole. Par ailleurs, les noms des rues d'Athènes changent régulièrement quand un nouveau régime prend le pouvoir car les maires s'emploient à flatter leurs nouveaux patrons.

A gauche, scène de rue ; ci-dessus, on passe beaucoup de temps au café en Grèce.

voir des adultes attablés dans les cafés aux heures de travail. Contrairement aux apparences, ces hommes ne perdent pas leur temps. Si les cafés se trouvent dans le quartier du palais de justice, c'est là que les avocats retrouvent leurs clients et leurs témoins le jour du procès. Aucune heure n'étant fixée pour les procès, chaque affaire reçoit un numéro qui est affiché le matin à la porte de la salle du tribunal. Pourquoi ne pas patienter au café jusqu'à l'heure du procès ? Si les cafés sont dans un quartier de ministères et d'administrations, les clients sont vraisemblablement ceux qui ont affaire à la bureaucratie grecque, pesante et entravée par la paperasserie. Ces affaires portent en grec le nom d'*hypothesis*. Le café est l'endroit où ils rencontrent l'intermédiaire ou le juriste avec lequel ils se rendront à l'administration pour aplanir le terrain pour l'*hypothesis*.

Les cafés du quartier Omonia au centre-ville d'Athènes sont pleins d'hommes rougeauds qui jouent aux cartes ou au trictrac, lisent les journaux ou bavardent. Ils ne sont pas, eux non plus, désœuvrés. Les cafés sont des agences pour l'emploi où les entrepreneurs embauchent les ouvriers du bâtiment et la main-d'œuvre qualifiée. A l'époque où la fièvre de

Cinéma, théâtre et musique

Le cinéma venait au deuxième rang des loisirs avant l'avènement du magnétoscope et la prolifération des clubs vidéo à Athènes. En revanche, le théâtre n'a pas été supplanté. Dans les pages jaunes de l'annuaire d'Athènes sont répertoriés cinquante-quatre théâtres dont plus de quarante sont ouverts en permanence. Le répertoire se compose principalement de comédies de boulevard à la française et de revues satiriques qui raillent la politique et le gouvernement du moment. Les pièces sérieuses sont pour la plupart des

construction battait son plein à Athènes et où la main-d'œuvre qualifiée était rare, ces ouvriers jouaient aux cartes en portant, épinglée à leur manteau, une étiquette mentionnant en gros chiffres le salaire qu'ils demandaient. Celui qui ne pouvait pas payer le tarif en vigueur n'interrompait pas inutilement la partie...

Sortir dîner reste le loisir favori des Grecs, ce qui explique le très grand nombre de restaurants et de tavernes que l'on trouve aux quatre coins de l'agglomération athénienne. Les couples qui travaillent préfèrent aussi dîner dehors plutôt que faire la cuisine à la maison, et emmènent leurs enfants au restaurant.

traductions de succès britanniques, américains ou français. Les comédies musicales comme *Evita*, traduites en grec, restent longtemps à l'affiche. Certains Athéniens adorent fréquenter les *bouzoukia*, clubs dont le nom dérive de celui du fameux *bouzouki*, instrument à cordes qui ressemble à une mandoline à long manche. Un orchestre de six personnes assises en rang accompagne un chanteur qui régale le public de chansons racontant les aventures de personnages ignobles et de mauvaise vie qui finissent mal. Les clients, assis à des tables, se voient servir des fruits et des boissons à des prix astronomiques (les bons chanteurs de *bouzouki* sont parmi les artistes les mieux payés de Grèce) ; l'atmosphère s'échauffe grâce à la sonorisation réglée au maximum et les clients cassent des assiettes non vernissées que la direction a la prévenance de fournir, se libérant ainsi de toutes les frustrations de la vie quotidienne.

Les autres distractions

L'été, les Athéniens ont la chance de pouvoir se rendre, en 45 mn de voiture, sur les plages des côtes nord ou sud de l'Attique où ils peuvent pratiquer la natation, la planche à voile, le ski nautique, le canot automobile et la voile. Athènes présente aussi l'avantage d'être proche des forêts des monts Parnès et Pentélique où l'on peut faire de la randonnée ou pique-niquer. Sur le mont Parnès se trouve aussi un casino où des millions de drachmes sont perdus au jeu chaque soir. Bien des foyers ont été détruits et des entreprises ruinées par l'amour du jeu qui habite plus ou moins tous les Grecs et qui se manifeste par l'attrait qu'exercent sur les Athéniens les parties de cartes disputées dans les clubs, les cafés ou à la maison. On joue jusqu'à l'aube tous les jeux imaginables, avec toutes les variantes possibles, et les mises sont élevées. Les Grecs de tous horizons consacrent également une partie de leurs loisirs à la visite traditionnelle que l'on rend aux amis et aux parents le jour de leur fête. Cette visite se fait habituellement entre 18 h et 22 h sans préavis (mais la visite est attendue) et on apporte une boîte de pâtisseries ou un bouquet de fleurs. On s'assied en cercle dans le salon du héros du jour avec les autres visiteurs et on bavarde agréablement quelques heures. L'hôte ou l'hôtesse apporte alors un plateau de sucreries et sert une liqueur de mandarine à tous les invités. Chez certains, la liqueur est remplacée par le whisky-soda et le gin-tonic.

Traditions religieuses

Les Athéniens – en fait tous les Grecs – ont une confiance inébranlable en leur saint patron, qu'ils honorent chez eux par la prière devant son icône. Les prénoms les plus portés sont : Yannis ou Ioannas (Jean), Panayotis, Panayiotas, Mario, Maria (Marie), Evangelos, Angelo, Angela, Angelikis (Annonciation)... Mais il existe aussi des prénoms qui ne sont pas dans le calendrier chrétien, comme Byron, Achille, ou encore Agamemnon. Les Athéniens font le signe de croix chaque fois qu'ils passent devant une église, que ce soit à pied, en autobus ou en conduisant. Le clergé n'a rien changé aux rites et aux formes de l'orthodoxie grecque institués à l'époque byzantine et l'attachement aux traditions s'exprime par l'assistance nombreuse aux baptêmes, mariages et

enterrements. Une autre tradition très populaire chez les Athéniens est celle du *vassilopitta*. Il s'agit d'un gâteau rond et sec dans lequel a été cachée une pièce de monnaie. Le jour de l'an, le père, entouré de toute la famille, coupe un morceau de gâteau pour chaque membre de la maisonnée, plus un pour Jésus-Christ et un pour la maison. Celui qui trouve la pièce dans sa part est assuré de connaître un an de chance. Cette coutume s'est étendue aux clubs, syndicats, associations et entreprises. Comme tous les Athéniens appartiennent à plusieurs groupements, ces fêtes se poursuivent jusqu'à fin janvier-début février.

A gauche, cuisinier devant sa taverne ; à droite, le drapeau grec.

LE PIRÉE-KIFISSIA PAR LE CHEMIN DE FER

Le **train numéro 19** se compose de cinq voitures rouge et argent. Aux commandes, Evi Chroni, une femme d'une trentaine d'années. C'est la seule femme parmi les cent quatre-vingt-dix conducteurs des trains de banlieue qui relient Le Pirée à Kifissia sur une distance de 26 km. Pleine d'allant dans son imperméable de plastique jaune, elle pousse le levier de commande et le train 19 démarre. Comme dans tous les pays du monde, le voisinage des ports et des lignes de chemin de fer n'est guère reluisant. Le centre du Pirée n'est pas attrayant mais, au bout de quelques minutes, le train arrive en terrain dégagé et roule entre la promenade de bord de mer et le stade de football Karaisaki.

C'est ici qu'en 1827 le général Karaisakis, héros de la guerre d'indépendance grecque, se heurta à une armée turque à la fin de la révolution. C'est également là où le train passe après avoir quitté la station du Phalère que, en 403 av. J-C., une armée de démocrates athéniens commandés par Thrasybule chargea du haut de la colline de Mounichie, couverte aujourd'hui de petites maisons jaunes dans le style d'avant-guerre, et défit les Trente Tyrans et Critias.

Le **stade Irini** (de la Paix) est une structure moderne d'aluminium et de plastique construite pour accueillir l'excédent du nouveau stade olympique. Son nom surprend car les jours de match ne sont pas particulièrement paisibles, les conducteurs de cette ligne ne le savent que trop !

Evi Chroni jongle avec le levier de commande noir et ralentit pour négocier le virage qui marque la limite entre Le Pirée et Athènes. La rivière Kephisos, ancienne frontière, n'est plus qu'un égout non dissimulé qu'on traverse par un pont de quelques planches et de rails. On se demande comment un train de 37 t le traverse avec une telle facilité. A 55 km/h, Evi laisse la commande et se détend car ici la voie est parfaitement rectiligne jusqu'au deuxième arrêt et va droit vers le nord. L'Acropole apparaît juste en face, tel un minuscule bijou blanc.

C'est dans les quelques dizaines de mètres qui séparent les **stations Thission et Monastiraki** qu'Athènes est née, a vécu, a combattu et est morte pour ressusciter en 1834 lorsqu'elle devint la capitale de la Grèce. A droite s'étend l'antique Agora couronnée par les Propylées et le Parthénon, mais il faut avoir le regard perçant pour les apercevoir entre les gros arbres feuillus.

Le train 19 s'arrête à la vieille station de Monastiraki. Evi tire le frein à main et tape doucement du pied sur le sifflet pour avertir le préposé à l'entretien des rails qu'il doit s'écarter. Le « Columbia » avance lentement, ses freins relâchés sifflant légèrement. Evi actionne le levier d'une main et tient une cigarette de l'autre. La ligne s'enfonce ici sous terre pour les deux stations les plus grandes et les plus fréquentées, Omonia et Victoria (du nom de la reine d'Angleterre). Le premier tronçon du tunnel date du début du siècle.

A la **station Attiki**, les équipes changent et les conducteurs vont se laver les mains. Evi traverse agilement les voies pour se rendre à la salle des conducteurs. Entre les voies se trouvent les rails électriques où bourdonne un courant de 600 volts, nus et sans protection, véritable danger pour la profession. Un faux pas hors de l'étroite passerelle de bois et c'est la mort assurée. Evi n'a-t-elle pas peur ? A vrai dire, non. Elle parle du courant mortel comme du traître sympathique d'une épopée antique : « *Nous avons fini par faire connaissance.* »

Les graffiti multicolores qui couvrent chaque centimètre carré de mur à **Patissia**, le quartier résidentiel classique du centre-ville, ont pour thèmes deux sujets chers au cœur du Grec : la politique et le football. Celui qui prend le train vers le nord les voit tous de très près. Les slogans politiques noirs ou bleus (« *Les vauriens à la porte !* », « *Vive la Nouvelle Démocratie !* ») proviennent de la droite. Les gribouillis rouges (« *Travailleurs ! Qu'est-ce que le gouvernement a fait pour vous ?* ») ont pour auteurs des communistes, tandis que le parti socialiste, le PASOK, a oublié quelques-uns de ses panneaux verts depuis les dernières élections. Il ne faut pas confondre PASOK et PAOK, l'équipe de football de Thessalonique, au nord de la Grèce, ennemie jurée de l'équipe athénienne Panathinaikos qui se taille la part du lion dans les graffiti de ce quartier où elle a de nombreux supporters. Même le mur du cimetière, à droite de la ligne après Patissia, n'est pas à l'abri des slogans peints à la bombe.

Evi pousse le levier de contrôle vers l'avant et le train 19 accélère en direction de la **station Perissos**. Aux masses imposantes des immeubles succèdent de plus vastes espaces ; un champ de choux apparaît même çà et là parmi les maisons à deux étages, les écoles et les fabriques de vêtements. A gauche apparaît le logo de l'EMI, le géant du show-business dont le siège est à Londres et qui a ici son bureau régional pour le Moyen-Orient. C'est le plus vieux studio d'enregistrement de Grèce. Construits en 1929, ces bâtiments ont vu défiler tous les grands noms de la musique grecque. C'est ici que la légendaire Sophie Vembo a enregistré ses chansons qui ont fait date. Sa voix chaude a encouragé les soldats grecs qui ont battu en 1940 les forces italiennes pourtant très supérieures et son nom est pieusement inscrit dans l'histoire et la culture du pays.

Neo Iraklio, dont le nom dérive de celui de la ville crétoise d'Héraklion, est un bastion de la petite bourgeoisie qui s'efforce de prendre du galon. Des appartements de luxe ont été construits le long de la voie de chemin de fer mais le quartier est toujours parsemé des charmantes petites maisons et des minuscules lopins de terre des anciens habitants. Neo Iraklio ne figure sur aucune carte touristique mais n'en mérite pas moins une visite. Elle possède de bons restaurants peu coûteux et une atmosphère bien à elle. Une occasion de sortir des sentiers battus !

Le train traverse maintenant de véritables paysages de banlieue, de plus en plus charmants à mesure qu'il se dirige vers **Amaroussion** (la « Maroussi » des romans d'Henry Miller). Les pinèdes alternent avec les petites villas construites ces dernières décennies par les Athéniens aisés. Portiques rococo, volets décolorés, plâtre rose écaillé, il règne ici une atmosphère d'élégance poussiéreuse et indolente. Le train fait route vers sa destination finale, Kifissia, banlieue aristocratique par excellence et quartier résidentiel. Ici l'air est pur, les arbres sont verts, les maisons et les jardins élégants sont entourés de murs. Il n'est pas étonnant que les étrangers nantis aient choisi il y a bien longtemps d'y avoir leur pied-à-terre en Grèce. Des pizzerias chic, un centre commercial sophistiqué, des jeunes gens élégants au volant de voitures neuves, on a l'impression d'être à des lieues du Pirée.

Dans quelques minutes, Evi regagnera le train 19, se mettra aux commandes et retournera au Pirée. Le lendemain, elle se lèvera à 5 heures du matin pour conduire les banlieusards au travail. Le touriste aura effectué une visite intéressante d'Athènes que les agences de voyages ne mentionnent pas et qui n'aura même pas coûté la moitié du prix d'un *souvlaki*.

ATHÈNES ET LA POLLUTION

Le ciel d'Athènes et la mer environnante, jadis clairs comme de l'eau de roche et bleus comme l'azur, étaient il y a seulement une vingtaine d'années une source d'inspiration pour les poètes. Certains jours de brise, le célèbre horizon d'Athènes retrouve le bleu d'autrefois et les eaux du golfe Saronique, au sud de la capitale, se teintent encore de bleu-vert ou

de turquoise vif. Mais le vent ou la forte marée nécessaires à l'élimination de la pollution étant le plus souvent absents, le ciel d'Athènes se couvre d'un brouillard brun et terne mêlé de fumée – le *smog* – qui irrite le nez et la gorge. Les eaux proches de la conurbation Athènes-Le Pirée, qui compte près de quatre millions d'habitants, pullulent de bactéries et de toxines. La pollution a fini par inquiéter les Athéniens. Nombreux sont ceux qui sont partis s'installer en banlieue pour éviter les désagréments de la pollution atmosphérique. De mai à octobre – saison des bains de mer –, la pollution de la mer est tout aussi gênante. Les habitants évitent alors les plages polluées du sud d'Athènes au profit de celles de la côte égéenne, au nord de l'agglomération, plus propres. La Grèce s'efforce de s'aligner sur la législation de la Communauté européenne en matière de contrôle de la pollution mais elle est encore bien loin d'y parvenir.

Malgré les efforts du gouvernement, la pollution atmosphérique à Athènes continue de s'aggraver. Le quartier central des affaires est le plus durement touché et les Athéniens se plaignent souvent de migraines lorsqu'ils se rendent dans le centre. Le nombre des alertes à la pollution augmente et les hôpitaux reçoivent de plus en plus de malades souffrant de troubles respiratoires et cardiaques liés à la pollution. Les Athéniens, notamment les personnes âgées et les résidents du centre-ville, écoutent les rapports diffusés régulièrement par la radio.

A partir de la fin des années 80, la pollution estivale, s'ajoutant à des vagues de chaleur et à des températures frisant les 45 °C, a été tenue pour responsable de centaines de décès en Grèce, mais surtout à Athènes. Pris de panique, les Athéniens se promirent d'acheter des climatiseurs ou du moins des ventilateurs avant l'été suivant. Jusque-là, la rumeur populaire disait bien que ces appareils modernes occasionnent toujours des rhumes, des grippes ou des maladies bien plus graves mais, face à un danger encore plus menaçant, les mentalités commencèrent à changer et les Grecs se ruèrent sur les ventilateurs. Les climatiseurs, dont la vente monta aussi en flèche, se vendirent moins bien en raison de leur coût élevé par rapport aux revenus relativement faibles des Grecs.

Les causes du mal

De nombreux hôtels qui n'étaient pas climatisés le sont maintenant. Les touristes qui arrivent à Athènes en juillet, qui est le mois le plus chaud, seront avisés de choisir un hôtel climatisé ou de partir pour une île plus fraîche où la chaleur est moins accablante. Le niveau de pollution augmente en effet avec la température.

La pollution atmosphérique d'Athènes provient pour 86 % des dégagements des véhicules et pour 14 % de l'industrie. Le principal responsable est la pollution photochimique, un nuage brun nocif, appelé *nefos*, qui se forme au-dessus de la cuvette entourée de montagnes qui abrite Athènes, lorsque la chaleur et l'absence de vent créent une inversion de température, c'est-à-dire une barrière d'air froid qui retient les agents de pollution dans la couche inférieure de l'atmosphère.

La pollution atmosphérique d'Athènes est due principalement aux oxydes d'azote, extrêmement dangereux. Au début de 1989, les températures ont dépassé les normes saisonnières et les taux d'oxyde d'azote et de fumée ont commencé à excéder les normes de sécurité. Cette année-là, les victimes de troubles cardiaques et respiratoires ont envahi très tôt les hôpitaux, leur état étant aggravé par la hausse des taux de pollution. Certains spécialistes estiment que, en ce qui concerne les autres agents de pollution, la situation est assez satisfaisante. En Attique, le taux de soufre est inférieur aux normes de l'Organisation mondiale de la santé neuf mois par an et le taux de plomb est toute l'année inférieur aux normes de la Communauté européenne.

Ce sont toujours les autobus, les voitures et les taxis vétustes et mal entretenus qui sont responsables des dégagements nocifs. Certains émettent des gaz noirs, et rares sont ceux qui utilisent de l'essence sans plomb. Les automobilistes qui se trouvent au centre-ville évitent de rester derrière les autobus dont les fumées sont

Pratiques et peu chers, les deux-roues sont très nombreux dans la capitale.

parfois suffocantes. L'adoption d'équipements antipollution pourrait remédier à la situation mais il a été estimé que la plupart des voitures sont trop petites ou trop vétustes pour recevoir ce dispositif. Les règlements de la Communauté européenne rendent toutefois ces équipements obligatoires pour les véhicules neufs à partir de 1990.

L'industrie a, elle aussi, sa part de responsabilité dans la formation du *nefos* nocif et il sera de plus en plus difficile d'obtenir la permission de construire des usines autour d'Athènes. Pour l'instant, l'industrie est soumise à des contrôles sporadiques de l'agence gouvernementale pour le contrôle de la pollution, la PERPA, qui veille à l'application des règlements relatifs à la responsabilité des usines qui dégagent des produits dangereux comme l'amiante.

Des mesures antipollution

Au milieu des années 80, le gouvernement du Premier ministre Andréas Papandréou a pris des mesures pour réduire la circulation et les énormes encombrements des heures de pointe. Les voitures dont le numéro d'immatriculation se terminait par un chiffre impair étaient autorisées à circuler au centre-ville les jours impairs et vice versa. Grâce à ces mesures, les Athéniens purent se rendre au travail et respirer un peu plus facilement, mais pas bien longtemps ! Aux huit cent mille automobiles de la ville vinrent s'en ajouter quatre cent mille de plus en quatre ans ; les embouteillages redevinrent épouvantables et le « cocktail » atmosphérique d'agents nocifs s'épaissit. Le gouvernement fut forcé de mettre en place de nouvelles mesures plus draconiennes. L'interdiction de circuler à l'intérieur de la petite ceinture *(daktylio)* s'appliqua cette fois non seulement aux véhicules particuliers, mais aussi aux taxis. L'interdiction était en vigueur de 7 h à 20 h. Pour réduire la pollution créée par les heures de pointe quatre fois par jour, le gouvernement mit en place un horaire d'hiver continu dans les magasins. La nouvelle réglementation anéantit d'un coup les habitudes séculaires : les trois heures traditionnelles de sieste l'après-midi, le déjeuner à la maison suivi d'un long somme. Toutes sortes de coutumes étaient liées à ce temps consacré au repas principal et à l'amour. Commerçants et employés étaient consternés et toute une série de grèves s'ensuivit mais, en attendant, la marée de véhicules quatre fois par

jour avait été endiguée. La circulation commença à se répartir plus régulièrement sur la journée. A la fin de cette année-là, les chauffeurs de taxis étaient excédés. Ils soutenaient mordicus que l'interdiction de circuler dans le centre-ville un jour sur deux diminuait leurs revenus de moitié. Ils firent grève à plusieurs reprises, soutenus par les conducteurs d'autobus et de trolleybus.

Les grèves désorganisèrent totalement les transports urbains et il devint même dangereux de s'aventurer dans le centre. Lors d'une manifestation, les chauffeurs de taxi garèrent leurs voitures de façon à jour-là prennent régulièrement un taxi pour se rendre au travail. Les chauffeurs de taxi firent des grèves intermittentes de la fin de 1988 au printemps 1989. Le gouvernement finit par diminuer la superficie du *daktylio* et leur permit de s'approcher un peu plus du centre. Cette solution de compromis fut adoptée sous la pression de l'opinion publique car, à chaque grève des taxis, il faut recourir aux transports en commun. Pour venir de la banlieue nord par exemple, il faut parfois une heure et demie en autobus et trolleybus alors qu'en voiture le trajet ne prend environ qu'une demi-heure.

isoler le centre-ville. La police arriva avec des grues pour enlever les taxis et les mille cinq cents chauffeurs se heurtèrent à la brigade anti-émeute. Athènes possède le chiffre énorme de dix-sept mille taxis mais ils ont tellement à faire qu'ils transportent plusieurs clients à la fois, c'est-à-dire qu'ils encaissent plusieurs fois le montant de la même course. Les taxis athéniens ne sont pas chers : une course de 6 km coûte à peine l'équivalent de 10 FF. C'est pourquoi ceux qui ne peuvent s'offrir une voiture ou qui n'ont pas le droit de circuler ce

Désastre écologique

Sur les côtes, la pollution est moins visible, sauf sur quelques plages proches d'Athènes et de la zone industrielle Le Pirée-Éleusis où certains sont assez fous pour se baigner. Les Grecs qui veulent absolument se rafraîchir des ardeurs de l'été en sont venus à se baigner à quelques mètres du déversoir de produits chimiques, jaune de soufre, d'une usine d'engrais à Éleusis. Autour du Pirée, les plages sont extrêmement polluées. Un conseiller du ministère de l'Environnement dit que de 3 à 4% seulement des 15 000 km de côtes grecques (le

A gauche, usine en pleine activité ; ci-dessus, les bureaux de la Total Hellas.

tiers des côtes méditerranéennes) sont impropres à la baignade et elles sont situées en majorité près d'Athènes. Il refuse d'admettre que le golfe Saronique, qui reçoit la plupart des déchets domestiques et industriels de Grèce, sera dans quelques années soumis à l'eutrophisation. Il dit que c'est un système dynamique doué d'une énorme capacité d'absorption. Une étude parallèle des Nations unies consacrée aux plages de la Méditerranée conclut que 75 % à 80 % seulement des plages de Grèce, de France, d'Italie et de Yougoslavie ne présentent aucun danger pour les baigneurs. Les études grecques prétendent que le golfe de Keratsini, situé en face de l'énorme zone industrielle de Drapetsona au Pirée, subira un renouvellement biologique dans cinq ans, quand le traitement de l'effluent ne sera plus en mesure de purifier les eaux. Ce petit golfe au sud-ouest d'Athènes reçoit chaque jour au moins 500 000 m^3 d'effluent, urbain à 80% et industriel à 20 %, et notamment des rejets extrêmement toxiques. Des marées rouges, composées de gymnodinium et de gonyaulax toxiques ont envahi, le golfe au moins deux fois.

Pour lutter contre la menace d'eutrophisation du golfe de Keratsini, puis du golfe Saronique, le gouvernement a fait construire une usine de traitement des déchets de 110 millions de dollars sur l'îlot de Psitalia, à un kilomètre des côtes de l'Attique. Cette usine, qui est la première de l'agglomération athénienne, devrait traiter 600 m^3 de déchets par jour vers le milieu des années 90. Au début des années 80, une usine plus modeste traitant 100 m^3 de rejets par jour a été construite à Metamorfossi ; elle utilise la technologie française de traitement biologique mais elle n'a pas résolu totalement le problème de l'effluent d'Athènes. Un plan national doté d'un budget de 370 millions de dol-

lars prévoit de construire des usines de traitement des déchets dans 53 villes de Grèce, la plupart sur la côte ou à proximité. D'après une étude des Nations unies, 85% de la pollution qui affecte la Méditerranée proviennent d'usines terrestres, de rejets domestiques et d'engrais riches en nitrate.

Avant l'instauration de ce programme, il n'existait pratiquement aucun traitement des eaux usées en Grèce. Quelques hôtels avaient leur petite usine privée pour protéger les plages voisines. Les plus grands hôtels entouraient leur zone de baignade de filets mais un spécialiste de l'effluent a précisé que les eaux usées se divisant en particules microscopiques pendant le transit, les filets sont pratiquement inutiles. De grandes usines modernes de traitement des eaux usées vont remplacer les fosses septiques, malcommodes dans les zones densément peuplées. A Athènes, de gigantesques camions-citernes pour eaux usées parcourent les rues et aspirent le contenu des énormes fosses septiques des immeubles. Grâce aux nouvelles usines, les déversoirs cesseront de décharger les déchets directement dans la mer. Le principal pipe-line d'eaux usées qui aboutit au déversoir principal d'Athènes à Keratsini, où 600 m^3 de déchets sont jetés chaque jour dans le golfe, est surnommé le « plus grand fleuve de Grèce ». La pollution des mers est doublement dangereuse car non seulement on s'y baigne mais on en consomme aussi le poisson. D'après une étude du Programme des Nations unies pour l'Environnement, les États riverains de la Méditerranée doivent adopter des critères identiques pour purifier les fruits de mer pêchés sur les côtes et mesurer le mercure qu'ils contiennent. Ils doivent également lutter contre l'invasion récente de méduses empoisonnées. Selon l'étude, des échantillons de fruits de mer prélevés en cinquante lieux différents dans quatre pays méditerranéens – Grèce, France, Italie et Yougoslavie – se sont révélés à plus de 95 % impropres à la consommation. Or 2 000 t de fruits de mer pêchés en Méditerranée sont consommées annuellement ! D'après une autre étude du même organisme, les femmes enceintes doivent éviter de consommer du thon provenant de Méditerranée et, dans certaines petites zones contaminées, la pêche devrait être interdite. Les méduses qui sont apparues en masse ces dernières années autour des plages et des zones de pêche sont un fléau, mais aussi un risque pour la santé. Les eaux – et les cieux – d'Athènes sont donc actuellement un peu ternis. Une imagination fertile permet de voir Platon, Aristote et Socrate déambulant sur l'Agora avec leur cercle d'étudiants, philosophant sur les maux de leur temps, mais la pollution actuelle ne peut être résolue par des discours. Elle est bien présente et elle s'aggrave de jour en jour. Les efforts du nouveau gouvernement ont commencé à porter leurs fruits et il faut espérer que les poètes pourront un jour s'extasier à nouveau sur l'azur du ciel d'Athènes et sur la transparence éclatante des eaux bleu-vert.

A gauche, il est déconseillé de se baigner dans les environs du Pirée ; ci-dessus, les parcs sont toujours des havres de paix.

LA CUISINE GRECQUE

Prenez un objet de bois à quatre pieds (dont un est toujours plus court que les autres) recouvert d'une toile cirée. Installez tout autour quatre, huit ou douze amis, ajoutez des olives, du pain, du vin, de la *feta* et peut-être le bruissement du vent du nord dans le gréement d'un yacht, un *bouzouki*, des chansons spontanées et voilà l'âme de la Grèce.

Cette table dressée pour vous au soleil de la Méditerranée offre un festin qu'il est impossible de transporter. On ne peut pas le copier à Paris ou à Bruxelles. Le vin grec supporte mal le voyage et les aubergines qui poussent ailleurs ont un goût d'éponge. S'asseoir à une table avec des Grecs est le plus beau cadeau que le pays puisse offrir mais on ne peut pas l'emporter en partant. Comme les pépins de grenade qui ramenèrent maintes et maintes fois Perséphone vers son époux Hadès, la cuisine grecque et les coutumes qui l'accompagnent s'avèrent une véritable drogue.

Au pays de l'olivier

Les Grecs sont obsédés par la nourriture. Établir le menu, préparer le repas, commander le dîner, faire le café, servir correctement un fruit confit au sirop ou une liqueur à un invité, tout cela fait partie d'un rituel gastronomique élaboré, presque religieux.

Que ce soit le miel que l'on fait manger aux nouveaux mariés ou le gâteau de blé bouilli et de grenade distribué à la famille et aux amis en souvenir des morts, se nourrir est en Hellade (ou « Terre de l'olive ») une sorte de transsubstantiation. On *est* ce que l'on mange et comment on le mange. Le premier mot que l'enfant grec apprend est certainement « *Faï !* » (« mange ! »). Les touristes sont parfois stupéfaits de voir même à Athènes des mères qui, la cuillère et le bol à la main, poursuivent leurs bambins dans la cour ou dans les rues de la ville. Gavés comme des

A gauche, dégustation ; à droite, vase du restaurant Myrtia, à Mets.

oies, les petits Grecs figurent, avec les petits Américains, parmi les enfants les plus corpulents du monde.

Le petit déjeuner et le café

On pourrait s'attendre à ce que le petit déjeuner soit copieux mais il n'en est rien. La plupart des Grecs commencent la journée avec une forte dose de caféine et un journal. Les crémeries qui vendent du miel, du yogourt, des œufs et des toasts (attention ! *tost* est en grec un faux ami qui désigne un sandwich toasté, le plus souvent au fromage et à quelque viande

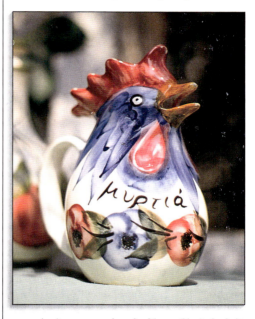

surprise), sans parler du Nescafé et du lait en boîte, sont apparues pour satisfaire les goûts des Européens du Nord. Il existe en grec un mot qui désigne le petit déjeuner *(proïno)*, mais il ne correspond à aucune tradition. Il existe toutefois, pour désigner les différents types de café grec, quatre mots qui valent la peine d'être appris, mais il ne faut en aucun cas parler de café *turc*. Le café est venu en Grèce du Moyen-Orient. Les musulmans qui en furent les premiers adeptes l'appelaient le « vin d'Apollon », le « lait des penseurs et des joueurs d'échecs ». Aujourd'hui, il est toujours susceptible d'alimenter une discussion politique, mais on le consomme exclusivement au *kafeneion*. Les cafés étaient jadis le domaine réservé des hommes et il existe toujours des cafés pour messieurs seulement, que les étrangères reconnaîtront aux clients d'un certain âge jouant au *tavli* et qu'elles préféreront éviter, mais depuis les années 70, cet usage s'est assoupli dans la plupart des *kafeneia*.

La préparation du café grec exige une certaine habileté. Le café, finement moulu, est fait en petite quantité – une, deux ou trois tasses – dans un *briki*, récipient à long manche et à col étroit ; l'écume doit bouillir deux ou trois fois.

toutes sortes de comestibles. Les vendeurs de *koulouria* sont omniprésents, le *koulouri* étant la version grecque du bretzel géant. Ce petit pain allongé, grillé et saupoudré de graines de sésame, est délicieux trempé dans le café ou le chocolat. On voit souvent les banlieusards en acheter trois et les porter en bracelets en se rendant au bureau.

En saison, on vend aussi dans la rue des marrons grillés (délicieux les soirs de fraîcheur), des épis de maïs grillés (généralement coriaces et dangereux pour les dents), des barres de noix de coco caoutchouteuses couvertes de sucre, des

Les amateurs de sucre demanderont un café *vareé gleeko* ; pour un café légèrement sucré, précisez *gleekeé vrasto* ; sans sucre se dit *sketo* et moyennement sucré *métrio*.

Si l'on ne précise rien, on se voit généralement servir un médiocre *métrio*. Si l'on veut un café très fort pour se remettre d'une nuit sans sommeil, il faut commander un *theeplo*. En aucun cas il ne faut boire le marc au fond de la tasse. Les femmes grecques sont expertes à lire la bonne aventure dans cette mixture brune.

On peut prendre un autre genre de petit déjeuner dans la rue car on y trouve en toute saison des vendeurs proposant

bananes, des noisettes grillées et salées et, très rarement aujourd'hui, du *salepi*, prélevé dans un grand pot et servi dans des tasses. Cette boisson à base de racines ne se trouve plus que près du marché principal d'Athènes, rue Athinas, ou à Monastiraki. Les vendeurs eux-mêmes sont malheureusement une race en voie de disparition. Il est navrant que la restauration rapide gagne du terrain en Grèce, envahie de beignets et de hamburgers détestables et même de croquettes de poulet, pâles imitations des prototypes américains qu'il est préférable d'éviter. La restauration rapide originale à la grecque n'a pourtant pas disparu. La *bougatsa*, pâtisserie de *filo* (pâte feuilletée très fine) fourrée à la crème ou au fromage, les *tiropittes* (pâtés au fromage), les *spanakopittes* (pâtés aux épinards) et les *souvlakia* (viande rôtie dans du pain *pitta*) s'achètent à tous les coins de rues. Il suffit de suivre les odeurs appétissantes. On trouve tous les types de yogourt, du miel vendu dans des petits récipients à couvercle amovible et des fruits en abondance. Chaque quartier a sa boulangerie où l'on trouve un excellent choix de bonnes choses.

Une boulangerie de la rue Adrianou à Plaka propose du pain complet prédécou-

C'était jadis le repas principal après lequel on faisait quelques heures de sieste (*mésimériano*) mais celle-ci ne jouait plus du prestige qu'elle avait autrefois. Avec l'occidentalisation de la Grèce, les déjeuners copieux ont disparu ; les Grecs sont aujourd'hui plus sveltes mais ils n'ont pas renoncé à la sieste.

Les traditions sont en effet restées très vivaces. Le week-end et les jours fériés, les femmes grecques triment devant le fourneau brûlant dans leur minuscule cuisine pour préparer de véritables festins à l'intention de leurs nombreux invités ; tant mieux pour vous si vous en faites partie.

pé, des *muffins* (petits pains plats et ronds) et des petits pains aux raisins, des quiches au fromage, des *tiropittes*, des biscuits, des brioches au sucre et des cartons de jus de fruits sans sucre ajouté et sans produits chimiques. L'été il y a généralement une foule d'Australiens devant le magasin avec des sacs pleins de friandises. Il n'est absolument pas déplacé de manger dans la rue.

L'absence de véritable petit déjeuner est compensée en Grèce par le déjeuner.

A gauche, beaucoup de Grecs déjeunent d'un fruit ; ci-dessus, le Brazilian Coffee Stores, près de la place Syndagma.

Un simple festin dominical

Si vous avez la chance d'être invité dans une famille grecque, vous commencerez par une liqueur sucrée faite à la maison et du café, suivis un peu plus tard par le déjeuner ; en entrée, on vous proposera plusieurs salades : aubergines, yaourt et concombre parfumés à l'ail, purée de pois chiches, puis des olives (du village d'origine de la famille), du pain, de la viande et des pommes de terre, beaucoup de vin maison, enfin en dessert la spécialité de la maîtresse de maison. Il ne s'agit là que d'un simple repas dominical. Un déjeuner de fiançailles, de fête ou de Pâques représente une terrible menace pour ceux qui surveillent leur poids.

Quelques règles de bienséance

Les règles de bienséance de la table sont très simples mais inconnues des étrangers. Premièrement, si vous êtes invité au restaurant par des Grecs, ils ne vous laisseront en aucun cas payer votre écot. Vous pouvez proposer de partager l'addition mais n'insistez pas. Les lois de l'hospitalité grecque sont bien plus anciennes que les recettes de cuisine et Archestrate a écrit le premier ouvrage d'art culinaire en 330 av.

tsipouro et le *tsigouthia* sont de véritables détonateurs. Il ne faut pas non plus trinquer en cognant le bas de son verre contre le haut du verre du voisin : c'est un signe de mauvaise éducation. Cinquièmement, de nombreux plats – abats d'agneau, calmars frits, cervelle grillée et même *amelétita* (rognons blancs grillés) – sont délicieux si l'on a le courage d'y goûter. Il est impoli de refuser de manger ce que les autres considèrent comme un mets délicat. Sixièmement, il est toujours courant d'aller à la cuisine du restaurant pour examiner les marmites et choisir ses plats. Septièmement, il ne faut jamais être pres-

J.-C. Deuxièmement, personne n'a d'assiette individuelle avant le plat principal. Chacun doit piocher dans les différents plats disposés sur la table, même ceux qui ont un horrible rhume de cerveau. Troisièmement, on voit les amoureux se donner à manger les meilleurs morceaux, ce qui est parfaitement correct, mais n'acceptez pas la fourchette d'un admirateur ou d'une admiratrice si vous n'avez pas l'intention d'aller plus loin. Quatrièmement, les verres à vin ne sont jamais vides, même à moitié, si l'hôte s'acquitte bien de ses devoirs. Soyez prudent ! Le vin grec, qui semble léger au goût, est très trompeur. L'*ouzo*, le *raki*, le

sé pour commander, manger ou payer. Inutile de bousculer une cérémonie. Il faut prendre tout son temps. Huitièmement, n'insultez pas le restaurateur en commandant du café et des gâteaux. En Grèce chacun a sa spécialité. Les cuisiniers font la cuisine ; le *kafeneion* sert le café ; les pâtissiers font les pâtisseries. Allez au café du coin prendre votre *métrio* après dîner et chez **Floca's** ou **Zonar's** pour manger un gâteau ; chez **Farouk Hanbali**, *4 Messinias, Ambelokipi*, pour la version libanaise du *baklava* et chez **High Life**, *43 Akti Poseidonos Pal. Faliron*, pour les pâtisseries turques comme le *giokgokau* – mousse de blanc de poulet, absolument délicieuse. Neuvièmement, dans les tavernes, laissez comme pourboire environ 10% de l'addition. Quelques drachmes sont insuffisants.

Les tavernes, vous l'aurez remarqué, ne sont pas des restaurants. Ceux-ci constituent une catégorie supérieure appelée *estiatoria*. On se demande pourquoi choisir volontairement un *estiatorio* cher et mal aéré plutôt qu'une taverne mais les Athéniens, qui s'européanisent de jour en jour, choisissent régulièrement les nappes blanches et les additions élevées. Les tavernes servent en général de la bonne cuisine grecque traditionnelle alors que les *estiatoria* singent souvent l'Europe du Nord. Autrefois, la nourriture grecque reposait exclusivement sur la « triade méditerranéenne » : blé/pain/pâtes, olives/huile et raisin/vin, complétés par quelques herbes et des fruits. C'étaient les beaux jours du faible taux de cholestérol (toujours faible en Crète où la consommation d'huile d'olive est élevée) et des dents en bonne santé. Aujourd'hui, on peut manger à Athènes un steak au poivre aussi mauvais que dans un autre pays. La meilleure cuisine grecque se trouvera au coin de la rue, dans un établissement plus simple. Il y a des tavernes et même des *estiatoria* qui semblent ne pas changer mais nombreux sont les établissements rénovés avec panneaux de bois et papier peint.

Les meilleurs restaurants

Dans la partie « Informations pratiques », on trouvera une liste de restaurants recommandés avec leurs adresses et leurs numéros de téléphone. Une liste plus complète figure dans le magazine de langue anglaise *The Athenian*. On trouvera une liste exhaustive dans *Athinorama* (en grec). Nos restaurants préférés sont les suivants :

Gerofinikas (Au vieux palmier) occupe le 10 de la rue Pindarou à Kolonaki depuis plus de cinquante ans. C'est un restaurant élégant ouvert à midi et le soir, spécialisé dans la cuisine grecque de Constantinople. Goûtez l'aubergine et le veau, le pigeonneau, le pilaf aux pignons à l'orientale et la salade d'artichauts, ou encore les fruits de mer, notamment les coquilles Saint-Jacques. Comme le chef, Araklistianos, ne prépare qu'une quantité limitée de plats chaque jour, il est conseillé de réserver sa

A gauche, le marché au poisson et le marché de la viande, près d'Omonia ; ci-dessus, à la terrasse d'un restaurant de Plaka.

table et ses spécialités. Gerofinikas est le rendez-vous des diplomates, politiciens, journalistes qui savent tous apprécier un bon repas.

A Mets, les restaurants **Myrtia** et **Manesis**, au 35 et au 3 de la rue Markou Mousourou, sont très agréables, surtout l'été. Typiquement grecs, ils ont un agréable jardin. Myrtia est depuis longtemps le préféré des politiciens, surtout de la famille Papandréou.

La plupart des touristes prennent le chemin de Plaka à l'heure du dîner. Au mieux, ils seront déçus à la fin de la soirée ; au pire, ils auront été abusés et saou-

lés de *bouzouki*. L'unique charme de Plaka, ce sont les restaurants en plein air d'où l'on peut observer le défilé des passants excentriques. **O Kostis**, au 18 de la rue Kydathineon, est amical et sérieux. A côté, **Zafiris**, un très vieux restaurant situé au 4a de la rue Thespidos, est réputé pour son gibier. **Xynos**, au 4 de la rue Angelou Yeronda, avec ses musiciens l'été, est fréquenté par les gens du coin. Près du théâtre d'Hérode Atticus, **Socrates' Prison**, au 20 de la rue Mitseon, est le lieu idéal pour se restaurer en sortant du Festival d'été. On y partagera peut-être son poulet rôti avec le corps de ballet de Martha Graham. Le restaurant le plus extraordinaire d'Athènes est **Vasilenas**, au 72 de la rue Etolikou, au Pirée. C'est là qu'il faut aller pour faire connaissance avec l'authentique gastronomie grecque. Ouvert en 1920 par le père du propriétaire actuel, *Vasilenas* (initialement une épicerie) n'a jamais changé. La cuisine, les clients, l'atmosphère, les chansons et le vin n'y font qu'un.

Au livre d'or figurent les signatures de Winston Churchill, Tyrone Power, Onassis, René Clair, Elia Kazan, du prince héritier Paul, d'Irène Papas et de Jeanne Moreau. La table d'hôte est servie depuis quelque soixante-dix ans : les clients réservent une table et se voient présenter entre seize et vingt-quatre plats. (Comme le dit le père de « Monsieur Georges » qui ne mâche pas ses mots : « *Ce que je vous sers est meilleur que ce que vous auriez commandé* ».) On commence traditionnellement par une bouillabaisse ou une bisque, une salade d'œufs de poisson, des anchois, des olives, des toasts au beurre de Roquefort ; on continue avec une salade grecque, des crevettes à la sauce moutarde et un pâté maison ; une petite friture brûlante, des filets d'écrevisse, du rouget, des beignets d'agneau, des feuilles de vigne ou de laitue farcies, du poulet rôti et enfin des pâtisseries et des fruits. Le vin légèrement résiné est excellent, les portions sont parfaites et le prix ne dépasse pas 2 000 drachmes par personne. Une expérience inoubliable !

Peut-être aurez-vous la chance de vous trouver sur une île grecque pour la Pâque orthodoxe et d'être invité dans un modeste foyer pour participer à la rupture des quarante jours du jeûne, ou bien d'être invité à dîner par un Grec le jour de sa fête. Où que l'on s'attable, il ne faut pas hésiter à participer. Observez bien les Grecs. Hors saison, vous verrez s'allumer dans leurs yeux la lueur de l'hospitalité grecque, la *filoxenia*. Le pays est aujourd'hui envahi de visiteurs et le tourisme est la première industrie du pays mais l'étranger rencontrera toujours l'âme grecque, bien vivante et vibrante, s'il accepte de renoncer au petit déjeuner de l'hôtel et à l'*estiatorio* rénové du coin.

A gauche, le restaurateur Georges Vasilenas ; à droite, tonneaux à vin.

LE FESTIVAL D'ATHÈNES

A l'âge de dix-sept ans, Hérode Atticus, citoyen romain né en l'an 100 de notre ère, rejoignit l'empereur Hadrien à son camp sur le Danube, peu après son avènement. Il devait devenir l'un des plus grands rhétoriqueur de son époque et un riche administrateur. En guise de cadeau à la ville d'Athènes, il finança, en 143, la restauration du stade de marbre en forme de fer à cheval, sur l'emplacement duquel a été construit celui qui accueillit en 1896 les premiers jeux Olympiques modernes.

En 161, Hérode Atticus faisait construire son dernier présent à Athènes : un théâtre couvert ou odéon dédié à son épouse. Le théâtre qui porte aujourd'hui son nom est un mélange éclectique d'architecture grecque et romaine. Sa capacité est de cinq mille places et, les soirs d'été, il affiche souvent complet car il accueille les fervents amateurs de théâtre qui s'y pressent pour assister au Festival d'Athènes, la plus célèbre manifestation artistique de Grèce.

L'odéon d'Hérode Atticus

Élevé à l'extrémité ouest du portique d'Eumène, au sud de l'Acropole, l'odéon est fait de matériaux romains, briques et *opus incertum* (pierres de la taille du poing noyées dans du ciment). Les entrées sont voûtées en berceau à la mode romaine mais le théâtre est construit à flanc de colline, comme le faisaient les Grecs, et non sur des fondations artificielles.

Des contreforts soutenaient les murs portant le toit de cèdre. Le spectaculaire mur de scène à trois niveaux s'ornait d'élégantes arcades. Les vestiges de l'odéon constituent aujourd'hui une superbe toile de fond pour les représentations contemporaines. L'orchestra, pavée de marbre vert et blanc de Carystos, a été endommagée au cours des siècles par l'incendie et les combats de la guerre d'indépendance grecque. La restauration commença après la Seconde Guerre mondiale et, en 1955, le théâtre accueillit les premières représentations du Festival d'Athènes.

Les objectifs du Festival furent précisés la même année : il encouragerait les talents grecs pouvant partir en tournée à l'étranger et inviterait des groupes d'artistes étrangers à jouer des pièces inspirées de l'histoire, de la mythologie et de la littérature grecques. Le premier Festival eut pour thème la tragédie antique. L'Orchestre national d'Athènes

donna cette année-là son premier concert en plein air, suivi par l'Orchestre philharmonique Mitropoulos qui rentrait en Grèce après une longue absence.

Les recettes des deux concerts furent remises par le gouvernement à l'Association des amis de la musique pour la construction d'une salle de concerts qui commença dans les années 60, mais, faute de fonds, cet édifice superbement conçu, voisin de l'ambassade des États-Unis, resta inachevé. Les travaux ont repris ces derniers temps.

Lors du premier Festival, l'Opéra Lyrique a aussi donné son premier concert de plein air et le Théâtre national a joué

A gauche, danseuse de la fondation Dora Stratou ; à droite, scène d'Électre, tragédie antique qui remporte toujours un énorme succès.

des tragédies antiques, notamment l'*Hécube* d'Euripide avec, dans le rôle principal, Katina Paxinou, une des plus célèbres tragédiennes grecques.

La beauté du cadre ne fait qu'ajouter au plaisir d'assister à une représentation dans l'odéon d'Hérode Atticus. Il est conseillé d'acheter ses billets le plus tôt possible car ils sont très recherchés. Les places du bas, les plus coûteuses, sont munies d'un coussin, ce qui n'est pas le cas des gradins supérieurs. D'en haut, la vue est impressionnante et l'acoustique est excellente mais il faut apporter son coussin et un gilet car, le soir, la brise peut être étonnamment fraîche. Le Festival d'été est fréquenté par toutes les classes de la société athénienne. Les places les moins chères sont occupées surtout par les étudiants et les touristes et le public est généralement attentif et admiratif. Les représentations de bienfaisance attirent les célébrités d'Athènes ; elles arrivent généralement au dernier moment et font une entrée remarquée pour gagner, en se pavanant, leur place dans les premiers rangs.

Dimos Vratsanos, le directeur du département des activités touristiques à l'Office national hellénique du tourisme, est confronté à un curieux dilemme. En raison de son emplacement exceptionnel et de son excellente acoustique, le théâtre d'Hérode Atticus reçoit des demandes émanant des meilleures troupes des quatre coins du monde qui souhaitent participer au Festival. Vratsanos explique pourtant que dans la situation actuelle, il est financièrement impossible d'organiser un si long Festival avec tant de célébrités. Vratsanos préconise d'engager des artistes de qualité mais moins célèbres dont les cachets seraient inférieurs.

Il cite en exemple la troupe japonaise Toho qui a joué *Médée* en 1983 au théâtre du Lycabette. La représentation a attiré tous les grands noms du théâtre mondial

mais le grand public s'est senti peu concerné. L'interprétation poignante de la troupe, composée exclusivement d'hommes, transcendait les barrières linguistiques. Quand la troupe joua de nouveau *Médée* en 1984 (au théâtre d'Hérode Atticus cette fois), l'odéon fut archicomble grâce au bouche à oreille.

Les têtes d'affiches et les programmes

Il est difficile d'ignorer que le public réclame des célébrités car, dès le début, le Festival a attiré les meilleurs artistes. En 1957, par exemple, le clou du Festival fut le concert de Maria Callas. Debout au milieu de l'orchestra de l'odéon, elle émut le public par son interprétation d'extraits de ses rôles les plus célèbres.

En 1959, le théâtre de Karolos Koun fit ses débuts dans l'odéon avec *Les Oiseaux*, d'Aristophane qui fut remarqué pour ses innovations. Le Festival fit une nouvelle percée lorsqu'il présenta des créations novatrices en 1963 : la troupe de danse moderne de Maurice Béjart enchanta le public. Un enthousiasme égal fut suscité par le retour de Margot Fonteyn avec son partenaire Rudolf Noureïev, qui participa régulièrement aux Festivals suivants. La tragédie antique revint au premier plan en 1974, quand le célèbre dramaturge Manos Katrakis joua le rôle principal d'*Œdipe roi*, et Spyros Evangelatos, le fondateur du théâtre Amphi, mit en scène *Électre*.

Le grand succès de l'année 1982 fut le spectacle de la troupe de ballet d'Alvin Ailey qui resta à l'affiche une semaine. En 1983, le ballet de Martha Graham remporta également un grand succès. Les organisateurs du Festival d'Athènes programmaient autrefois les représentations des tragédies classiques au théâtre moderne du Lycabette, perché sur la plus haute colline d'Athènes. La politique récente du Festival veut que ce théâtre soit réservé aux concerts des groupes musicaux modernes ; les tragédies antiques ne seront plus jouées que dans le cadre classique plus approprié du théâtre d'Hérode Atticus.

Un des événements les plus attendus d'une saison récente fut l'oratorio *Axion Esti*, joué par l'Orchestre symphonique d'Athènes sous la direction de son compositeur, Mikis Theodorakis. La foule, parmi laquelle de nombreux politiciens et des personnalités du monde du spectacle, fut très sensible à l'importance de l'événement. En raison des différends entre Theodorakis et le gouvernement conservateur, la représentation, qui devait initialement commencer en juin 1964 dans le cadre du Festival, fut interdite au théâtre d'Hérode Atticus et se déroula dans un petit théâtre. Georges Dalaras, un des rôles principaux qui commença sa carrière dans le *rembetika* et les chansons populaires, et qui travaille avec Theodorakis depuis son exil à Paris dans les années 70, a maintenant mis au point le registre nécessaire pour une pièce aussi puissante.

A gauche, l'odéon d'Hérode Atticus, cinq mille places ; ci-dessus, danseur au théâtre du Lycabette.

NAVIGUER DANS LE GOLFE SARONIQUE

Athènes possède bien des attraits et des agréments mais la chaleur et les encombrements du centre-ville sont parfois insupportables. Comment y remédier ? La seule façon d'échapper à coup sûr aux tourments de la métropole est de partir en mer. C'est à elle que les Grecs eux-mêmes se fient depuis des millénaires.

Comme tous les chemins d'évasion, les vacances en mer doivent être organisées à l'avance. Bien qu'Athènes soit la capitale de la navigation en Méditerranée orientale et propose mille cinq cents yachts à louer, la plupart de ceux-ci sont déjà réservés en haute saison. Même les agences de location les mieux équipées de la **marina de Zea** au Pirée, dont les bureaux donnent sur une forêt de mâts, ou ceux de la côte, à Alimos, Glyfada et Voula, ne peuvent pas toujours satisfaire les voyageurs désespérés qui s'adressent à eux en août. Il est préférable de les contacter d'avance soit directement, soit par l'intermédiaire d'agences étrangères ; elles pourront ainsi trouver, parmi les nombreux yachts qui figurent dans leurs ordinateurs, celui qui répondra parfaitement aux désirs du client : type de bateau, nombre de couchettes, durée de location et prix.

Les bateaux de location

En matière de yacht, le choix est illimité. Ceux qui connaissent les fabricants de mythes modernes du pays – les gros hommes d'affaires grecs – sauront que le célèbre yacht d'Onassis, le *Christina*, avait des tabourets de bar couverts de peau de baleine blanche. Le yacht de Stavros Niarchos, l'armateur rival d'Onassis, abritait, en revanche, une des plus belles collections d'art moderne au monde. Ce genre d'opulence n'est peut-être pas à louer mais les bateaux haut de gamme à louer sont assez luxueux pour attirer un nombre toujours croissant de célébrités qui souhaitent passer leurs vacances à naviguer autour des îles grecques. Les prix des autres bateaux sont calculés de façon à être inférieurs au prix d'un séjour de même durée dans un hôtel moyen. Les trois quarts des bateaux à louer sont de véritables voiliers d'une longueur maximale de 17 m, des bateaux loués « nus » aux plaisanciers qui peuvent produire une preuve écrite de leur expérience en matière de navigation. Certains marins qui viennent passer leurs vacances en Grèce choisissent les caïques de bois traditionnels, des bateaux solides et séduisants qui changent du yacht moderne habituel en

fibre de verre. On peut louer en option un yacht avec son propre canot pour le ski nautique. La navigation de plaisance attire de plus en plus de vacanciers à cause de l'indépendance qu'elle offre et de son absence de distraction : en mer, on est loin des terrains de golf, des courts de tennis, des visites organisées et des horaires des hôtels. Il n'y a pas non plus le moindre risque d'être dérangé par le téléphone – à moins de choisir délibérément un bateau équipé de moyens de communications. En fait, si l'on n'assure pas soi-même la navigation, rien n'est obligatoire. Il n'y a qu'à jouir du chaud soleil de Grèce, de la brise marine et des distractions qu'on a appor-

A gauche, les filets sèchent suspendus aux mâts ou étendus sur le quai ; à droite, calamars.

tées : lecture, musique, boissons fraîches. D'après Bill Lefakinis, *« la meilleure plage est un yacht »*. En tant que président de l'Association grecque des professionnels de yachting, c'est l'un des meilleurs vendeurs de Grèce dans son domaine. Athènes est une base idéale parce qu'il est inutile de s'éloigner beaucoup des marinas locales pour trouver la paix et la tranquillité.

Les plaisirs du golfe Saronique

Le golfe Saronique offre un large choix d'escales dans les îles et la plupart des meilleures plages et criques sont inaccessibles si l'on n'a pas un petit bateau. C'est pourquoi on trouve très facilement des coins relativement calmes pour nager, plonger et prendre des bains de soleil à terre. D'un point de vue pratique, le golfe Saronique ne présente ni bancs de sable, ni récifs de coraux, ni courants dangereux et les mouillages sûrs proches du littoral sont nombreux, ainsi que les ports pittoresques sur les côtes et dans les îles.

Les conditions météorologiques dans la région sont, elles aussi, très rassurantes pour les plaisanciers. Les vents sont cependant assez forts pour que les bons marins puissent quitter la Grèce la tête haute, sachant qu'ils ont « dompté la nature ». En juillet et août, le vent estival du nord, le *meltemi*, est particulièrement violent, bien qu'il dépasse rarement la force 5 sur l'échelle de Beaufort dans le golfe Saronique, alors qu'il est de force 6 à 8 plus loin en mer Égée. Si le *meltemi* peut être gênant pour les petits bateaux, il tombe souvent en début de soirée et n'empêche donc pas de dormir quand on est à l'ancre.

A d'autres moments de l'année, le golfe Saronique bien abrité est parcouru par des vents légers mais changeants qui semblent donc souvent souffler dans la « mauvaise »

direction et les yachts peuvent être encalminés quelque temps. Les loueurs disent que les affréteurs sont souvent si détendus qu'ils ne voient pas d'inconvénient à être inopinément retenus en mer une heure ou deux, ou à être bloqués au port quelques jours par le mauvais temps. On ne peut échapper à la poésie de la navigation en Grèce, surtout en fin de journée, devant un coucher de soleil spectaculaire et un ciel constellé d'étoiles. Que l'on ait jeté l'ancre ou que l'on soit en mer à de tels moments, on a le sentiment de se trouver en présence de l'éternité. Ceux qui louent un bateau en Grèce pour la première fois découvrent aussi le plaisir de manger des oursins, fruits de mer noirs à épines qui s'assemblent autour des criques rocheuses. Attention à ne pas marcher dessus car leurs épines peuvent infecter le pied. Il faut les ramasser avec précaution et les ouvrir pour en déguster le contenu orange spongieux qui est certainement le plus délicieux de tous les fruits de mer. On ne trouve pourtant jamais d'oursins dans les restaurants ou sur les tronçons de la côte accessibles par la route.

En Grèce, les visiteurs se placent généralement soit dans le camp des hédonistes, soit dans celui des amateurs d'histoire. Il semblerait que la navigation dans le golfe

mieux avoir à bord un Grec, capable d'évoquer le passé fascinant de son pays. L'art du conteur étant le divertissement traditionnel en mer et faisant intégralement partie du tempérament grec, les marins grecs se révèlent souvent de pittoresques conteurs, et même des poètes. Ces dernières années, les Grecs ont porté un intérêt plus scientifique à cette tradition. Les chantiers navals locaux d'où sortent les bateaux de plaisance, qui sillonnent aujourd'hui la mer Égée, ont été invités à construire des répliques de bateaux historiques avec des outils qui ont peu changé au cours des siècles. On a surtout parlé de

Saronique séduise surtout les premiers, mais il n'en est rien. Se tenir à la proue d'un yacht et examiner les détails d'une île, simple point noir à l'horizon qui se précise lentement, c'est revivre une expérience capitale pour les Grecs et leurs visiteurs, amis ou ennemis, depuis des siècles.

Dans le sillage des héros

Bien que les agences de location d'Athènes puissent facilement fournir des équipages étrangers bien informés, il vaut

A gauche, entretien à quai ; ci-dessus, reconstitution d'une trirème.

la reconstruction d'une trirème antique, le navire qui remporta la bataille navale de Salamine contre les Perses, en 480 avant J.-C. D'après Aristophane, Athènes était jadis appelée simplement « *la ville qui fabrique les belles trirèmes* ». A la « vitesse d'éperonnage », la trirème devait, pense-t-on, avancer assez vite pour tirer un skieur nautique d'aujourd'hui, exploit réalisable sur une courte distance seulement. D'autres expériences tout aussi intéressantes sont actuellement menées par les Grecs passionnés de navigation. On a reconstruit un navire cargo du IXe siècle avant J.-C., un navire antique fait de papyrus et l'*Argo*, le bateau de Jason. Ces bateaux sont mis à l'épreuve sur des parcours qui suivent leurs itinéraires historiques ou mythiques.

La navigation dans les eaux grecques évoque aussi les premières croisières touristiques qui firent traverser la mer Égée à de pieux voyageurs qui se rendaient d'Europe occidentale en Terre sainte par le port de Venise. Les traversées maritimes étaient à l'époque très aventureuses et risquées. La moitié des pèlerins ne rentraient jamais chez eux mais succombaient à des périls comme la peste, les naufrages, la capture ou la mort aux mains des pirates ou des Turcs. Bien que le nom de

Salamine soit le plus célèbre des sites navals de Grèce, il n'est pas facile de visiter l'île qui est le quartier général de la marine grecque. Au cours des ans, de nombreux yachts ont été interceptés par les garde-côtes car ils s'étaient aventurés trop près de Salamine et bien des touristes ont vu leurs pellicules confisquées. Pour les passionnés d'histoire, il existe cependant, à quelques heures de navigation d'Athènes, de nombreux sites accessibles de préférence ou exclusivement par voie de mer. Le plus connu est le temple de Poséidon qui domine le paysage du cap Sounion. Encore plus proche, l'île d'Égine où un bateau peut jeter l'ancre près de la colline où se dresse le temple d'Athéna Aphaia.

Un raccourci tentant

Un peu plus loin, c'est le front de mer de Nauplie, première capitale de la Grèce moderne, que de nombreux Grecs considèrent toujours comme la ville la plus élégante du pays, et les vestiges minoens du site voisin de Mycènes. Les plaisanciers qui se dirigent vers le Péloponnèse noteront que le canal de Corinthe, raccourci vers la mer Ionienne, est entré dans l'histoire comme étant la voie navigable de transit la plus chère du monde au mètre.

Si la dimension historique est toujours présente dans l'air salé du golfe Saronique, les îles d'Hydra et de Spetsai sont, elles aussi, très appréciées des touristes. Encore plus proches, des îles moins connues comme Angistri près d'Égine, Moni qui est une réserve naturelle ou l'île de Saint-Georges au large du cap Sounion, offrent un bon choix de destinations. Le golfe Saronique est idéal pour ceux qui ne louent un bateau que pour un jour ou deux et pour ceux qui préfèrent prendre leur temps, naviguer quelques heures, jeter l'ancre et nager ou visiter. Plus à l'est se trouvent naturellement toutes les îles paradisiaques de la mer Égée.

Athènes est donc aujourd'hui un centre important pour la navigation de plaisance. Elle ne possède ni d'excellentes marinas ni l'atmosphère mondaine que le plaisancier étranger attend parfois à terre. A vrai dire, les installations des marinas sont insuffisantes en comparaison de celles de la Turquie voisine. La Grèce a fini par le comprendre et s'emploie à rattraper son retard. Les clubs nautiques grecs ne sont pas extrêmement accueillants à l'égard des plaisanciers qualifiés venant de l'étranger mais il règne une atmosphère amicale dans les cafés de bord de mer des principaux ports autour d'Athènes et dans le golfe Saronique. Même si l'« infrastructure » maritime de la Grèce n'est pas parfaite, le plaisir de la navigation dans le golfe Saronique reste intact.

A gauche, plongeon dans le grand bleu ; à droite, magasin de souvenirs à Égine.

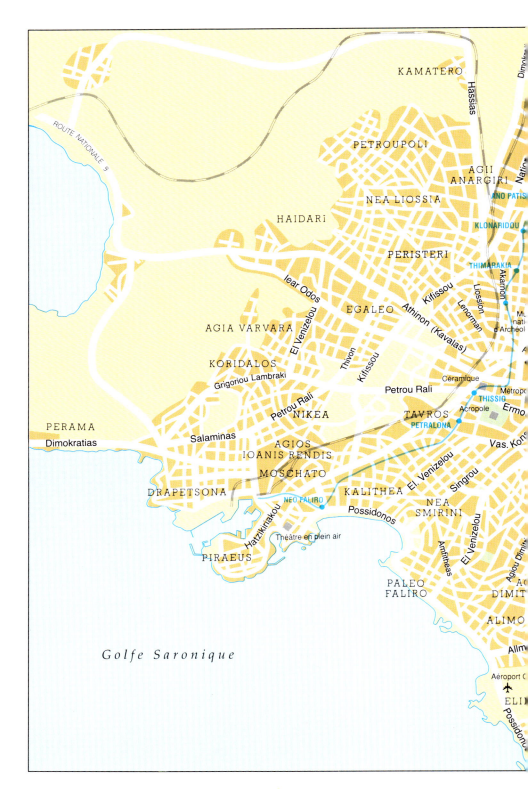

ITINÉRAIRES

C'est du sommet de la colline du Lycabette que l'on jouit du meilleur panorama sur Athènes dont les contours tranchés sont adoucis par la distance. La capitale est située dans une cuvette gardée par deux citadelles symétriques : l'Acropole et le Lycabette. Les quartiers centraux d'Omonia et de Monastiraki sont disposés autour de la place Syndagma (de la Constitution) comme les rayons d'une roue. Plaka, au pied de l'Acropole, s'étend à la lisière de ce centre animé et vibrant. Dans l'Antiquité, tous les chemins menaient à l'Acropole mais, à l'aube du XXIe siècle, toutes les avenues modernes aboutissent à la place Syndagma.

La visite de la ville ne présente aucune difficulté. Les centres d'intérêt touristique comme le musée Bénaki, le musée des Arts des Cyclades, le Musée byzantin, le musée de la Guerre et le musée national d'Archéologie sont tous situés dans le même quartier et donc très faciles à trouver. En revanche, il est moins facile de savoir comment s'appelle à un endroit précis cette fameuse avenue qui porte tour à tour les noms de Vassilisis Sofias, Venizelou et Panepistimiou.

La mer et les collines sont les meilleurs points de repère permettant de comprendre la topographie d'Athènes. C'est du Pirée, porte de la mer Égée, que l'on s'embarque pour une croisière d'une journée dans les îles. Les environs d'Athènes, truffés de monastères campagnards cachés dans les collines, et de superbes sites de l'Antiquité classique comme Delphes, permettent d'effectuer de belles excursions d'une seule journée, à pied ou en voiture. Athènes est donc le lieu de séjour idéal pour rayonner dans la région.

Pages précédentes : l'Acropole au crépuscule ; procession religieuse sur l'Acropole ; magasin de souvenirs.

L'ACROPOLE : L'ORGUEIL DE LA GRÈCE

Au bout de quinze ans de travaux, un nouveau temple dédié à la déesse Athéna – que l'on appellera plus tard le Parthénon – fut ouvert au public à l'occasion des Panathénées de 432 av. J.-C. Son aspect était à l'époque totalement différent des ruines bien connues que l'on voit représentées sur d'innombrables souvenirs touristiques, cendriers et T-shirts. Il était couvert d'un toit de tuiles et le plafond de bois s'ornait de caissons peints de couleurs vives. Le temple brillait de mille couleurs, à tel point que certains en étaient choqués. « *Nous dorons et nous parons notre ville comme une prostituée*, se plaignait Plutarque, *nous l'ornons de statues et d'offrandes coûteuses et de temples qui valent des milliers de talents.* »

L'acropole d'Athènes, terme désignant simplement le point culminant d'une cité, qui constitue habituellement une forteresse naturelle, a été embellie de fortifications et de temples. Elle s'élève à 156 m au-dessus du niveau de la mer et 100 m au-dessus de la ville basse. Homère, qui vécut au VIIIe siècle av. J.-C. et qui raconte dans *l'Iliade* la guerre livrée par Mycènes à Troie quelque cinq siècles plus tôt, connaissait mal l'Athènes mycénienne. Il n'en parle presque pas, en revanche il mentionne un palais mycénien sur l'Acropole, qu'il appelle « la forteresse d'Érechthée ».

Grandeur et décadence du Rocher sacré

Le nouvel **Érechthéion** (421-406) et sa célèbre tribune des Caryatides, construits ultérieurement sur l'emplacement approximatif de l'ancien palais, le **Parthénon** (447-432) et les **Propylées** (437-432), sont les trois principaux édifices qui, à l'époque de Périclès, furent érigés sur les ruines de l'ancien cœur d'Athènes, saccagé et incendié lors des invasions perses. Les vestiges des remparts et du palais royal mycéniens, bien plus anciens, se réduisent à quelques pans de mur, modeste témoignage des premiers temps de la civilisation grecque. Les édifices que les touristes admirent aujourd'hui sur l'Acropole ne constituent qu'une infime partie de ceux qui y ont été érigés au cours des âges. Avant et pendant l'époque archaïque, qui a duré deux siècles et préludé au glorieux Ve siècle, l'Acropole abritait divers sanctuaires. Elle traversa ensuite les époques hellénistique et romaine, dégénéra en un misérable village entouré de remparts, dont un évêque du XIIIe siècle comparait la vie à celle de l'Enfer, s'améliora légèrement quand elle devint le siège d'une succession de ducs au Moyen Age avant d'être une forteresse turque délabrée à l'aube de l'indépendance de la Grèce. L'histoire militaire de l'Acropole est une succession de sièges, de massacres et de destruc-

A gauche, la chouette va-t-elle sortir ?, à droite, Agora vue de l'Acropole.

tions. Statues païennes, flèches d'église, tours militaires et minarets ont orné sa silhouette à différentes époques. Les divers édifices ont servi tour à tour de maison close, de harem et de dépôt de munitions. En 1941, un motocycliste en uniforme militaire arriva au pied de la colline et la gravit à pied pour y planter une svastika. Les longs travaux de restauration effectués actuellement sur l'Acropole ne concernent que les monuments d'une période précise et relativement brève d'une histoire longue et complexe.

De l'histoire ancienne

On considère en général que la période classique a duré environ cent cinquante ans mais, en réalité, elle a été encore plus courte. Elle correspond aux trente années pendant lesquelles la figure de Périclès a dominé la scène athénienne, de 461 à 429 av. J.-C. Son nom est associé pour toujours à la naissance de la démocratie, de l'architecture, de la philosophie et des arts, mais l'histoire lui a témoigné une générosité excessive et, dans un souci d'équité, il faut faire partager les mérites de la réussite à ses prédécesseurs et successeurs. Il est miraculeux que des éléments de l'Acropole de Périclès soient toujours en place au bout de deux mille cinq cents ans. L'ironie du sort veut que la destruction totale ait facilité l'enquête archéologique. Lorsque, avant l'ère historique, les Pélasges (habitants primitifs de l'Attique avant l'arrivée des Hellènes) rasèrent pour la première fois le sommet de l'Acropole, tout ce qui existait se trouva enfoui et préservé. A la génération suivante, les constructeurs ont certainement conservé les fragments d'époque pélasgique qui leur semblaient utiles et enterré le reste. Les centaines de cités-États grecques ont été construites autour d'une forteresse naturelle comme l'Acropole d'Athènes, qui constituait un site excellent pour l'installation d'un établissement humain. Athènes voulant développer sa puissance navale, on estima qu'il serait logique de transporter la cité au Pirée, mais on se contenta de relier la ville au port par des murs cyclopéens délimitant un couloir de circulation. Démolitions et reconstructions se sont succédé et chaque opération, enfouie sous une couche protectrice de terre par la suivante, est devenue pour l'archéologue le témoignage précieux d'une époque. Si l'on démontait aujourd'hui le Parthénon, on trouverait des vestiges de la période mycénienne d'Athènes, très mal connue. Dans son état actuel, le Parthénon est loin d'être entier : certaines parties ont été emportées par les chasseurs de trophées ; d'autres sont toujours là mais elles ont été remployées ultérieurement, parfois pour une barricade élevée à la hâte lors d'une bataille. La décision de s'employer à rendre à l'Acropole l'aspect qu'elle présentait à l'époque classique est parfaitement compréhensible mais, du même coup, on renonce aux vestiges antérieurs enfouis dans le sol et on retire des ajouts ultérieurs qui ne manquent pas d'intérêt. Fort heureusement, de nombreux objets liés aux événements antérieurs et postérieurs à l'âge classique sont conservés au **musée de l'Acropole** et au **musée national d'Archéologie**. La meilleure façon d'aborder l'Acropole, l'Agora et les musées, est de suivre une visite guidée qui, du fait de l'abondance de monuments et d'explications, peut, paradoxalement, laisser le visiteur sur sa faim. Un historien de l'époque victorienne faisait observer que les Grecs ne sont pas simplement *« des producteurs disparus de bibelots antiques »*, et il est vrai que les conditions dans lesquelles les touristes trop nombreux visitent l'Acropole trop hâtivement ne permettent pas d'imaginer le drame humain qui s'est joué sur ces dalles de marbre.

Le Parthénon

Si les pyramides d'Égypte impressionnent le visiteur par l'immensité de la tâche entreprise avec les outils disponibles à l'époque, le Parthénon, chef-d'œuvre de l'architecture grecque classique, est beaucoup plus subtil. Il est surprenant qu'un monument si imposant n'ait abrité que deux salles. La première, dont l'entrée était à l'est (le côté opposé à celui qu'on voit en arrivant par les Propylées), était le **temple** proprement dit (*naos* ou *cella*) et abritait la célèbre statue chryséléphantine d'**Athéna**, de 12 m de haut, œuvre de Phidias, dont les chairs étaient rendues par une couche d'ivoire et les vêtements par une couche d'or fixées sur une âme de bois. Un bassin aménagé devant la statue maintenait l'humidité nécessaire à sa conservation. La déesse Athéna était vénérée sous plusieurs épithètes. Le Parthénon était officiellement le temple d'Athéna Parthénos, « vierge et chaste ».

La statue en bronze d'**Athéna Promachos** (combattant au premier plan), œuvre de Phidias qui aurait mesuré plus de 9 m, s'élevait devant le Parthénon. Son casque, ses épaules et sa lance dépassaient les autres bâtiments et on pouvait l'apercevoir d'un bateau en mer, surtout quand elle réfléchissait les rayons du soleil. Comme bien d'autres statues de l'Acropole, elle fut emportée à Constantinople où elle connut, en 1203, entre les mains des croisés francs, une fin honteuse. On accédait à la seconde salle du Parthénon par une autre entrée située à l'ouest. Peut-être était-elle destinée à l'origine à loger les servantes de la déesse, mais comme il n'y en eut jamais, elle fut utilisée comme **chambre forte du trésor de la République**. L'architecte Ictinos accorda une attention particulière aux détails : le sol, ravagé depuis, s'élevait imperceptiblement vers le centre avec une inclinaison de 1 pour 450. C'est paradoxalement pour donner l'impression qu'elles sont rectilignes qu'aucune des lignes n'est droite et qu'aucun angle n'est à 90°. Les deux rangées de colonnes qui forment la colonnade sont très légèrement inclinées vers l'intérieur mais, dans un souci d'harmonie, la rangée intérieure l'est un peu moins. La différence d'angle est inférieure à 1 %. Pour éviter que les

Parthénon renfermait autrefois la très célèbre statue d'Athéna, œuvre de Phidias.

colonnes fuselées semblent déformées par l'intensité de la lumière, elles sont très légèrement galbées au milieu. Les colonnes d'angle sont légèrement plus épaisses que leurs voisines parce qu'elles reçoivent plus de lumière. Bien que le dos des personnages sculptés en haut relief ait été invisible d'en bas, il fut exécuté avec le même soin que l'avant et les côtés.

La frise des Panathénées

Le jour de l'inauguration, une des grandes curiosités du Parthénon fut la frise continue de 160 m qui courait tout au long du mur intérieur du naos. La sculpture des temples avait d'ordinaire pour thème les dieux, les chevaux caracolant, les héros abattant des monstres, sujets qui figuraient largement sur les frontons et les métopes du Parthénon. La frise intérieure faisait œuvre de pionnier en représentant de simples citoyens participant à la procession qui constituait le clou de la fête des Panathénées, à laquelle participaient les magistrats civils et militaires. Tous les quatre ans (et tous les ans depuis Pisistrate), le peuple d'Athènes montait en procession à l'Acropole pour offrir à Athéna une tunique safran, insigne de sa fonction. La déesse et les autres divinités figuraient bien sur la frise mais au lieu d'être représentées dans les attitudes traditionnelles, elles avançaient avec désinvolture, à demi vêtues, et bavardaient en attendant l'arrivée de la procession. Dieux et mortels étaient représentés sur un pied d'égalité. Un jeune chevalier retardait la procession en rattachant tranquillement son lacet. La frise exprimait un message de félicité et d'affection : les dieux étaient bienveillants à l'égard d'Athènes et Athènes les honorait en retour.

L'architecture grecque classique est caractérisée par l'invention apparemment banale de la **toiture de tuiles**. Les tuiles permettant de construire des toits en pente, les sculpteurs exploitèrent le triangle (ou fronton) ainsi créé à chaque extrémité de l'édi-

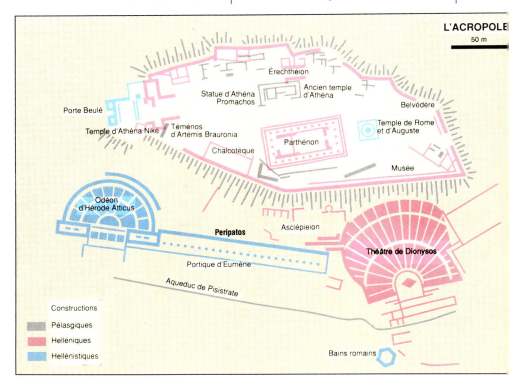

fice par la rencontre des deux rampants. Au fronton est, le principal, du Parthénon est représentée la naissance d'Athéna sortant armée de la tête de Zeus, et au fronton ouest la dispute entre Athéna et Poséidon pour la possession de l'Attique. Lors de l'inauguration du Parthénon, la population d'Athènes comptait environ trente mille citoyens (auxquels il faut ajouter un nombre encore plus élevé d'esclaves et de résidents étrangers) et beaucoup d'entre eux entretenaient des relations amicales avec les artistes qui travaillaient sur le chantier, sous la direction du maître-sculpteur Phidias. Ayant examiné minutieusement la frise, ils y trouvèrent des visages connus et un scandale éclata lorsqu'ils crurent reconnaître non seulement Périclès mais le sculpteur lui-même sur le bouclier de la statue d'Athéna. L'insolence de Phidias fut aggravée par les soupçons qui pesaient sur lui : il fut accusé d'avoir détourné une partie de l'or qui était censé servir à la décoration de la statue. Le malheureux sculpteur fut expulsé de la ville sur-le-champ, bien qu'il ait consacré l'essentiel de sa carrière au Parthénon et qu'il ait poussé le raffinement, par exemple, jusqu'à incliner les personnages de la frise pour qu'ils soient mieux vus du sol.

Après la victoire de Salamine, en 480, Athènes ne s'était pas encore remise des deux invasions perses rapprochées. La population s'étant enfuie, Athènes avait été rasée en son absence. Quand les habitants revinrent, ils reconstruisirent en priorité les maisons du quartier de l'Agora et l'on envisagea de laisser les décombres de l'Acropole tels quels, en souvenir de la guerre. Malgré sa destruction presque totale, Athènes, capitale de l'Attique, se rétablit rapidement et prospéra grâce au rôle décisif qu'elle avait joué dans la victoire sur les Perses. L'Attique, qui n'était avant la guerre qu'un État grec parmi des centaines d'autres, fut catapultée à l'avant de la scène. Les finances de l'État, alimentées jusque-là par les exportations d'huile d'olive et par une mine d'argent, furent renflouées par les cotisations que les petits États avaient accepté de verser à la ligue de Délos, alliance défensive contre un éventuel retour des Perses. Athènes détourna ces sommes à son profit, malgré les protestations des autres membres de la ligue.

Le temple d'Athéna Niké

Parmi les ruines laissées sur l'Acropole par les Perses se trouvaient les **fondations** du nouveau temple d'Athéna en chantier et quelques colonnes cassées. Il était manifeste que l'intervention des dieux avait sauvé la cité de l'assaut des Barbares, et les Athéniens se sentirent obligés de s'acquitter généreusement de leur dette envers eux. Les plans existants furent abandonnés pour de nouveaux projets : si les Perses avaient disparu, les États grecs n'allaient pas manquer de recommencer à se quereller, et un Parthénon somptueux satisferait les dieux tout en montrant aux adversaires potentiels qu'ils auraient affaire

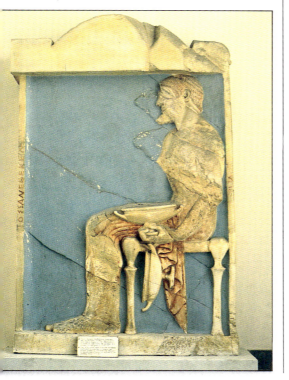

Moulage d'un relief votif du Ve siècle av. J.-C.

à forte partie. Ceux-ci ne furent toutefois pas intimidés car la guerre du Péloponnèse éclata l'année suivant son achèvement. La conception et la construction du Parthénon allaient exiger un effort gigantesque.

En 448, les Athéniens décidèrent de construire un temple à Athéna Niké qui leur avait donné la victoire sur les Perses. Mais sa réalisation fut différée par la mise en chantier des grands édifices voulus par Périclès, et c'est seulement en 427, en pleine guerre du Péloponnèse, que Callicratès put enfin entamer son exécution. Ce temple étant dédié à la victoire, la statue d'Athéna qu'il abritait devait avoir deux ailes. Selon Pausanias qui visita Athènes au IIe siècle de notre ère, les Athéniens lui ôtèrent ses ailes, craignant qu'elle ne s'envole. Ce petit temple très élégant, entièrement en marbre du Pentélique, s'ornait en façade de colonnes ioniques.

La frise continue représentait les combats entres les Grecs et les Perses. L'emplacement choisi pour le temple d'Athéna Niké, un promontoire à l'angle sud-ouest de l'Acropole, était un point stratégique qui surplombait l'île de Salamine où la flotte athénienne avait battu les Perses. Il était également lié à une autre victoire célèbre qui connut cependant un dénouement malheureux.

La légende la plus célèbre

Aux temps héroïques, raconte la légende, Athènes devait envoyer chaque année, en guise de tribut, sept jeunes gens et sept jeunes filles au roi Minos de Cnossos, en Crète. Thésée, fils d'Égée, roi d'Athènes, s'embarqua pour la Crète et mettre fin à cette pratique infâme. Il partit sur un bateau aux voiles noires et promit à son père que, en cas de succès, il hisserait les voiles blanches à son retour. Il tua le Minotaure, un monstre au corps humain et à la tête de taureau auquel étaient sacrifiés les jeunes Athéniens, et réussit à sortir du labyrinthe grâce à Ariane, la fille du roi Minos, amoureu-

L'Érechth est une sourc inépuisab pour tous les artistes en herbe.

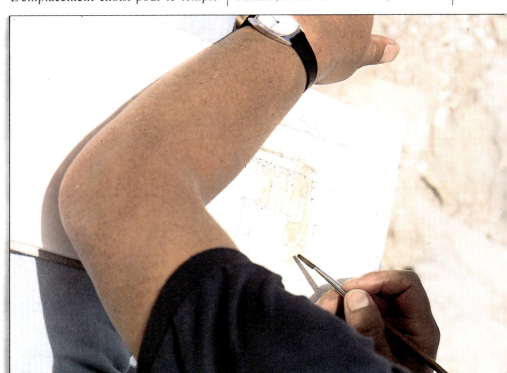

se de lui. Au retour, il oublia de changer les voiles. Son père, qui l'attendait avec impatience sur le rocher où s'élèvera le temple d'Athéna Niké, supposa le pire et se précipita dans la mer qui porte désormais son nom. S'il ne s'agissait pas d'une légende, Égée se serait écrasé au pied de l'Acropole, à plusieurs kilomètres de la mer !

Architecture et croyances grecques

Les plans de Périclès pour l'Acropole comprenaient deux autres édifices : l'Érechthéion et les Propylées. Le nouvel **Érechthéion**, qui remplaçait le temple détruit par les Perses, était une sorte de musée qui posait des problèmes à l'architecte car il devait englober plusieurs objets sacrés fixes : une fosse à serpents, le rocher que Poséidon frappa jadis de son trident, l'olivier sacré d'Athéna et un puits d'eau salée. Les croyances religieuses des Athéniens étaient à l'époque très éclectiques. Elles étaient toujours empreintes de l'ancien fétichisme (on rendait un culte aux objets inanimés, comme les arbres et les rochers) et étaient aux prises avec les durs préceptes de l'orphisme pythagoricien dû au mathématicien Pythagore, qui avait découvert les rapports des côtés du triangle rectangle. L'olivier englobé dans l'Érechthéion était celui qu'Athéna aurait offert à la ville et qui aurait été le premier à fournir l'huile, principale production de l'Attique. A l'instar du pétrole moderne, l'huile d'olive était le principal combustible (la Grèce est dépourvue de charbon) et ne servait pas seulement à la cuisine. Les travaux de l'Érechthéion, interrompus pendant la guerre du Péloponnèse, ne reprirent que pour employer les chômeurs. Il est célèbre pour sa **tribune des Caryatides** soutenue par six belles jeunes filles faisant office de colonnes.

Une entrée monumentale fut conçue par Mnésiclès à la même époque : les Propylées qui auraient occupé toute la partie ouest de l'Acropole si le projet ne s'était heurté aux prêtres du sanctuaire d'**Artémis Braurônia**. Lors des cérémonies en l'honneur de la déesse, des jeunes filles imitaient un ours marchant sur ses pattes de derrière, couraient et dansaient nues. Toutes les jeunes Athéniennes devaient y participer avant leur mariage. Périclès espérait surmonter les objections religieuses, mais les Propylées furent en fin de compte limitées à ce qui devait initialement en être la partie centrale. Les Propylées remplaçaient une entrée plus ancienne construite à l'époque du tyran Cimon et, bien qu'amputés, ils constituent le plus impressionnant des édifices élevés par les Grecs à des fins profanes. L'architecte dut résoudre le problème énorme posé par les différences de niveau du site. Construits en marbre du Pentélique, les Propylées intégraient l'aile nord (à gauche) une pinacothèque qui renfermait, outre une collection de tableaux, un plafond célèbre. Le bâtiment ayant souvent été réquisitionné pour servir de résidence aux maîtres successifs d'Athènes, il fut modifié maintes fois pour satisfaire les besoins de chacun.

La tribune des Caryatides.

Au IIIe siècle ap. J.-C., les Romains ajoutèrent une porte que les visiteurs franchissent aujourd'hui en montant à l'Acropole. Elle a été murée et oubliée quand l'Acropole retrouva son rôle militaire. A l'époque byzantine, quand le Parthénon fut transformé en **Église de Notre-Dame d'Athènes**, les Propylées devinrent la résidence de l'archevêque Michel Acominatos. Le saint homme *« fut ému jusqu'aux larmes en voyant les remparts détruits, les rues désertées et les habitants en haillons et mal nourris »*. C'est lui qui a comparé à l'Enfer les trente ans qu'il a passés à Athènes au XIIIe siècle et qui a regretté que ses fonctions l'avaient amené à vivre aussi mal parmi ses ouailles. *« Je suis moi aussi tombé dans la barbarie »*, gémit-il.

Après Périclès : constructions et destructions

Au début du XVe siècle, les Propylées servirent de résidence au duc vénitien d'Athènes, Antonio Acciaiuoli. Il ajouta un étage, des créneaux et, face au temple d'Athéna Niké, une tour carrée de 27 m de haut. La tour subsista jusqu'en 1874 et serait toujours en place sans la politique consistant à éliminer les transformations postérieures à l'époque de Périclès. Quand les Turcs occupèrent les Propylées, ils commirent l'erreur fatale d'entreposer de la poudre à canon dans une des salles qui fut frappée par la foudre. Deux colonnes s'écroulèrent, tuant le pacha et sa famille, mais les murs résistèrent à la catastrophe. Son successeur installa son harem dans l'Érechthéion. C'est peut-être à cause de l'explosion des Propylées que les Turcs stockèrent ensuite la poudre dans le Parthénon, avec le même résultat. En 1687, un bataillon vénitien commandé par le général Francesco Morosini essayait d'arracher l'Acropole aux Turcs qui démontèrent le temple d'Athéna Niké pour pouvoir loger une batterie de canons. Les Vénitiens installèrent leurs canons sur la **colline de Philopappos** (sur laquelle

Ci-dessous, vue du Lycabette, à droite, métope du flanc sud du Parthénon conservée au British Museum.

ARCHÉOLOGIE OU VOL ?

Depuis le passage de lord Elgin, la majorité des sculptures qui ornaient jadis l'Acropole est au British Museum, à Londres. Il s'agit des frontons, des métopes, de la frise du Parthénon, et de l'une des caryatides de l'Érechthéion. Les Grecs, notamment l'ancienne actrice Melina Mercouri, devenue ministre de la Culture, ont adressé pétition sur pétition au gouvernement britannique pour la restitution de ces œuvres. La position officielle des Britanniques est que ces objets n'appartiennent pas au gouvernement mais aux administrateurs du musée, à qui une loi de 1753 interdit de se défaire des œuvres originales. Il est sous-entendu que, si tous les grands musées du monde, y compris ceux de Grèce, étaient invités à restituer toutes les pièces étrangères, ils seraient tous vides.

La Grèce n'existait pas en tant qu'État quand lord Elgin, ambassadeur de Grande-Bretagne à Constantinople, reçut la permission d'emporter quelques antiquités grecques. En 1816, la « Grèce » n'était qu'une vague province de l'Empire ottoman et il n'existait aucune autorité grecque avec laquelle lord Elgin aurait pu traiter. Son interlocuteur était l'Empire ottoman et le sultan lui donna son autorisation. Les Grecs reconnaissent que la permission fut demandée et accordée tout en soulignant que l'ambassadeur de Grande-Bretagne, qui eut besoin de cinq cents ouvriers et une quarantaine de navires pour cette entreprise, emporta bien plus de pièces qu'il n'était censé le faire. Ils l'accusent d'avoir acheté le silence des fonctionnaires turcs. Les défenseurs de lord Elgin soutiennent que ce n'était pas un chasseur de trésor, que l'opération lui coûta une somme colossale, et qu'il n'en récupéra même pas la moitié quand il remit les sculptures aux administrateurs du musée. Ils affirment encore que lord Elgin a sauvé pour la postérité des fragments essentiels de la civilisation grecque que les Grecs eux-mêmes étaient incapables de protéger. La plupart des pièces gisaient sur le sol où elles avaient été projetées par une explosion cent cinquante ans plus tôt. Si elles étaient restées là plus longtemps, elles auraient vraisemblablement été utilisées pour élever un jour des bâtiments ou auraient subi d'autres mauvais traitements. Les fragments de l'Acropole étaient en effet utilisés depuis longtemps comme matériaux de remploi. Il est vrai aussi que les restaurateurs trop enthousiastes qui ont travaillé sur l'Acropole après l'indépendance de la Grèce en 1834, ont retaillé une grande partie des blocs de marbre laissés en place par lord Elgin pour les réutiliser. Les morceaux saccagés sont perdus pour les archéologues qui essaient de reconstituer un puzzle complexe. Les blocs emportés par lord Elgin étaient déjà meurtris et mutilés avant d'entrer au British Museum, et y sont mieux conservés que ceux qui sont restés sur place, surtout à cause de la pollution terrible dont souffre aujourd'hui Athènes. Des moulages des sculptures conservées au musée ont été mis à la disposition des restaurateurs. Les Grecs ont reconnu que si les originaux étaient restitués, ils ne retrouveraient pas leur place d'origine mais entreraient dans un musée. Argument que les Britanniques retournent contre eux. En fait, le débat agite davantage les milieux politiques que scientifiques. Il y a bien d'autres sites à conserver en Grèce. Or le gouvernement envisageait en 1987 de construire une usine de produits chimiques qui aurait craché des déchets corrosifs sur Delphes, un site plus ancien et aussi important que le Parthénon…

Socrate dut boire la ciguë) et pilonnèrent ce qu'il restait des Propylées. Le comte de San Felice, l'officier de tir, est décrit comme *« un sot qui n'avait pas la moindre idée de la pratique de l'artillerie »* et l'un de ses hommes du nom de Schwarz, bien que Vénitien, toucha directement la poudrière du Parthénon. Trois cents Turcs furent tués et les maisons qui avaient été construites au milieu des monuments antiques brûlèrent pendant deux jours et deux nuits. Morosini et ses hommes n'avaient pas encore fini. Dès que les Turcs se furent retirés de l'Acropole, ils y entrèrent pour ramasser quelques souvenirs. Ils essayèrent d'arracher les sculptures du fronton ouest du Parthénon, en vain.

Aux yeux des Grecs, l'acte de vandalisme de Morosini est insignifiant comparé à celui de lord Elgin, ambassadeur de Grande-Bretagne à Constantinople. Au début du XIXe siècle, il emporta un véritable trésor d'antiquités grecques, notamment la moitié de la frise des Panathénées.

Lord Elgin pensait sauver ces pierres pour la postérité mais les Grecs ont un point de vue différent et font campagne pour récupérer ces pièces. La guerre d'Indépendance (1821-32) raviva l'intérêt porté par l'Europe à la Grèce classique. Athènes était dans un état pitoyable quand les Turcs se retirèrent, et sa population dépassait à peine quatre mille habitants. Des bénévoles tâchèrent de rendre à l'Acropole l'aspect qu'elle avait à l'époque de Périclès. Les morceaux du temple d'Athéna Niké déplacés par l'artillerie turque furent retrouvés et réassemblés. La porte romaine oubliée au-dessous des Propylées fut découverte en 1852 par l'archéologue français Ernest Beulé, qui lui a donné son nom.

La porte Beulé

Elle est l'une des exceptions à la règle voulant que disparaisse tout ce qui n'appartient pas à l'époque classique. Cette politique, appliquée dans l'enthousiasme, a entravé les efforts ultérieurs. Malgré les siècles de pillage, les matériaux de construction de l'époque de Périclès se trouvaient toujours sur l'Acropole, là où les explosions les avaient projetés, ou bien étaient incorporés dans quelque édifice postérieur. Il aurait fallu un peu d'adresse et de patience pour identifier ces morceaux et les remettre à leur place d'origine mais les blocs de marbre qui avaient été taillés d'après les normes rigoureuses d'Ictinos furent brisés pour combler les vides de quelque projet du moment... La politique qui prévaut aujourd'hui est plus réfléchie et plus responsable : le programme actuel de restauration se propose de réassembler les pièces du puzzle. De nouvelles pièces sont fabriquées là où elles sont indispensables (les crampons de fer utilisés lors des restaurations effectuées au début du siècle sont remplacés par des agrafes de titane antirouille) mais il n'est pas prévu de remonter de deux mille cinq cents ans en arrière. Il serait vain de refaire un toit à l'Érechthéion puisqu'on ignore tout du toit d'origine.

*A gauche,
le Moscop.
du musée
de l'Acrop
à droite,
allée dallée
de l'Acrop*

PLAKA

Le quartier de Plaka, le plus ancien de la capitale, a toujours été le cœur d'Athènes. Il se divise en trois secteurs : **Anaphiotika**, le village du XIXe siècle aux maisons blanchies à la chaux, accroché au versant nord-est de l'Acropole, juste au pied des Longues Roches ; **Ano Plaka** (le haut de Plaka) qui descend jusqu'à Adrianou (rue d'Hadrien) ; et **Kato Plaka**, qui rejoint la ville basse, entre la rue Philellinon et l'Acropole à l'ouest. Plaka est une entité distincte, grecque à 100 %.

Protégée aujourd'hui par le gouvernement grec, Plaka retrouve rapidement l'éclat et l'élégance qu'elle avait au siècle dernier. Même si les travaux de restauration ne respectent pas toujours son caractère ancien, Plaka est aujourd'hui un quartier beaucoup plus agréable qu'elle ne l'était il y a vingt ans, quand elle était envahie par les bars sordides, les boîtes de nuit et les discothèques bruyantes. Des artères jadis fiévreuses comme les rues Adrianou et Kidathineon ont été transformées en zones piétonnes. Plaka possède environ un millier de bâtiments qui datent pour la plupart du siècle dernier. Rares sont ceux qui ont survécu à l'époque de l'occupation turque mais il en reste quelques maisons en cours de rénovation, protégées par le gouvernement.

Le mot *plaka* viendrait de *plakas*, qui désignait autrefois un tour joué à quelqu'un, ou bien serait une déformation de l'albanais *pliaka* qui signifie « vieux » (les habitants albanais appelaient ce quartier *Pliaka Athena*).

D'anciennes demeures

Plusieurs quartiers de Plaka portent toujours leur nom ancien, révélateur des habitants d'autrefois. Un secteur blotti au pied de l'Acropole, que les gens du coin appellent *kastro*, se nomme en fait **Yerladha**. Ce terme, dépourvu de sens en grec, dérive du mot « guirlande », qui s'applique bien à l'auréole légèrement déchue de l'Acropole. Le haut de Plaka, fut plus tard appelé Rizokastro (« lieu construit au pied du château »).

Quand Athènes devint en 1834 la capitale de la Grèce, la ville s'étendit en direction de Syntagma et d'Omonia. De grands édifices publics furent élevés dans la zone déserte et éloignèrent la population du « Rocher », mais Plaka demeura obstinément un centre d'activité dans les dix années qui suivirent la fin des hostilités. Plaka a été habitée en majorité par les premières familles de la jeune capitale, dont les résidences ornent toujours le quartier de leurs couleurs pastel et, à ce titre, elle a souvent fait œuvre de pionnier : la première école secondaire d'Athènes se trouvait rue Adrianou, la première université d'Athènes ouvrit en 1837 au 5, rue Tholos et le premier commissariat de quartier de la ville a toujours été situé dans Plaka. La maison du 96, rue Adrianou, passe pour avoir été construite par la famille Vénizélos mais elle date de l'époque turque.

Pages précédentes : ...s de tuiles et murs ...n cascade. À gauche, façade peinte ; ...ci-dessous, ...aka est un ...uartier très ...ouristique.

C'est l'un des plus vieux édifices de Plaka. La plupart des maisons antérieures à la révolution ont été rasées lors des combats sanglants de 1827 mais la maison des Vénizélos a survécu avec sa cour, ses arcs gracieux, son puits et son pressoir à olives. Quand elle fut partagée entre deux héritiers, on divisa même le puits car l'eau a toujours été un gros problème à Athènes, surtout dans le quartier aride de Plaka.

La **maison de Richard Church**, 5, rue Scholiou, est un édifice restauré du XVIIIe siècle, utilisé jadis par les Turcs comme commissariat de quartier. Church, l'ancien commandant en chef des forces révolutionnaires grecques, y a vécu de même que l'historien George Finley, qui restaura cette demeure caractéristique aux murs de petites pierres, aux minuscules fenêtres et à la haute cheminée.

La ville s'étendit et les riches partirent pour des quartiers plus élégants. Plaka commença de décliner. Préservée dans son état actuel grâce aux restrictions en matière de construction, elle a échappé au syndrome des grands immeubles de béton qui a frappé Athènes après la Seconde Guerre mondiale. Elle a donc conservé son caractère malgré les pitoyables années 1960 et 1970. Le gouvernement encourageant aujourd'hui les rénovations et le retour des capitaux, Plaka a un avenir plutôt prometteur.

Le spectacle insolite de la rue

Si, au cours des siècles, Plaka a été peuplée de Grecs, de Turcs, de Francs, d'Albanais et d'esclaves éthiopiens, les habitants actuels sont beaucoup moins exotiques. En 1841, Hans Christian Andersen a rencontré des descendants des résidents éthiopiens, ancêtres des Anafiotes d'aujourd'hui. Monastiraki et Plaka étant deux quartiers où sévissent les orateurs de rues, on y voit souvent des personnages originaux déclamant des poèmes, prédisant la fin du monde, lisant quelque texte ou chantant tout simplement. Fterou, le

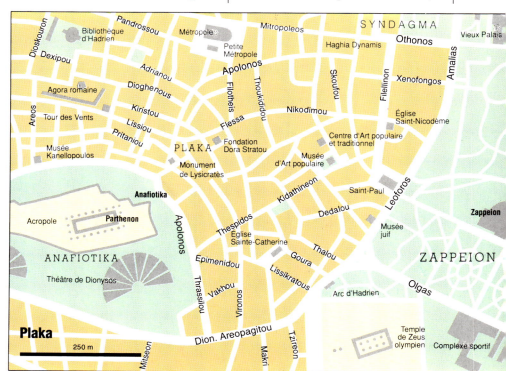

colporteur de plumeaux dont le cri, entendu de loin, évoque celui du paon, est toujours présent et vend sa marchandise tout en divertissant les clients avec ses décasyllabes. Des personnages beaucoup plus excentriques que Fterou exercent leurs talents à Plaka et amusent le public indulgent des piétons. Yiannis, le troubadour vêtu de kaki, surgira peut-être à votre table et vous jouera (faux !) une ballade sur sa guitare miniature. Il chante bien, mais il ne sait guère gratter la guitare.

Plaka est un quartier dans lequel il est très agréable de se promener à pied si l'on s'intéresse aux petits musées peu connus, aux antiquités isolées, à la bonne cuisine grecque et exotique et si l'on aime observer les gens. Sa visite en est obligatoire et elle se fera de préférence le soir. Par ailleurs, mieux vaut se munir d'une carte, car Plaka a toujours été un labyrinthe dont les rues sont, par endroits, très enchevêtrées. Cela dit, en cas d'hésitation, deux règles simples s'imposent : vers le haut c'est l'Acropole, vers le bas, c'est Monastiraki, la cathédrale et la place Syntagma. Il ne faut pas s'attendre à trouver un quartier grec « authentique » ; car s'il est le plus animé et le plus intéressant de la ville, il est aussi le quartier le plus fréquenté par les touristes.

Le musée Kanellopoulos

Le musée Paul-et-Alexandra-Kanellopoulos se trouve au pied de l'Acropole, à l'angle des rues Theorias et Panos. Il est installé dans deux demeures néoclassiques du XIXe siècle couvertes d'acrotères, ces ornements de céramique à volutes qui décorent les toits et rappellent les monuments classiques de marbre. Le musée est célèbre pour ses belles icônes, mais ses collections sont en fait très éclectiques. Aux premier et deuxième étages sont conservées les antiquités antérieures à l'époque chrétienne : objets de la préhistoire, du néolithique, des Cyclades, de la Crète

Magasin de vin et d'ouzo ns une rue piétonne.

minoenne, de Mycènes, etc. Certaines pièces ne sont pas grecques mais proviennent du Luristan, d'Égypte et de Mésopotamie. Cette remarquable collection familiale comprend également des bijoux hellénistiques, des casques du VIe siècle av. J.-C., plusieurs vases à figures noire et rouge, d'incomparables icônes des écoles de Constantinople et de Macédoine et des textiles coptes. Il ne faut pas manquer les magnifiques portraits peints sur bois provenant de sarcophages du Fayoum en Égypte.

À l'angle de la rue Pritaniou, en contournant l'Acropole, on arrive à l'**église byzantine Haghios Nicolaos tou Rengava**, datant du XIe siècle. Probablement construite sur un site chrétien beaucoup plus ancien, la basilique est un charmant édifice de pierre et de brique. Des fragments de colonnes et de chapiteaux antiques sont encastrés dans ses murs. Elle faisait partie du palais de la famille Rengavé, dont sont issus plusieurs empereurs et patriarches byzantins.

Non loin, se trouve la ravissante petite **église de la Transfiguration**, qui date du XIVe siècle. Elle renferme une grotte aménagée en chapelle dont l'autel est constitué par un chapiteau antique.

Le village aux maisons blanches

En suivant dans le sens des aiguilles d'une montre le chemin qui fait le tour de l'Acropole, on arrive à **Anaphiotika**, le point culminant de Plaka. Ce quartier constitue un village à part, solidement accroché à la pente de la colline, aux ruelles sinueuses et aux maisons blanches du siècle dernier. Son histoire est intéressante : occupé à l'époque néolithique, le quartier d'Anaphiotika (ou « village des gens d'Anaphi ») fut abandonné à l'époque classique quand l'oracle de Delphes déclara que cette terre était sacrée. Pendant la guerre du Péloponnèse, l'Attique étant assiégée, les réfugiés affluèrent à Athènes et s'abritèrent dans les grottes qui se

Plaka est le quartier le plus coloré de la ville.

trouvent au-dessous des Longues Roches. Ces grottes ont été murées ultérieurement par les esclaves éthiopiens.

En 1834, une loi interdit toute construction dans ce secteur, mais les Grecs appauvris ont toujours trouvé des solutions ingénieuses aux restrictions de la construction imposées par la loi. Dans les années 1830, les tailleurs de pierre et les maîtres artisans des quatre coins des îles de la mer Égée affluèrent à Athènes, attirés par l'essor soudain de la construction. Ces hommes de talent élevèrent de superbes demeures pour les Athéniens aisés. Le village de fortune qu'ils construisirent près de la **place Kaningos** fut bientôt englouti par la ville naissante. Finalement, deux artisans entreprenants d'Anaphi, une île de l'archipel des Cyclades proche de Santorin, se tournèrent vers le versant oriental abrupt de l'Acropole. Sous couleur d'élever une église, ils bâtirent à la hâte deux maisons pour leurs familles respectives. Prévenue par les habitants de Rizokastro, la police accourut mais se trouva devant le fait accompli. Anaphiotika grandit peu à peu attirant d'abord des émigrants d'Anaphi auxquels d'autres vinrent se joindre. C'était — et c'est toujours — un quartier fermé, aussi pittoresque qu'une île des Cyclades. Les habitants restaurèrent l'**église Saint-Georges-des-Rochers** et **Saint-Siméon** à demi ruinée et y placèrent une icône miraculeuse de Notre-Dame-des-Roseaux. Plus bas, au carrefour des rues Lissikratous, Épimenidi et Vironos, s'élève le gracieux **monument chorégique de Lysicratès**. Les chorèges étaient des mécènes entretenant à leurs frais les chœurs concourant dans les représentations théâtrales. L'édifice en forme de rotonde à demi-colonnes corinthiennes repose sur un soubassement élevé. Il servait de support à un trépied de bronze, trophée des vainqueurs des concours dionysiaques. L'architrave porte une inscription permettant de dater le monument de 334 av. J.-C. : « *Lysicratès de Kikynna, fils de Lysitheides, était chorège, la tribu Akamantide a reçu le* premier prix avec un chœur de garçons : *Théon étant joueur de flûte, Lysiadès d'Athènes l'instructeur du chœur ; Evainétos était archonte.* »

Sur la même place se trouvent les vestiges du **monastère des Capucins** fondé en 1658 par des capucins français dont l'un, le père François, introduisit la culture des tomates à Athènes. Le père Simon, le supérieur, acheta en 1669 le monument de Lysicratès qui, incorporé au couvent, fut utilisé comme cellule jusqu'en 1821. C'est également là que lord Byron aurait composé, en 1810-11, certaines parties du *Pèlerinage de Childe Harold*. Le café de l'angle est d'ailleurs encore fréquenté par des artistes expatriés. Toujours à Ano Plaka, au carrefour des rues Herefondos, Lissikratous et Galanou, occupé par un petit jardin, se dresse l'**église Sainte-Catherine**, précédée de deux colonnes antiques. Elle fut cédée au monastère du mont Sinaï à l'époque du patriarche Bartholomé, entre 1765 et 1782.

*es vitrines
it souvent
décorées
figurines
e ce style.*

Traditions culturelles

La **Fondation des danses grecques Dora-Stratou** se trouve au 8, rue Scholiou, près de la rue Adrianou, dans une demeure de quatre étages rénovée. Dora Stratou, décédée en 1988, a consacré sa vie à préserver les danses grecques traditionnelles et fondé une troupe qui se produit l'été au **théâtre** de plein air situé derrière la colline de Philopappos. La fondation dispose de trois mille costumes grecs traditionnels, d'une collection de bijoux et d'enregistrements sonores et d'une bibliothèque de livres consacrés à la danse et au costume grecs. Des cours y sont donnés régulièrement et d'éminents spécialistes y font des conférences sur la danse et les sujets connexes. Le folklore est souvent loin de ce que l'on peut imaginer. Ainsi, vous pourrez, dans les rues de Plaka, entendre quelques bouzoukis, presque tous remplacés maintenant par des guitares électriques, et voir des danseurs de *sirtaki*. Cette danse n'appartient pas au fonds culturel grec ; elle a une vingtaine d'années et date du film tiré du roman de Nikos Kazantzaki, *Zorba le Grec*. Kato Plaka possède deux autres musées intéressants : le **centre d'Art populaire et traditionnel**, au 6, rue Angeliki Hadzimihali, et le **musée d'Art populaire**, au 17, rue Kidathineon. Le « Hadzimihali » est installé dans la maison d'une folkloriste qui, comme Dora Stratou, a consacré sa vie à la sauvegarde des traditions populaires grecques. Comme la collection Stratou, il rend hommage au patrimoine en voie de disparition de la vie rurale en Grèce. Le centre organise tout au long de l'année des expositions temporaires, souvent consacrées aux costumes régionaux de la Grèce. Le tissage, la broderie, l'outillage, le travail du bois, l'habitat et même les pains décorés figurent dans le patrimoine traditionnel. Le musée d'Art populaire, tout proche, possède également de belles collections couvrant la période de 1650 à nos jours : broderies, tissus faits

Les rues de Plaka invitent à découvrir

main, cuillers en bois et ustensiles de cuisine, costumes, ferronnerie et sculpture sur bois, céramiques, marionnettes du théâtre d'ombre *Karaghioze*, art naïf et pierres sculptées. Le **musée Juif de Grèce** se trouve à la lisière de Plaka, au 36, Leoforos Amalias, au troisième étage d'un bâtiment équipé d'un de ces charmants ascenseurs parisiens de bois et de fer forgé. Fondé en 1977 pour réunir, conserver et faire connaître le patrimoine des Juifs de Grèce, ce musée possède des objets religieux et liturgiques, des costumes et des broderies, des photos et des documents anciens. Une **synagogue**, qui fut transportée pièce par pièce de Patras, est ouverte au culte à la même adresse. L'histoire des Juifs de Grèce remonte au IIIe siècle av. J.-C. et n'a jamais été interrompue, mais 87 % d'entre eux ont disparu pendant la Seconde Guerre mondiale. Il ne reste aujourd'hui que cinq mille Juifs dans toute la Grèce. Le musée possède aussi un petit magasin de souvenirs, et un bulletin est publié par l'Association des amis du musée juif.

Le premier édifice néogothique

A l'angle de la rue Philellinon et de la Leoforos Amalias se trouve l'**église anglicane Saint-Paul**, fondée le lundi de Pâques 1838, en bordure d'une ville dévastée. Conçue par Henry Wadsworth Acland, ce fut le premier édifice néogothique d'Athènes. Près de l'entrée, une dalle commémore un certain Georges Stubbs et deux officiers de la marine marchande, décédés en 1685. L'intérieur très simple est rehaussé de vitraux représentant saint Paul, saint André, saint Étienne et saint Laurent ainsi que Josué et Caleb et des scènes de la vie de David. Récemment restaurée, l'église Saint-Paul a célébré en 1988 son cent cinquantième anniversaire. Dans la rue suivante se trouve l'**église russe Saint-Nicodème**. Probablement construite entre 1000 et 1025, elle appartenait à un couvent situé à l'intérieur des remparts de l'Athènes antique, qui fut détruit par le tremblement de terre de 1701. Cédée à la communauté russe orthodoxe en 1852, l'église a finalement été restaurée et c'est aujourd'hui l'édifice byzantin le plus grand d'Athènes. Le clocher et la cloche ont été offerts par le tsar Alexandre II au siècle dernier. L'artiste allemand Thiersch est l'auteur des superbes peintures des murs intérieurs. En flânant dans les **rues Mnissi-kleous** et **Lissiou**, dans lesquelles se trouvent tavernes et boîtes de nuit, on pourra admirer les œuvres du peintre naïf Georges Savekis sur les murs extérieurs et ses tableaux à l'intérieur des établissements. L'artiste, qui a un studio au **14, rue Thespidos**, a laissé son empreinte sur le quartier dont il a étudié la vie nocturne au début du siècle, le milieu de la pègre, son code de l'habillement, de l'honneur et du combat, et les musiciens ambulants. Pleine de vie, l'œuvre de Savekis rappelle aux habitants et aux touristes de Plaka la vie de jadis dans ces rues étroites et conviviales, avant l'époque de l'électricité et des amplificateurs.

Costume de danseur aditionnel.

AUTOUR DE LA PLACE SYNDAGMA

Le centre d'Athènes est essentiellement constitué, avec la place Omonia, par la grande place appelée Syndagma ou de la Constitution. C'est le cœur de toutes les activités, sérieuses ou récréatives. Le centre culturel d'Athènes se trouve plus loin, autour de l'université, et les activités archéologiques se concentrent autour de l'Acropole mais la place Syndagma est le point de passage obligé pour traverser la ville. La place Syndagma est une oasis plongée dans le vacarme de la circulation où les automobilistes sont toujours très agressifs, sauf quand tous les Athéniens quittent la ville à Pâques, à Noël et les jours d'élection. C'est le seul moment où la place Syndagma est vraiment paisible.

La fontaine ronde au centre de la place est entourée d'arbres qui procurent une ombre appréciée, de bancs et de cinq terrasses de café où musiciens ambulants et acrobates font parfois un numéro. Les Athéniens s'y asseyent pour siroter un café « grec » et se livrer à leur occupation favorite : observer les étrangers qui, à leur tour, observent les Athéniens. A l'ouest de la place, un minuscule kiosque vend des billets de concerts. Le côté ouest de la place est bordé par des arrêts d'autobus et de trolleybus, des bureaux de change, la **Banque nationale** *(Ethniki)* et la **Banque générale** où l'on peut se procurer les brochures de l'Office national du tourisme et obtenir des renseignements. Il y a quatre autres terrasses de café dont la plus vieille est **Papaspirou**. La place est bordée au nord par des hôtels de luxe, notamment le Méridien, le King George aujourd'hui désaffecté, la Grande-Bretagne, et l'hôtel Astir Palace au début de la Leoforos Vassilisis Sophias (appelée aussi El. Venizelou). La place sert souvent de point de rassemblement aux diverses manifestations de protestation et aux meetings politiques, ce qui veut dire que la circulation est totalement interrompue, les autobus sont déviés et l'anarchie la plus complète règne dans les transports urbains. Le **Parlement** est un vaste édifice jaune qui occupe une terrase surélevée. Construit initialement pour servir de palais, il subit deux graves incendies et, en 1935, jugé inapte à servir de résidence royale, il fut transmis au Parlement ou *Vouli*.

Le ballet des evzones

Devant le Parlement se trouve la **tombe du Soldat inconnu**, sur laquelle les dignitaires en visite déposent une couronne ; les jours de grande fête, les officiels inondent de fleurs ses marches de marbre. Le bas-relief du soldat mourant est inspiré d'une sculpture du temple d'Aphaia, à Égine ; les boucliers de bronze sur le mur représentent les victoires remportées par les soldats grecs depuis 1821 : El-Alamein, Crète, Corée... Deux sentences sibyllines extraites de l'oraison funèbre de Périclès encadrent le

A gauche, marché aux fleurs ; à droite, evzone montant la garde.

monument : « *Un lit vide est préparé pour les humbles* » et « *Des hommes illustres ont pour tombeau la terre entière.* » Deux soldats d'élite ou evzones, littéralement soldats « à la belle ceinture », montent la garde devant le tombeau. Cette garde d'honneur est relevée toutes les heures. Le dimanche et les jours de fête, les hommes portent l'uniforme des révolutionnaires montagnards, un court jupon masculin de coton blanc comportant quatre cents plis appelé fustanelle et des bas blancs, une veste de velours brodé et des sabots rouges à pompon appelés *tsarouhi*. Ils portent une tunique ocre l'été, bleu marine l'hiver mais ils exécutent toujours leurs pas de l'oie complexe lors de la relève de la garde, accompagnés le dimanche à 11 h par la parade et l'orchestre de la troupe. Ernest Hemingway parlait des evzones, qui appartiennent en réalité à un bataillon d'élite, comme des « soldats en tutu ». Devant leurs postes de garde, les touristes donnent à manger à des nuées de pigeons, un vendeur de ballons étincelants apporte une touche de couleur à la scène tandis que les drapeaux flottent sur l'avenue Amalias en l'honneur de l'hôte du jour du Premier ministre. La place Syndagma est bordée au sud par la rue Othonos, ainsi nommée en l'honneur du premier roi de la Grèce moderne, sur laquelle s'alignent les bureaux des compagnies aériennes, les magasins de fourrure et une salle des ventes.

Création d'une ville nouvelle

C'est seulement à partir de 1834, après la guerre d'Indépendance, que ce quartier s'est développé. En effectuant des travaux de voirie à la fin des années 50, on découvrit que c'était l'emplacement d'un des cimetières antiques qui se trouvaient hors des murs de la ville. Comme le jardin des Muses d'Apollon était tout proche, cet endroit fut appelé place des Muses sur les plans d'urbanisme des années 1830. C'est ici qu'Aristote enseignait tout en

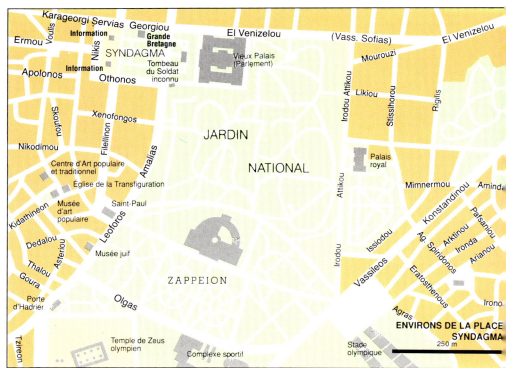

ENVIRONS DE LA PLACE SYNDAGMA

marchant avec ses étudiants, ce qui leur a valu le surnom de philosophes péripatéticiens (promeneurs).

La guerre d'Indépendance ruina la majorité des Grecs : en 1832, la **rue Ermou** était un large chemin de terre bordé de quelques cabanes. Les habitations quittées par les Turcs se vendaient pour une bouchée de pain, surtout aux rapatriés. La reconstruction d'Athènes était curieusement anarchique. On n'avait construit que cent soixante maisons et les livraisons de vitres et de bois étaient rares et espacées. La Grèce était à l'époque gouvernée par le jeune roi Othon Ier, fils de Louis Ier de Bavière. Les plans grandioses établis par celui-ci pour Munich sont à l'origine du classicisme élégant de la ville. Il annonça qu'Athènes se relèverait « à l'ombre de l'Acropole », qu'une ville neuve couvrirait les ruines de l'ancienne et que la gloire du monde classique serait restaurée. Il fallait oublier Constantinople : Athènes était la capitale du royaume de Grèce. Les prix de l'immobilier montèrent en flèche. Il aurait été plus facile de construire une ville nouvelle sur un terrain vierge que de superposer une ville nouvelle à un vieux village dévasté par la guerre mais architectes et urbanistes se mirent au travail. Kléanthis, un Grec expatrié, et son collègue Schaubert, arrivèrent de Munich. Les Athéniens, habitués aux labyrinthes pleins de recoins, protestèrent énergiquement. Les larges boulevards sont parfaits à l'étranger, dirent-ils, mais comment nous protégeront-ils du soleil ardent ? Nos petites ruelles vont ressembler à des taudis à côté de ces grandes avenues. Où trouverons-nous de l'ombre ? Où seront nos magasins ? Devant ces réactions, le régent fit appel à Klenze, un autre architecte de Munich. Son plan fut adopté en 1834, le jour où Athènes fut officiellement proclamée capitale de la Grèce. Les Athéniens, toujours diplomates, n'élevèrent aucune protestation, mais les plans furent modifiés, les parcs verdoyants disparurent, les rues qui

Le ballet des evzones.

étaient censées s'élargir devinrent plus étroites, les portiques qui semblaient élégants sur le papier devinrent des ruelles tortueuses. Les vieilles rues étroites du centre et les larges avenues s'entrecroisent toujours et les petits chemins qui abritent des centaines de minuscules échoppes empêchent totalement de contrôler la circulation.

Le palais royal

Le roi et la reine Amalia s'installèrent dans la maison Paparigopoulos, près de la **place Klafthmonos**, en attendant que le palais soit terminé. Commencés en 1840, les travaux prirent fin deux ans plus tard, et le palais royal s'éleva sur la terrasse de la place Perivolaki (« petit jardin ») que la reine Amalia avait planté d'essences. On a dit de ce bâtiment qu'il était laid, austère, et un bel exemple d'architecture néoclassique. Le roi Louis se déclara satisfait et le jugea suffisamment imposant pour impressionner le peuple. C'est du balcon du palais que fut proclamée, en 1843, la Constitution à laquelle la place Syntagma doit son nom.

L'hôtel Grande-Bretagne

Les maisons du peuple étaient petites et modestes à côté des beaux édifices publics et des résidences de la classe aisée. Un certain M. Demitriou demanda la permission de construire une demeure sous les fenêtres du palais. Des plans élégants ayant été dressés par Theofil Hansen, l'architecte qui venait de s'illustrer en Grèce, Sa Majesté acquiesça. L'emplacement lui convenait car elle avait besoin de chambres supplémentaires pour les visiteurs officiels. Ceux-ci furent si nombreux à y séjourner qu'on appela cette demeure le « petit palais ». A la mort du propriétaire, la demeure fut brièvement occupée par l'Institut français d'archéologie puis elle fut achetée par un cuisinier du roi qui était allé à Paris, était devenu chef et voulait ouvrir un hôtel. Rebaptisé la Grande-Bretagne, l'hôtel a été décrit par un

Ci-dessous et à droite, on goûte la fraîcheur et la tranquillité sous le regard protecteur d'antiques dans le jardin national.

client comme étant « *l'un des meilleurs hôtels d'Europe, pour sa situation charmante, son bâtiment imposant, ses chambres bien aérées, sa cuisine exceptionnelle et la régularité de son architecture* ». Jusqu'au début du siècle, il n'y eut pourtant qu'une seule salle de bains pour tout l'hôtel, située au sous-sol ! La Grande-Bretagne fut agrandie en 1924 puis en 1930, en respectant l'harmonie des plans initiaux. Pendant la Seconde Guerre mondiale, l'hôtel servit successivement de quartier général aux officiers grecs, allemands et britanniques. Il eut beaucoup de chance car les soldats grecs le minèrent un jour pour faire sauter les Allemands mais échouèrent. En 1944, pendant la guerre civile, les communistes jetèrent une grenade sur Winston Churchill qui s'entretenait à l'intérieur avec le gouvernement mais ils le manquèrent. La Grande-Bretagne, premier hôtel d'Europe équipé de climatisation, fut entièrement reconstruite en 1956, toujours sur les plans de Hansen.

Le jardin national

Le palais royal était presque terminé quand la reine Amalia décida de créer à proximité un jardin royal exotique de 20 ha. Le Français Barauld fut invité à en dessiner les plans. Les ouvriers tombèrent bientôt sur un site romain antique et il fut décidé de laisser les antiquités en place. Un pavement de mosaïque, des colonnes renversées (provenant de l'**enceinte d'Hadrien**) et des fragments de marbre (provenant de l'**aqueduc de Pisistrate**) apportent, aujourd'hui encore une note de romantisme au jardin. Des milliers de plantes furent apportées d'Italie et de diverses régions de Grèce en charrette. Comme à l'accoutumée, l'eau posa problème mais on découvrit sous les arbustes desséchés un aqueduc du VIe siècle sur lequel repose le système actuel d'arrosage. Le jardin est sillonné de petits canaux et ponctué d'étangs où s'ébattent des canards, des poissons rouges et des tortues. Le jardin possède un tout petit **zoo** peuplé

surtout d'oiseaux. On y verra des paons, des pigeons-paons, ainsi que quelques cerfs, des loups, des lions et des *kri-kri*, des chèvres sauvages de Crète. Ce parc, réservé à l'entourage du roi, n'était pas ouvert au public. Il devint Jardin national en 1923, mais on continue à l'appeler jardin royal. Un pavillon utilisé jadis par la cour a été transformé en **Musée botanique**. Un peu plus loin, une maison de pierre appréciée pour sa fraîcheur abrite la **Bibliothèque des enfants** qui propose des livres et des jeux en anglais, en grec et en français. Les deux bâtiments sont généralement ouverts le matin jusqu'à 14 h et fermés le lundi. Le parc est sillonné de petits sentiers ombragés qui serpentent parmi cinq cents variétés de plantes et débouchent sur des pelouses fleuries où un siège de pierre antique voisine avec des bancs de bois. Cette véritable oasis en pleine ville procure une fraîcheur appréciée et la promenade est d'autant plus salutaire que les plantes dégagent l'oxygène qui fait cruellement défaut dans cette ville souffrant de la pollution. Le parc est ouvert de l'aube au crépuscule. La **cafétéria** derrière le palais propose des glaces, des boissons et des en-cas. Elle donne sur la **rue Irodou Attikou**, une des plus chères et des plus huppées d'Athènes, où se trouve la caserne des evzones : on les voit sortir et contourner le palais au pas pour se rendre à leur poste. En face, également gardé par les evzones, se trouve le **palais présidentiel**, construit par l'architecte allemand Ziller dans le style néorenaissance, où le roi Constantin II a habité entre l'incendie du palais royal et son départ en exil en 1967.

Le Zappeion

Le parc du Zappeion s'étend entre le Jardin national et le temple de Zeus. Quand le jardin royal fut dessiné, ce n'était qu'un champ d'orge qui fut aménagé plus tard par les frères Zappas. Le Zappeion est un beau **palais des expositions** semi-circulaire, conçu par Hansen en style néoclassique dans les années 1840 et construit entre 1874 et 1878. Le palais et les larges allées sont utilisés pour les expositions de livres, de matériel de camping et de meubles. A côté du Zappeion, l'édifice en forme de pagode, aux murs jaune d'or vif et au toit de tuiles rouges, est la fameuse **cafétéria Aigli** où l'on peut se rafraîchir et se divertir. Un **cinéma en plein air** se trouve juste derrière, et quand l'orchestre du café joue trop fort, on n'entend plus les dialogues du film (tous les soirs à 20 h 30) ; il faut se rabattre sur les sous-titres en grec (les films passent souvent en anglais ou en français) pour suivre l'intrigue ! Vous en trouverez le programme dans l'*Athens News*. On pourra aussi s'asseoir au **Café Oasis**, avenue Amalias, qui est un excellent observatoire pour assister au spectacle de la rue. Le parc du Zappeion possède un grand terrain de jeux pour les enfants, accessible par la Leoforos Olgas. A l'angle des avenues Olgas et Amalias se dresse une **statue de lord Byron** accompagné d'*Ellas* (la Grèce).

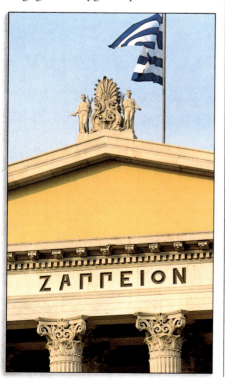

A gauche et à droite, le Zappeion était autrefois un champ d'orge.

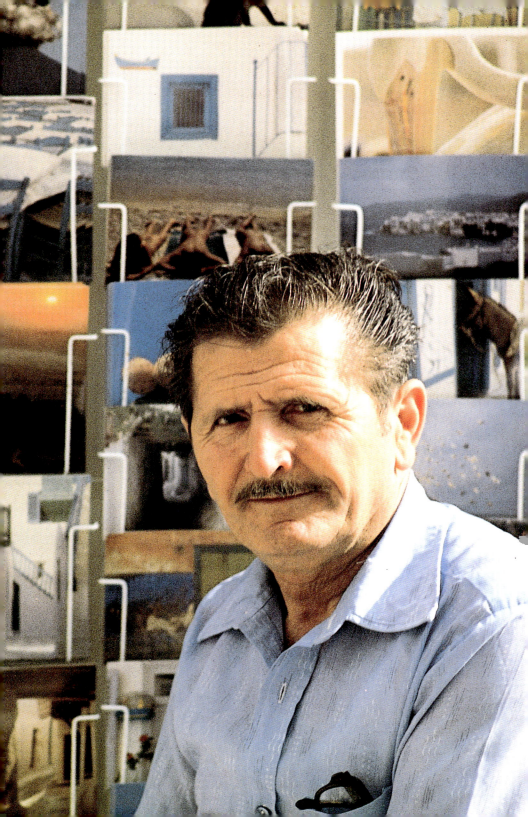

DE SYNDAGMA A MONASTIRAKI

La plupart des magasins d'Athènes se trouvent dans les rues situées à l'ouest de la **place Syndagma**. Chacune d'elles possède une atmosphère qui lui est propre. La répartition des commerces, très particulière, est un vestige de l'époque des anciennes corporations : des rues entières ne vendent que des casseroles, des robes de mariée ou encore des articles religieux. Si cette spécialisation n'est pas toujours aussi commode que la diversité des commerces dans un même quartier, en revanche elle permet une excellente comparaison des articles. Les magasins de la **rue Karageorgi Servias** (prolongée par la **rue Perikleous**) sont luxueux du côté de la place Syndagma et deviennent de plus en plus typiques à mesure qu'ils s'en éloignent. On y trouve bijoux de fantaisie, bonneterie, mercerie, passementerie et dentelles. La rue adjacente, **Leka**, est le fief des orfèvres de Ioannina. Pour se restaurer, on fera une pause chez **Ariston**, au 10, rue Voulis, dont les *tiropita* (feuilletés au fromage) sont appréciés depuis 1910. Dans la **rue Ermou**, on trouvera côté Syndagma d'élégants magasins de vêtements pour dames, de tissus importés et de chaussures de qualité. Vers la petite église de Kapnikarea, les prix baissent mais la qualité aussi. Les magasins vendent également des robes de mariée et des vêtements pour enfants. **Diamantis** est un grand magasin d'articles de maison.

L'église Kapnikarea

Datant du XIe siècle, l'église est noyée dans la circulation de la rue Ermou, qui se divise en deux pour la contourner. Cet édifice, sauvé de la démolition par Louis Ier de Bavière, porte un nom énigmatique : le fondateur s'appelait-il Kapnikarias ou était-il « percepteur des impôts du foyer » ? Dans une lettre de 1703, une Athénienne mentionne le moine Kapinakas qui a peut-être donné son nom à l'église. Elle a été restaurée par l'université à laquelle elle appartient et qui y célèbre ses offices religieux. Elle présente un plan cruciforme auquel a été ajoutée une petite **chapelle** dédiée à **sainte Barbara**. C'est l'église byzantine la mieux conservée de la ville.

Une architecture religieuse variée

La **rue Mitropoleos** est celle des magasins de tissus, tapis et souvenirs qui voisinent avec les échoppes de *souvlaki* installées de longue date, puis, à partir de la cathédrale, c'est le domaine des fourreurs. La minuscule **église** d'époque turque dédiée à la **Force Divine**, ou **Haghia Dynamis**, qui appartenait au monastère de Pendelis, est entourée des pilotis de l'immeuble moderne du **ministère de l'Éducation nationale**, rue Mitropoleos, à la hauteur de la rue Voulis. C'est dans ce petit bijou architectural que le fabricant de munitions Mastropavlis confectionnait des cartouches pour les

Pages précédentes : la Grèce en cartes postales. A gauche, forgeron dans labyrinthe de Psiri. Ci-dessous, jeunes vendeurs du marché.

rebelles grecs. Une certaine Kyria Manolaina Biliari faisait sortir les balles clandestinement dans des sacs à linge. Les peintures intérieures sont modernes.

Un peu plus à l'ouest se dresse la masse de la **Métropole**, la cathédrale d'Athènes. En matière d'architecture religieuse athénienne, grand n'a jamais été synonyme de beau depuis le Parthénon... La minuscule Haghia Dynamis, à la mesure de l'homme, est une très belle église, mais la vaste cathédrale, œuvre de quatre architectes successifs (dont les travaux n'ont pas été très heureux), est faite de matériaux récupérés dans rien moins que soixante-dix églises plus anciennes. Les enfants font de la planche à roulettes sur les rampes qui montent vers ses portes tendues de velours et les manifestants de droite utilisent la place dallée de marbre à des fins politiques. Theofil Hansen, l'architecte de l'université, a dressé les plans originaux de la « cathédrale du roi Othon » qui devait être élevée à l'emplacement de l'actuelle église Saint-Denis, mais cet édifice grandiose – belle synthèse de gothique, roman, byzantin et Renaissance – ne vit jamais le jour. L'emplacement actuel fut préféré à l'**avenue Panepistimiou**. Hansen parti, un autre architecte établit des plans et la première pierre fut posée le jour de Noël 1842. Les travaux furent interrompus au printemps suivant, faute d'argent et à cause d'un désaccord entre les officiels. L'édifice que l'on voit aujourd'hui, consacré en mai 1862, est le résultat d'un concours d'architectes destiné à lui donner une allure plus byzantine. On l'appelle communément cathédrale, mais il est en fait dédié à l'Annonciation. La **petite Métropole** est un minuscule édifice écrasé par sa gigantesque voisine ; il est dédié à la Panaghia Gorgoepikoos (la « Très Sainte Vierge prompte à exaucer ») ainsi qu'à Haghios Eleftherios (saint Éleuthère le Libérateur). Ce sanctuaire intéressant est l'œuvre d'un architecte athénien anonyme du XIIe siècle qui a dû assister à des services religieux dans l'église aménagée à l'intérieur du Parthénon. On ne sait si elle était à l'origine dédiée aux femmes en couches ou si elle était la chapelle privée de l'archevêque d'Athènes. Entièrement en marbre du Pentélique, elle s'orne à l'extérieur de reliefs d'animaux héraldiques inspirés de l'art perse sassanide. La frise, qui provient des ruines du temple hellénistique voisin de Serapis et Isis, représente le calendrier liturgique de l'année attique où chaque mois est figuré par un signe du zodiaque accompagné des fêtes correspondant à ce mois. Le **bureau de poste** voisin de la cathédrale offre de très bons services et le personnel y est particulièrement aimable.

Pour se reposer après une séance de shopping, il suffit de se rendre au **Centre de tradition hellénique**, véritable oasis de paix et de fraîcheur. On y accède par le passage reliant le 36, rue Pandrossou et le 59, rue Mitropoleos. Au café du premier étage, la **Belle Grèce**, on dégustera un café grec en contemplant le profil du

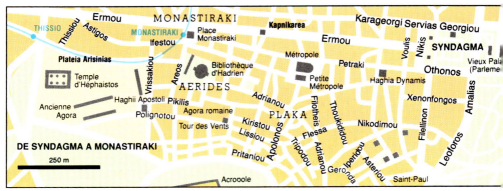

Parthénon. Le Centre propose d'excellentes copies de textiles, sculptures, objets de bois et bijoux traditionnels. Contrairement à leurs collègues des rues voisines, les vendeurs sont très discrets. Les amateurs d'icônes éviteront Monastiraki. Dans le dédale de rues au sud de la cathédrale, on trouvera vêtements et objets liturgiques, icônes, croix pectorales, offrandes votives, candélabres, etc. Dans la rue Haghia Filotheis s'élèvent le **palais de l'archevêque** et l'**église Saint-André**. Les rues Apolonos et Navarchou Nikodimou sont bordées de peintres d'icônes que l'on peut voir au travail, penchés sur leur chevalet.

Le quartier d'Aerides

Au-dessus de la place Monastiraki se trouve le pittoresque quartier d'Aerides qui doit son nom à la **Tour des Vents**, située à l'extrémité de la **rue Eolou** (ou Aiolou). La Tour des Vents est également appelée *Horologio* (horloge) d'Andronicos Kyrrhestès, le Syrien qui l'offrit au Ier siècle av. J.-C. aux marchands athéniens. Cet édifice octogonal de marbre de 12 m de haut et 8 m de diamètre, posé sur un soubassement à trois degrés, était une horloge hydraulique, alimentée probablement par la source Clepsydre, sur l'Acropole. Chaque face est orientée vers un des points de l'horizon et s'orne d'une figure sculptée symbolisant le vent correspondant et d'un cadran solaire au sommet.

Cet édifice complexe possédait un mécanisme permettant de régler l'écoulement de l'eau dans la tour, indiquant ainsi les heures. Une petite tour ronde adossée à la face est servait de réservoir. Le toit pyramidal était couronné d'une girouette figurant un triton. A l'époque turque, ce curieux petit bâtiment servit de salle de danse à une secte de derviches tourneurs qui le considérait comme le tombeau de deux prophètes locaux, Socrate et Platon. On peut d'ailleurs voir sur des tableaux anciens les cérémonies qui s'y déroulaient.

Détail de la Tour des Vents.

Sur la face nord est figuré Borée, le dieu du Vent du nord, soufflant dans une conque ; au nord-est, le vieux Kaikias maussade vide son bouclier rempli de grêlons (ou de pommes de pin) ; à l'est, le jeune Apeliotes étale une moisson de fruits et de fleurs ; au sud-est, Euros annonce la bourrasque ; Notos, le vent du sud, vide une urne sur le monde ; au sud-est, Lips tient à la main un ornement de poupe de navire et le vent d'ouest, Zéphyr, lance des fleurs dans l'air ; au nord-ouest, Skiron s'emploie à assécher les eaux laissées par le vent du sud. En fait, le vent du sud apporte souvent à Athènes le sable et la sécheresse de l'Afrique et non la pluie, mais peut-être en était-il autrement jadis. A l'angle de la **place Agoras**, un magasin vend des icônes de tous les saints, avec ou sans revêtement métallique, avec ou sans lampe votive, électrique ou à l'huile. Le quartier d'Aerides est surplombé par l'**église des Archanges** (Tachiarchi) et les vieilles maisons de Plaka qui sont superbes.

Sur les traces des Romains

Les **ruines romaines** d'Athènes s'étendent entre la Tour des Vents et la place Monastiraki. L'**Agora romaine**, proche de la rue Areos, était un vaste marché rectangulaire dont la cour intérieure, dallée de marbre, était entourée d'une double galerie. L'été, on l'utilise parfois pour des concerts ou des représentations théâtrales en ajoutant des sièges et une scène. Sur l'architrave de la porte monumentale est inscrite une dédicace à Athéna Archegetis (« qui gouverne ») indiquant qu'elle a été financée par Jules César et Auguste. Elle a probablement été construite entre 17 av. J.-C. et l'an 2 de notre ère. Sur le jambage nord de la porte, un édit d'Hadrien réglemente les taxes sur la vente des huiles. Le mur était bordé à l'intérieur de rangées de boutiques, dont certaines ont été fouillées, et des inscriptions donnant les noms des commerçants ont été trouvées sur le sol et les colonnes.

L'Agora romaine.

Au sud de l'Agora se trouve la grande **mosquée Fethiye** (de la Victoire), sans minaret, construite au XVIe siècle pour commémorer l'entrée de Mehmet le Conquérant à Athènes. On l'appela aussi Djami Tou Staropazarou ou « mosquée du marché au blé » en raison de la proximité de ce dernier. A l'angle de la rue Eolou, on verra les vestiges de la **Medrese**, ou ancienne école de théologie coranique, construite en 1721. La **rue Adrianou**, une des principales artères du quartier, serpente parmi les vestiges antiques. Elle est bordée de magasins d'objets de cuivre faits main et de marchands de vannerie qui vendent des chaises comme des porte-plume. La petite **rue Areos** relie la place Monastiraki et la **colonnade de la bibliothèque d'Hadrien** à la rue Adrianou, au sud du site. La colonnade formée par sept colonnes corinthiennes en marbre de 8,60 m de haut est bien conservée. Une petite église byzantine s'y adossant jadis, il y subsiste quelques traces de fresques. La **bibliothèque** était un vaste quadrilatère (122 x 82 m) entouré d'un péristyle à cent colonnes décrit avec admiration par Pausanias. Le centre de la cour était occupé par un bassin et un jardin. Trois côtés de ce vaste édifice sont conservés. Dans le mur est, il y avait cinq salles : une salle centrale flanquée de quatre petites abritant les livres conservés sur des étagères disposées dans de grandes niches. En 410, le gouverneur Héraclius fit construire au bout du bassin ce qui était probablement une salle de conférences – il en reste un mur de 3 mètres. Elle fut transformée en église de la Vierge à l'époque byzantine.

La place Monastiraki

C'est une petite place circulaire où débouchent sept rues commerçantes très animées. Son nom provient de « petit monastère » de la Pantanassa ou **église de la Dormition de la Vierge**, le suffixe *aki* étant la forme du diminutif. Pour les Athéniens et les touristes, Monastiraki est l'agora

Chaton sortant de sa cachette.

apparemment éternelle de la ville, le marché au puces, le souk, le bazar. Le centre commercial de la capitale s'est toujours trouvé ici et, malgré les programmes de rénovation et d'embellissement lancés par la municipalité, le quartier résista à toutes les tentatives de modernisation. Il est prévu de paver la place et d'y planter des arbres pour réduire la circulation ; voilà un vœu pieux, car rien ne pourra jamais effacer les racines orientales de Monastiraki. Au Moyen Age, la place était occupée par le couvent de la Panaghia du Grand Monastère, édifié au Xe siècle sur des fondations plus anciennes. Le couvent fabriquait un drap grossier particulier, s'occupait des indigents et exploitait ses oliveraies situées hors de la ville. Il perdit peu à peu ses privilèges après l'indépendance et l'église tomba en ruine. Le couvent a été amputé pour permettre d'effectuer des fouilles archéologiques et de construire le métro. En 1907, la basilique à la curieuse coupole elliptique a été modernisée et revêtue de crépi de couleurs vives et la place a été asphaltée. Tisserands et religieuses ont disparu depuis longtemps. La place porta autrefois le nom d'Hadrien (à cause de la bibliothèque) puis celui de « fontaine d'en bas » quand c'était un bazar turc et, à l'âge de la diligence, elle est devenue la « place des voitures » parce que c'est de là que l'on partait pour le Pirée. **Monastirion** est la station de métro la plus fréquentée par les touristes. Carrefour des rues Mitropoleos, Ermou, Athinas, Miaouli, Ifestou, Areos et Pandrossou, la place Monastiraki est aujourd'hui très animée par la circulation, les vendeurs de noix de coco, de fruits frais et secs, les acrobates, mimes et chanteurs ambulants ou occasionnels. Un calicot indique à tort « Entrée du marché aux puces ». On y trouve pêle-mêle des herbes, des icônes, toutes sortes d'objets en rapport avec les sciences occultes... au milieu d'un grand nuage de poussière, d'un vacarme et d'une agitation quasi permanents. A un angle se dresse l'unique vestige complet de l'occupation turque, la Djami Tou Pazarou ou **mosquée du marché**, construite en 1759 par un Athénien musulman, Tzisterakis, qui se rendit impopulaire auprès des Grecs en pulvérisant une colonne du temple de Zeus Olympien pour faire du lait de chaux. L'édifice possède une coupole et une loggia à colonnes mais n'a pas de minaret. Il a servi successivement de prison, de caserne, d'entrepôt, de salle de musique pour un orchestre militaire et de musée des Arts décoratifs. Ses collections (céramiques byzantines, tissus coptes, broderies, etc.) sont provisoirement abritées au musée d'Art populaire de Plaka, car la mosquée, qui a souffert du tremblement de terre de 1981, est toujours en cours de restauration. Les touristes adorent se frayer un chemin sur les trottoirs des rues **Pandrossou**, **Ifestou** et **Adrianou**, des rues transversales et dans les petits passages. Les passants sont invités à entrer dans les magasins pour y admirer des marchandises « authentiquement » grecques, même si beaucoup d'étiquettes indiquent

Boutique quelque peu obsolète.

Made in Hong Kong... De nombreux articles sont en réalité de fabrication grecque. **L'église des Saints-Apôtres**, Haghii Apostoli, se trouve au pied de l'Acropole, à l'ouest de la Tour des Vents, en bordure de l'Agora antique. Construite entre 1000 et 1025 sur un nymphée du IIe siècle de notre ère, l'église avait initialement quatre niches et un narthex. C'est la plus ancienne des grandes églises d'Athènes.

Le bazar de Monastiraki

A l'ouest de la place Monastiraki, les magasins de la rue Ermou n'ont plus l'élégance qu'ils avaient près de Syndagma et l'on n'y trouve que clôtures en fil de fer, quincaillerie, mobilier de bureau et ferronnerie. Les seuls vestiges du véritable bazar se trouvent dans les quelques rues qui séparent la rue Ermou de l'ancienne Agora, actuellement éventrée pour des réparations. Un vieux restaurant de la **rue Normanou** sert le midi des plats rustiques traditionnels, fortement aillés. Un magasin de la rue Areos, qui arbore une enseigne promettant « Expédition dans tous les pays », vend les objets les plus hétéroclites : lanternes de bateau, kilims, casques britanniques, machines à écrire préhistoriques mais en bon état de fonctionnement, têtes de poupée en porcelaine, fers à cheval, tableaux naïfs, mortiers et pilons, lingerie du XIXe siècle... Enfoncez-vous dans le marché, dans la **rue Ifestou**, très encombrée et toujours bordée de calicots aux couleurs vives, de meubles, d'articles de cuivre, de cassettes et de souvenirs touristiques. Poupées en costume grec, fourrures, marbres, onyx et albâtre, ferronnerie, etc. N'oubliez pas de comparer les prix et de marchander. Comparez la qualité et les prix dans plusieurs magasins et méfiez-vous des beaux vêtements de coton aux coutures peu solides. Pour les articles ne portant aucune étiquette d'instructions de lavage, demandez s'ils rétrécissent au lavage et n'hésitez

Décor urbain.

pas à prendre une taille supérieure. Certaines céramiques ne supportent ni le lave-vaisselle ni les détergents. La prudence est de rigueur, même si les vendeurs répondent en général honnêtement aux clients. Certains magasins sont absolument ahurissants comme la librairie de la famille Nasiotis, située au 24 de la rue Ifestou, en sous-sol dans un minuscule passage. On y trouve deux cent mille volumes et publications qui séduiront tout le monde. Les domaines couverts sont des plus variés : romans, catalogues d'université, documents politiques, *rembetika* (musique grecque). De 1927 à 1949, Monsieur Nasiotis père vendait des livres dans une voiture à bras. Il s'installa plus tard dans un local plus solide, comme la plupart des commerçants âgés de Monastiraki, bien que certains parcourent toujours les trottoirs, poussant leur charrette à bras peinte en vert pistache. Les personnages pittoresques accroupis sur les trottoirs et vendant bijoux ou tableaux sont en général des touristes.

La place Avissinas

Le centre du véritable **marché aux puces** est la place Avissinas (d'Abyssinie) sur laquelle, tous les matins, les brocanteurs déballent bruyamment leurs cargaisons de meubles et d'articles dépareillés et vendent activement leur *palaiodzidika* (vieilles affaires). Les magasins permanents qui bordent cette petite place vendent de la ferraille, des meubles et même des poêles ventrus. Ils ont survécu à tous les efforts de rénovation de la place. Malgré les incendies et les tremblements de terre, ils sont réapparus comme des champignons. C'était autrefois l'endroit idéal pour l'amateur d'antiquités, mais il est devenu difficile d'y faire des affaires. Peut-être est-il préférable d'aller dans une salle des ventes (celle de la rue Ermou, par exemple). Le dimanche, la plupart des magasins sont fermés et de la gare à la place, les rues sont pleines de charrettes proposant toutes sortes de marchandises, neuves et d'occa-

Ci-dessou et à droite, trésors d'antiquité

sion, à des prix raisonnables ou exorbitants. C'est le moment ou jamais de marchander. Les magasins de la **rue Pandrossou**, en bordure du bazar de l'époque turque, sont devenus un peu plus élégants. On y trouve des bijoux de qualité (de plus le prix de l'or est intéressant) et divers articles d'artisanat : tapis tissés, tapis *flokati*, sacs à main, céramiques et cuirs, babouches de cuir rouge, broderies et écharpes multicolores, objets ciselés en cuivre et en argent.

Au croisement des **rues Pandrossou** et **Kirikiou**, sur une volée de marches, sont étalés des lainages colorés faits main, qui proviennent de Metsovo, un village de montagne. A l'angle opposé se trouve un des antiquaires les plus vieux et les plus respectés du quartier.

La rue d'Hadrien **(Adrianou)** relie l'**arc d'Hadrien**, dans la Leoforas Amalias, à Thissio en contournant la bibliothèque d'Hadrien. Prenez-la au-delà de Monastiraki, longez le **portique d'Attale** et les **fouilles de l'Agora**. Le premier pâté de maisons est le secteur des magasins de chaussures pour dames, de diverses qualités et à des prix très raisonnables.

L'**église Saint-Philippe**, datée du XIe siècle et restaurée en 1806 après avoir souffert de la guerre d'Indépendance. Elle occupe l'emplacement où, d'après la légende, l'apôtre Philippe aurait vécu et prêché. La petite place est occupée par des marchands de vêtements d'occasion, un marchand de journaux qui vend *Athens News*, le magazine de langue anglaise, et un bon restaurant. L'entrée de l'Agora est souvent obstruée par le vendeur ambulant de *tselepi*, boisson chaude et crémeuse, légèrement épicée avec du gingembre et présentée dans de grands samovars en cuivre. Quand un policier lui demande de circuler, les gens du coin protestent : « *Laissez-le tranquille, il ne fait de mal à personne !* » Le policier finit par s'en aller tranquillement en haussant les épaules, arguant : « *Ti na kanoume ?* », « On n'y peut rien », une petite phrase qui revient souvent. Un peu plus loin

dans la rue Adrianou, une *ouzerie* permet de se rafraîchir à l'ombre des pins, en face du nouveau chantier de fouilles de la **Stoa** qui a donné son nom au stoïcisme.

Psiri

De l'autre côté de la rue Ermou, à l'ouest de la rue Athinas, c'est Psiri, véritable labyrinthe assez sale qui était dans l'Antiquité le quartier des forgerons et des potiers. Les forgerons n'ont pas totalement disparu mais on y vend surtout du cuir et du plastique : chaussures, sacs à mains, boucles et accessoires. La famille Makris chez qui Lord Byron logea en 1809, lors de son premier séjour à Athènes, habitait le **11, rue Haghia Theklas**. Teresa, la jeune fille de la maison, fut l'héroïne de *Maid of Athens*.

Il est étonnant qu'après la guerre d'Indépendance, peu de places et de rues aient reçu le nom de révolutionnaires. La **place Psiri**, officiellement place des Héros (Iroon), se modernise : à côté de la ferronnerie récupérée et du méchant plastique, ont surgi une « boutique de viande » et une croissanterie, fort belles mais qui jurent un peu. A l'époque de la pègre *(manges)* le quartier était interdit à la police et, jusqu'en 1910, c'était la place des célibataires. Au bout de la rue Ermou, en bordure de Psiri, l'**église Haghion Assomaton** (« des archanges incorporels ») occupe un petit carrefour.

Pour aller à la **Synagogue**, tournez le dos à l'Acropole, prenez à gauche la rue Haghion Assomaton, puis tournez à gauche dans la rue Melidoni, havre de paix à la lisière du verdoyant **Céramique**, le très beau cimetière antique. Les monuments funéraires (sphinx, taureau caracolant, scènes d'adieux) ont été élevés par les riches familles d'Athènes aux Ve et IVe siècles av. J.-C. La Synagogue est un charmant édifice à gauche du cimetière. Au nord-ouest du Keramilos, sur la route Pireos, la **place Eleftherias** est le terminus des autobus pour Daphni et Éleusis.

Masques d'une comédie moderne.

LE CINÉMA DU SAMEDI SOIR

Pour bien des touristes, un des grands plaisirs du séjour à Athènes est d'aller au cinéma en plein air. L'atmosphère familiale est très détendue. Les Athéniens s'asseyent sur des chaises pliantes bancales et commandent des boissons, des biscuits salés et des frites. Certains établissements, comme l'Amarylis, à Haghia Paraskevi, sont des *ouzerie* doublées d'un cinéma et l'on s'installe à une petite table pour grignoter des *mezedes* et siroter un *ouzo*. Les spectateurs étrangers ont de la chance puisque les films sont présentés uniquement en version originale. Le son étant baissé aux séances tardives pour ne pas déranger les riverains, les étrangers qui ne parlent pas grec doivent lire les paroles sur les lèvres des acteurs. L'été, il ne sort pas de nouveaux films mais on joue les grands succès de la saison précédente. Paris excepté, aucune ville d'Europe n'offre la possibilité de voir tant de rétrospectives de grands metteurs en scène. Il y a dix ans, les films américains étaient souvent projetés en Grèce un an après leur sortie aux États-Unis et les productions européennes sortaient avec plusieurs mois de retard mais, aujourd'hui, Athènes est une des premières villes d'Europe à recevoir les films étrangers, souvent des mois avant Londres. Au cours des dernières années, cette forme de loisir a perdu de sa popularité et les propriétaires des salles et des cinémas de plein air traversent une crise. En 1968, année record, le nombre des entrées s'élevait à cent trente-huit millions ; vingt ans plus tard, il était tombé à moins de dix-sept millions. La télévision et le magnétoscope y sont, bien sûr, pour quelque chose. Des propriétaires de cinéma ont déjà mis la clé sous la porte, et d'autres vont en faire autant. Il n'y a pas si longtemps, il y avait environ deux cents salles à Athènes, aujourd'hui il n'en reste qu'une centaine.

Le Dernier Empereur et *L'Insoutenable Légèreté de l'être*, deux longs films assez intellectuels, ont remporté un grand succès à Athènes alors qu'il y a quelques années les distributeurs n'auraient pas pris le risque de les programmer dans une ville qui adore les comédies romantiques et l'aventure. Le cinéma américain et britannique indépendant, qui n'avait jamais réussi à s'implanter en Grèce, attire aujourd'hui un large public et occupe longtemps l'affiche.

Pandelis Mitropoulos, directeur de la société de distribution Prooptiki, déclarait : « *Nous avons aujourd'hui entre quarante-cinq et cinquante mille places de cinéma dans l'agglomération athénienne. Très bientôt, nous n'en aurons plus que quinze mille dans vingt-cinq salles, dont cinq à huit seront des cinémas de luxe.* » D'autres propriétaires et exploitants de cinémas ont compris que la seule façon de se maintenir est de rénover le mobilier des salles et d'y installer le système *Dolby stereo*.

Les films Spentzos ont investi trois cent cinquante mille dollars dans la rénovation totale du cinéma historique *Idéal*, situé près de la place Omonia. La nouvelle salle, dotée d'un écran géant, du système Dolby Stéréo et de sièges somptueux importés de France, attire dorénavant beaucoup plus de spectateurs. D'autres cinémas rénovés dans le centre d'Athènes réalisent un chiffre d'affaires égal à celui des années précédentes et quelques-uns l'ont doublé ou quintuplé, alors que les salles non rénovées ont subi une baisse d'au moins 40 %.

DE SYNDAGMA A OMONIA

Entre les places Syndagma (de la Constitution) et Omonia (de la Concorde), s'étend l'Athènes européenne, par opposition à Plaka, plus typiquement grecque, et à Monastiraki, où l'ambiance est orientale. Le centre de la capitale, entre Syndagma et Omonia, a été conçu par les architectes venus dans le sillage des souverains bavarois. Imprégnés de classicisme, E. Schaubert et ses collaborateurs saisirent l'occasion de mettre en application, dans leur ville d'origine, des thèmes grecs revus et corrigés à la mode germanique.

L'Acropole, qui avait été le cœur de l'Athènes classique, devait être reliée au nouveau palais de la place Omonia par une grande avenue – l'actuelle **rue Athinas** – et un autre boulevard devait relier Omonia au stade olympique, le tout généreusement parsemé d'espaces verts et de places. Les autorités se trouvant en désaccord avec les architectes, le plan fut modifié et il fut décidé que le palais serait construit à Syndagma. Il ne resta alors plus d'argent à consacrer à Omonia. Le Zappeion et les places Syndagma et Omonia délimitent un secteur dont les larges avenues, qui rappellent les boulevards de Paris, ont succédé aux ruelles sinueuses dans lesquelles circulaient les ânes. La rue Stadiou n'est jamais arrivée jusqu'au stade et s'arrête à Syndagma.

Les noms des rues entre Syndagma et Omonia sont déroutants quand on consulte les panneaux. La Leoforos **Eleftheriou Venizelou** est appelée ici **Panepistimiou** ou **rue de l'Université**. **Stadiou** est en réalité la **rue Churchill**, bien que personne ne l'appelle ainsi, et si vous demandez la **rue Roosevelt**, personne ne réagira car les Athéniens l'appellent **Akadimias**.

En 1834, la population d'Athènes s'élevait à cinq mille âmes. Elle est montée en flèche et dépasse aujourd'hui trois millions d'habitants, qui possèdent un million de voitures et plus de soixante-dix mille motos. Pour limiter le bruit dans le centre de la ville, de nombreuses rues ont été transformées en zones piétonnières. Le croisement des rues pavées **Voukourestiou** et **Valaoritou** est devenu un des quartiers commerçants les plus chics de la ville. La première est la rue des bijoutiers, la seconde celle de l'habillement. Entre les rues Kriezotou et Amerikis, sur l'avenue Panepistimiou, se trouvent les deux plus grands joailliers de Grèce, **Lalaounis** et **Zolotas**. Le passage abrite au numéro **10, Apotsos**, la meilleure *ouzerie* d'Athènes.

Au sud de la rue Voukourestiou, les piétons sont remplacés par des limousines noires bien astiquées, à louer avec chauffeur. Dans le même pâté de maisons se trouve **Aristokraton**, la célèbre confiserie connue pour ses délicieuses truffes au chocolat. En face, près des théâtres et du cinéma Pallas, le **magasin de café du Brésil** qui date de 1932 est à l'entrée du passage

L'une des soixante-dix mille motos athéniennes entourée de ses admirateurs ; ci-dessous, baptême.

abritant le bureau de poste central (où l'on peut déposer les paquets) et le bureau du Festival d'Athènes, où l'on peut acheter les billets à l'avance. La **rue Amerikis** possède quatre théâtres, le seul club de *rembetika* du centre d'Athènes, le Y.W.C.A. (Union chrétienne de jeunes filles), la salle de concert de l'Athenaeum et deux librairies anglaises.

Les trois temples du savoir

Les rues Stadiou, Akadimias et Panepistimiou sont bordées de bâtiments ornés de colonnes et de corniches de plâtre, et dont les plus originaux sont les trois « temples du savoir » de l'avenue Panepistimiou. Ces spectaculaires monuments à l'érudition ont été conçus par les frères Hansen au cours des décennies qui ont suivi l'indépendance. Hans Christian Hansen, l'aîné, passa dix-sept années en Grèce à peindre des antiquités et à travailler avec les urbanistes de la nouvelle ville. Il est l'auteur de l'**Université** avec sa gracieuse fontaine et son escalier circulaire. Derrière la rangée de colonnes du porche, des fresques colorées, souvent illuminées le soir, représentent des thèmes classiques. En haut des escaliers, un amphithéâtre éblouissant possède un superbe plafond peint et une frise de portraits derrière une porte vitrée de cristal. L'enceinte de l'université est pour les étudiants un sanctuaire inviolable : la police n'ayant pas le droit d'intervenir sur le terrain de l'université, l'entrée est habituellement obstruée par des jeunes manifestants, des grévistes de la faim et des camelots vendant des bijoux. L'arrière des bâtiments est couvert d'affiches politiques et de graffiti plus ou moins artistiques.

Les motifs décoratifs de l'université sont repris à l'intérieur des autres bâtiments : Theofil Hansen, le frère cadet, est l'auteur de l'**Académie**, réplique en marbre du Parlement de Vienne, flanquée de deux ailes décorées de frises multicolores et précédée de deux hautes colonnes portant les sta-

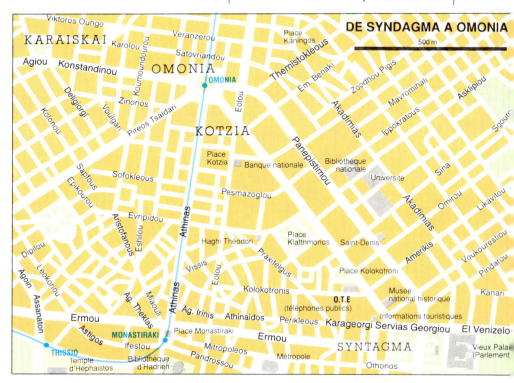

tues d'Apollon et d'Athéna. Socrate et Platon assis devant l'édifice se portent garants de son autorité intellectuelle. La **Bibliothèque nationale**, conçue par Theofil Hansen, simple et majestueuse avec ses colonnes doriques, abrite des livres dans toutes les langues. On regrette en entrant de ne pas avoir apporté sa plume d'oie et son encrier d'argent pour prendre des notes parmi les boiseries de chêne et les piliers poussiéreux. On pourra admirer quelques pièces, comme les recueils des quatre évangiles enluminés (Trétra Évangiles) du Xe et du XIe siècle.

L'édifice gris et rouge à l'angle est de l'avenue Panepistimiou est l'**hôpital ophtalmologique** construit en 1845 par H.C. Hansen. Plus loin, vers Syndagma, surgit l'imposante **église** catholique romaine entourée d'une clôture métallique dédiée à **saint Denis l'Aréopagite**, ou Haghios Dionysos Aéropagitos, le saint patron d'Athènes. Les trois « temples du savoir » donnent à l'arrière sur la rue Akadimias dans laquelle se trouve le terminus très encombré des autobus urbains, bruyant et pollué de vapeurs d'essence. De l'autre côté de la rue Akadimias se trouve le **Centre culturel de la municipalité d'Athènes**, initialement hôpital municipal. Sa taille donne une idée des prévisions des besoins de la population urbaine en 1840 ! Le Centre organise des cours gratuits dispensés dans divers centres aux quatre coins de la ville : artisanat, informatique, échecs, psychologie et gymnastique. Il propose également des conférences, des soirées théâtrales, des concours de photographie et de poésie, des projections de films et des séminaires.

Au sous-sol, dans le minuscule et charmant **musée du Théâtre**, sont reproduites les loges utilisées par les grands acteurs de Grèce dans leur rôle le plus célèbre. Le musée possède une collection d'affiches et une bibliothèque pour les chercheurs.

La municipalité ayant décidé de transformer ce secteur en zone culturelle, le **bâtiment Palamas**, qui ne

Académie, un des trois « temples du savoir ».

passe pas inaperçu, grâce à sa couleur rose vif, est utilisé pour des expositions et des conférences. Entre l'université et la rue Stadiou, c'est la rue Korai, une nouvelle zone piétonnière ornée de bancs et de plantes, qui accueille de temps à autre des expositions de sculpture.

Passé et présent : les musées et les places

Au sud, sur la rue Stadiou, la **place Klafthmonos** est un petit parc verdoyant et ombragé où l'on trouvera des bancs, un restaurant et un café. Elle s'appelle officiellement **place du 25-Mars** parce que la Grèce y a célébré sa première fête de l'indépendance en 1821. Depuis 1879, elle est surnommée **place des Pleurs-et-des Lamentations** à cause d'un café fréquenté par les fonctionnaires au chômage qui se lamentaient bruyamment sur leur sort quand ils étaient licenciés par un nouveau gouvernement. Les kiosques de la rue Stadiou vendent les cartes mensuelles d'autobus et, pendant le Festival d'Athènes l'été, on peut également y acheter des billets. En face de la place, rue Paparigopoulou, s'élèvent deux édifices remarquables dont le plus simple est le **Musée de la ville d'Athènes**. C'était la résidence du jeune roi Othon Ier et de la reine Amalia pendant la construction de leur palais. L'intérieur est toujours meublé en style Régence, la salle du trône est simple et élégante. Le trône recouvert de damas ressemble à une chaise de parloir et ce que l'on prend pour du papier peint est, en fait, du crépi peint à la main, reproduisant le décor d'origine que l'on voit toujours sur la frise en haut de l'escalier. Sur la maquette d'Athènes en 1842, en bas, on voit bien que dans la rue Panepistimiou il n'existait que l'université, deux maisons et les écuries royales. La maison voisine, plus sophistiquée, abrite des œuvres d'art de l'époque.

Les blocs antiques de pierre de taille à l'angle de la **place Klafthmonos** sont les vestiges des **remparts** (ou Longs Murs) d'origine d'Athènes construits par Thémistocle en 490 av. J.-C. Au sous-sol du 6, rue Dragatsaniou, un fragment de ce même mur est soigneusement conservé au milieu d'ateliers de réparations en tout genre.

L'**église Haghii Théodori** (des Saints-Théodore), contemporaine de la Kapnikarea, se trouve derrière la place Klafthmonos. Fondée au XIe siècle, elle fut reconstruite un siècle plus tard en pierre et en brique avec des ornements coufiques, comme en montrent les murs extérieurs.

Au 2, rue Christiou Lada, non loin de la rue Stadiou, se trouve la collection **Éleuthérios Vénizélos**, qui est consacrée à l'homme d'État qui fut Premier ministre par intermittence de 1898 à 1935. Il a vécu la révolution russe, la crise des Balkans, la Première Guerre mondiale, la guerre avec la Turquie et les échanges de population avant d'être destitué par le gouvernement de Metaxás. Un peu plus loin, c'est la salle de conférences et de concerts Parnassos et au 15 de la rue Stadiou, le bureau central de l'**O.T.E.**

Détail d'un édifice élégant.

(téléphones publics) d'où l'on peut appeler l'étranger. On passera devant l'**église Saint-Georges-Karystos** (1845) pour arriver à la **place Kolokotroni** sur laquelle une statue équestre de bronze du héros de la Révolution – « le vieil homme de Morée » – monte la garde devant le **Musée national historique**. Il est installé dans le palais de l'ancienne Chambre des députés, bâti en 1871 par l'architecte français Boulanger, et sur les marches duquel fut assassiné, en 1905, Théodore Deliyannis qui avait été trois fois Premier ministre. Il abrite aujourd'hui des costumes, des livres et des gravures illustrant l'histoire de la jeune nation grecque. La charmante terrasse du café voisin est protégée de la circulation par des arbustes. A côté de la zone culturelle officielle se trouve l'**Ilion Melathron**, ou palais d'Ilion, construit en 1878 pour l'archéologue allemand Heinrich Schliemann, ce fils de pasteur qui découvrit la ville de Troie et les trésors de Mycènes. L'architecte en fut Ernst Ziller, qui construisit également le palais présidentiel et d'autres édifices publics et privés et dirigea les fouilles du stade. La **maison de Schlie-mann** a été rénovée pour accueillir le **musée de la Numismatique**.

La place Omonia

Cette place, la plus ancienne d'Athènes, marquait autrefois la limite septentrionale de la ville, le point au-delà duquel les Athéniens ne s'aventuraient pas le soir. On l'appelait alors tout simplement la lisière nord. Son nom actuel dérive d'un serment de concorde (omonia) intervenu entre deux groupes politiques rivaux – ou plutôt des bandits – les montagnards et les hommes de la plaine, qui prirent part à de sanglants conflits dans les années qui suivirent la déposition du roi Othon Ier en 1862. Sous le règne de Georges Ier, la place, remaniée en havre de fraîcheur avec des fontaines, des palmiers et de charmants petits hôtels, où l'orchestre de l'armée jouait de la musique d'opérette parmi les

Ronde des taxis ur la place Omonia.

arbres et les becs de gaz, était le lieu de rendez-vous de la ville. Au XXe siècle, la place cessa d'être un parc de loisirs pour accueillir des cafés mal famés et, dans les années 70, elle est devenue un marché embouteillé, torride, poussiéreux, bruyant, avec des magasins modestes installés au rez-de-chaussée d'immeubles jadis élégants. Huit artères principales débouchent sur ce rond-point d'où l'on est facilement emporté dans la mauvaise direction. Aujourd'hui, la place n'a rien perdu de son caractère populaire et typiquement grec. Les anciennes fontaines ont été récemment retirées et un monument fait de plaques empilées de verre fracturé occupe la place d'honneur. Il est censé symboliser un coureur olympique. De nouveaux palmiers ont été plantés. Le **Kafeneion Bretania** propose le meilleur yogourt d'Athènes et la grande pharmacie Bakakos a pratiquement tous les médicaments disponibles en Grèce.

Dans la grande **station de métro** sous la place Omonia, les magasins de montres voisinent avec un bureau de poste et des banques. Des groupes y tiennent des discussions passionnées et interminables. Les escaliers mécaniques fonctionnent parfois... Au nord-est de la place, le grand magasin Minion occupe plusieurs bâtiments, et la **place Kaningos**, dont le nom dérive de celui de George Canning, Premier ministre britannique à l'époque de l'indépendance de la Grèce, est une importante station d'autobus et de trolleybus. On trouve de bons *souvlaki* à l'angle des rues Gladstone et Kaningos, dans une minuscule place piétonnière où l'on peut s'asseoir sur des bancs à côté d'une minuscule fontaine. Les hôtels sont nombreux tout autour de la place Omonia. La plupart sont homologués par l'Office national hellénique du tourisme et classés dans la catégorie A, B, C, ou D. Le quartier abrite plusieurs administrations et on y parle souvent politique, comme on le devine aux conversations animées, aux journaux que l'on brandit et aux foules qui font cercle. En contournant la place, on arrive à la rue **Agiou Konstandinou**. Après le **théâtre national**, un café situé dans une arcade est le rendez-vous des musiciens ambulants qui viennent y chercher du travail. On reconnaît l'endroit au son des clarinettes, violons et petits tambours, et les chanteuses en robe longue lamée or s'y retrouvent à l'aube.

D'Omonia à Monastiraki

De la place Omonia, plusieurs itinéraires vont à l'Acropole et à Monastiraki. La **rue Athinas** est le chemin le plus direct. C'est le domaine des camelots et des bijoutiers ambulants transportant leur marchandise dans des petites vitrines portatives. On arrive ensuite à l'**hôtel de ville** (Dimarchion), un édifice quelconque, pâle version de l'idéal classique. Les bâtiments jaunes et blancs de la Banque nationale qui bordent la **place Kotzia** sont, en revanche, charmants. Cette place est actuellement éventrée car on envisageait d'y construire un parking souterrain mais, en creusant, on a trouvé un cimetière antique – ce qui arrive de temps à autre à Athènes – et les travaux ont été interrompus pour permettre aux archéologues d'effectuer les fouilles.

Sur la **rue Sofokleous**, entre les deux bâtiments de la Banque nationale, se trouve la **Bourse**, qui fut fondée en 1876, et qui fonctionne de 10 h à 14 h en semaine. Trente-deux personnes seulement sont autorisées à en être membres ; agents de change et négociants encombrent la corbeille et crient tous en même temps ; le système en effet est appelé « criée libre ». La Bourse est bordée de minuscules bureaux sombres qui abritent les simples tables et les lignes téléphoniques encombrées des multimillionnaires d'Athènes.

Le marché central

Plus bas, dans la rue Athinas, se trouve le marché central (1879), un bel édifice à arcades qui abrite le marché de la viande. La section centrale abrite le marché aux poissons où l'on vend chaque jour des calmars frais et surgelés, des pieuvres, des morues et des crabes vivants, ainsi que des têtes et pieds de porc. Une minuscule *ouzerie*, située dans le marché aux poissons et surplombée par le balcon de la police du contrôle des prix, accueille vendeurs et acheteurs. Les murs extérieurs du marché sont bordés d'échoppes de charcuterie et de fromage. Le marché possède quatre entrées, une sur chaque côté. Les Athéniens « branchés » viennent à 3 h du matin à la **taverne Monastiri**, à l'intérieur du marché, pour manger la *patsas*, une excellente soupe à base de pieds, de cornes et d'abats. Le chahut y règne assez souvent ! En face, c'est le **marché aux fruits et légumes**, actuellement comprimé au milieu de la rue pendant que l'on construit – lentement et sans méthode apparente – un nouvel édifice équipé d'un parking souterrain. Les magasins situés derrière le marché aux légumes vendent des olives dans d'énormes tonneaux et de l'huile d'olive en gros, des céréales en vrac et des légumes secs. Les amateurs de quincaillerie surtout aimeront flâner dans la rue Athinas jusqu'à la place Monastiraki. Près du marché on pourra admirer la minuscule **église Haghii Kiriaki**. Le trajet est plus agréable par la rue Eolou, parallèle à la rue Athinas du côté opposé au marché et bordée de boutiques de vêtements. La circulation y est moins intense. Juste après la rue Evripidou et le marché, c'est l'église moderne de la **Panaghia Chrysos-piliotissa**, Notre-Dame de la caverne d'or, jadis Notre-Dame du château d'or. Une ancienne église abritait une icône de la Vierge trouvée sur l'Acropole. Cette icône renvoyée sur l'Acropole étant revenue par miracle, dit-on, à l'église, il fut décidé d'élever un édifice plus digne d'elle. Le kiosque voisin de l'église vend des icônes, des médaillons et des plaques votives en plus des confiseries et cigarettes habituelles. En descendant la rue Eolou, on arrive à l'**église Haghias Irinis** qui était la cathédrale d'Athènes à l'époque du roi Othon Ier. Enfin, au bout de la rue Eolou, on trouve la Tour des Vents.

Image de tous les jours.

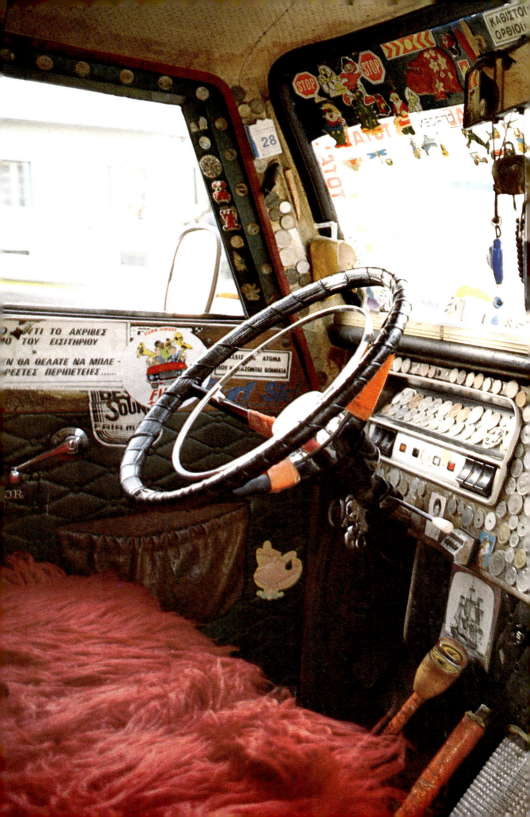

DE KOLONAKI A EXARCHIA

Pages précédentes : intérieur athénien... A gauche, enfant dans un costume traditionnel (musée Bénaki) ; ci-dessous, façade de pub.

Kolonaki est le quartier des musées raffinés et des boutiques élégantes. Le **musée des Arts des Cyclades et de la Grèce ancienne**, situé au 4, rue Neofitou Douka, l'un des plus beaux d'Athènes, est connu pour sa collection unique d'idoles cycladiques du IIIe millénaire av. J.-C., exposées au premier étage et présentant une analogie frappante avec certaines œuvres contemporaines. Picasso et Modigliani ont vivement admiré ces sobres figurines de marbre blanc, jugées autrefois barbares par les critiques. Comme elles ont été trouvées en majorité dans des tombes, on pense qu'elles servaient à guider les défunts dans le monde des esprits, ou bien que c'étaient des effigies stylisées utilisées comme substituts de sacrifices humains. A l'étage est exposée une remarquable collection de vases peints classiques aux très beaux décors : Héraklès étranglant le lion de Némée, Éos séduisant Céphale et trois joyeux fêtards qui annoncent Bruegel deux mille ans à l'avance. L'étiquetage indique que les œuvres les plus parfaites datent du Ve siècle av. J.-C., appelé à juste titre le « Siècle d'or ». Bien que les objets des siècles précédent et suivant soient nettement moins raffinés, le musée ne possède aucune pièce de qualité médiocre. Une boutique, un snack-bar et une cour paisible, avec des tables et une fontaine, complètent cet agréable musée.

Le musée Bénaki

Situé à l'angle des rues Vass. Sofias et Koumbari, ce musée devrait s'appeler le « musée du Moyen-Orient » puisque son fondateur, Emmanuel Bénaki, étant un riche négociant en coton d'Alexandrie, ses collections sont axées sur le Levant. Installé dans un hôtel particulier qui représente le type même de l'habitation aristocratique athénienne du XIXe siècle, le musée offre tout d'abord au regard des visiteurs les antiquités d'or, de bronze et de terre cuite, dont l'étiquetage est très médiocre. Les textiles coptes et ottomans sont les plus remarquables des objets égyptiens et paléochrétiens. La riche collection de poteries et de verres romains et byzantins est superbe : céramiques d'Iznik, de Canakkale et de Kütahya (c'est la meilleure collection hors de Turquie), objets syriens et égyptiens. Un salon de réception égyptien a été reconstitué avec ses faïences et sa fontaine. Le musée possède deux des plus anciens tableaux du Gréco, peintre espagnol d'origine crétoise du nom de Dhominikos Theotokopoulos, surnommé « Le Grec ». Il s'agit de *l'Adoration des Bergers* et de *Saint Luc l'Évangéliste*. Dans les ailes et le sous-sol réservés aux objets grecs, l'étiquetage est plus satisfaisant. Les broderies des rives de la mer Égée sont bien représentées, de même que les boucles, les ceintures et les bijoux. Les pièces les plus fameuses sont les objets incrustés de corail de

Saphrambolis (Safranbolu) et les objets d'or d'Asie Mineure et des îles. Au premier étage, les romantiques apprécieront des tableaux et des gravures relatives au début de l'histoire moderne de la Grèce, parmi lesquels une œuvre de Delacroix et des autographes de lord Byron. A ce niveau, on admirera également des tissus précieux, soieries de Venise et velours de Brousse, ainsi qu'une ravissante collection de céramiques chinoises.

Enfin, le musée possède un café dont la belle terrasse surplombe le Jardin national et une boutique de souvenirs. Le dimanche matin à 11 h, la terrasse du café est l'observatoire idéal pour voir les evzones qui rejoignent leur caserne en face du musée.

Vieux quartiers et urbanisme

Derrière les deux musées, la **place Kolonaki** (officiellement Platia Filikis Eterias) est fréquentée par les Grecs dépensiers et xénophiles. Dans ce quartier très sophistiqué d'Athènes, on trouve des épiceries fines vendant des produits d'importation, des boutiques de haute couture et quelques ambassades, ainsi que le **British Council** (au n° 17) qui organise chaque semaine des projections de films et possède une bonne bibliothèque. Les cafés de la rue Patriarhi Iokim figurent parmi les plus chers de la ville et dans la rue Tsakalof, réservée aux piétons, les prix des produits de luxe sont ahurissants. La *kolonaki* est une petite colonne classique qui se cache sous un arbre au sud-ouest de la place. La **place Dexameni**, au nord, est bordée d'agréables cafés voisinant avec une citerne couverte commencée par Hadrien. Avec la place ombragée devant l'énorme église de la rue Skoufa, c'est la seule place intéressante de Kolonaki. Les villas à l'angle des rues Fokilidou et Pindarou passent pour les plus chères de Grèce.

Les bureaux du groupe de réflexion Doxiades Associés, spécialiste d'urbanisme, se trouvent au 24, rue Stratigou Sindesmou. Invité à étudier une solution à la crise urbaine d'Athènes, le groupe a présenté des propositions

DE KOLONAKI A EXARCHIA

draconiennes : construction d'un nouvel aéroport à Makronissos, remaniement du port des ferry-boats à Lavrion, construction d'un pont pour les relier et de plusieurs tunnels sous le mont Imitos, stratégies qui sont toutes irréalisables et auxquelles il n'a pas été donné suite. L'aéroport de Spata, construit par intermittence depuis l'époque de la junte, est enfin presque terminé.

La colline des Loups

Au-delà de Dexameni, des rues-escaliers escaladent les pentes du **Lycabette**, la colline (des Loups) la plus élevée (277 m) et la plus populaire de la ville. La légende veut qu'Athéna, l'irritable déesse, farouche et vindicative, aurait laissé tomber le Lycabette lors de son transport du Pentélique à l'Acropole. En bordure de Kolonaki, les **écoles britannique et américaine d'archéologie** et l'excellente **bibliothèque Gennadion** se cachent dans des aménagements paysagers. De la rue Hoïda, la plus haute d'Athènes, où les constructions sont limitées à quatre étages, on jouit d'un superbe panorama sur les rues abruptes qui rappellent celles de San Francisco. La vue s'étend sur tout Athènes jusqu'à la mer. On montera au Lycabette par le **funiculaire** qui part de l'angle des rues Ploutarhou et Doras d'Istria et fonctionne toute la journée, hiver comme été. On peut également y monter à pied par un des chemins bordés d'arbustes si l'on n'a pas peur de trébucher sur les couples d'amoureux qui s'y donnent rendez-vous. Le Lycabette est couronné par la belle chapelle blanche de **Haghios Yiorgos** et quelques cafés très chers qui tirent profit de la vue magnifique sur Athènes. La ville s'offre sous son meilleur jour au crépuscule, quand les lumières commencent à s'allumer. A quelques centaines de mètres au nord-est, blotti derrière le deuxième sommet du Lycabette, le **théâtre du Lycabette** accueille les manifestations d'avant-garde pendant le Festival

Vous êtes dans le funiculaire qui vous conduit au sommet du Lycabette.

d'Athènes et des spectacles occasionnels de jazz et de danse l'été. Au pied de la colline, de l'autre côté, le club de jazz **Half Note** s'est installé récemment dans la rue Nikiforou Ouranou après avoir accueilli des célébrités à Ilissia pendant des années. Le **parc de Pefkakia**, au pied de l'église Haghios Yiorgos, est le prolongement du Lycabette, et il est agréable de le traverser à pied pour gagner Exarhia.

Quand on quitte Kolonaki par les rues Solonos, Skoufa (prolongée par la rue Navarinou) ou Tsakalof (prolongée par la rue Didotou), plus au sud, on constate que la vie intellectuelle et artistique du quartier de l'université et de la faculté de droit se prolonge ici. Maisons d'édition et librairies (en grec surtout) y sont concentrées. Les instituts culturels de plusieurs pays sont regroupés ici : l'**Institut Goethe** au 16, rue Omirou, l'**Institut français** au 29, rue Sina, l'**Hellenic American Union** au 22, rue Massalias. Plus près du Lycabette, c'est le domaine des galeries d'art, des magasins de photo, d'instruments de musique et de disques. **Pop 11**, à l'angle des rues Tsakalof et Pindarou, est une véritable institution où l'on peut obtenir des renseignements et des billets pour de nombreux spectacles. La maison a même produit autrefois sa propre collection de disques de *rembetika*, mais ce rayon s'est vidé au profit du jazz, du blues et du rock.

Exarchia

Les bars bruyants qui ont disparu de Plaka ont refait surface à Exarchia, un quartier qui couvre une cinquantaine de pâtés de maison au sud du **parc Areos**. La place triangulaire d'Exarchia est fréquentée par des étudiants de l'École polytechnique voisine ; aussi les rues Arahovis, Themistokleous et Kalidromiou regorgent-elles de cafés et de clubs. Les nuits y sont assez calmes et les rares incidents dus à des règlements de comptes. Même l'ivresse publique

Exarchia est le quartier estudiantin.

est rare ; les clubs veulent que les étudiants s'y fassent des amis et consomment des boissons coûteuses en quantité limitée. Les nombreuses échoppes de *souvlaki* s'adressent à des budgets d'étudiant. Exarchia est dominée au nord-est par la **colline de Strephi**, qui est, avec le parc Areos, le dernier espace vert important. Elle est aménagée d'arcades, de terrasses et de murs de style médiéval.

Au pied de Strephi, à la lisière ouest du quartier, se trouve le **Politehnion** (École polytechnique) dont les murs sont tapissés d'affiches défendant toutes les causes imaginables. Les rues environnantes regorgent de magasins récents d'informatique et d'infographie. En 1973, les mois de manifestations d'étudiants se soldèrent en novembre par des barricades et l'occupation des locaux. De nombreux citoyens se mobilisèrent pour les soutenir, introduisant clandestinement des provisions. Le régime militaire se montra alors sous son véritable jour : le 17 novembre, les chars enfonçaient les portes tandis que les tireurs d'élite faisaient feu sur la cour ; on voit encore les impacts de balles dans les colonnes et sur les marches. Le nombre des victimes est contesté mais le bruit a couru que beaucoup de morts avaient été enterrés dans l'anonymat des fosses communes. Il est incontestable que les atrocités commises ici ont contribué à la chute de la junte huit mois plus tard. La nation a exprimé sa reconnaissance envers les étudiants en baptisant des rues **Iroon Politehniou** (héros de l'École polytechnique) dans plusieurs villes grecques importantes et en organisant tous les ans, le 17 novembre, une manifestation devant l'ambassade des États-Unis.

Le Musée national d'archéologie

Situé au nord d'Exarchia, il renferme de véritables trésors mais les objets sont mal présentés, mal étiquetés et mal éclairés. Si votre temps ou votre patience est limité, esquivez la foule et contentez-vous des principaux chefs-d'œuvre. Commencez par la **salle mycénienne**, dans laquelle sont exposés le masque d'or dit d'Agamemnon et de nombreux poignards, bagues, sceaux et vases délicatement ornés. Les trésors de l'art des Cyclades qui ne se trouvent pas au musée de Kolonaki, notamment le célèbre joueur de lyre, sont exposés dans la salle voisine consacrée à l'art cycladique. Au rez-de-chaussée, on verra surtout des sculptures qui sont particulièrement intéressantes à partir de la salle 15, dominée par un Poséidon de bronze lançant le trident. Le jockey de bronze gesticulant et réaliste de la salle 21 contraste vivement avec le calme olympien du dieu sculpté deux siècles plus tôt.

Les **fresques minoennes** du XVe siècle av. J.-C. sont exposées à l'étage où l'on a reconstitué des salles entières du site d'Akrotiri, à Santorin, avec des meubles d'époque et des murs ornés de fleurs, de singes, de lutteurs et de nobles dames. Un jour les fresques retourneront à Santorin ; mieux vaut les découvrir sans tarder.

Façade originale restaurant.

METS ET PANGRATI

Ces deux charmants quartiers s'étendent au sud-est de Plaka, du Zappeion et du Jardin national, au-delà des deux vestiges d'époque romaine et du lit asséché de la rivière Ilissos.

L'**arc d'Hadrien**, qui marquait de sa masse singulière l'entrée de la ville romaine, surplombe aujourd'hui le tronçon le plus animé de la Leoforos Amalias. L'empereur romain Hadrien, qui régna au IIe siècle de notre ère, dota la ville post-hellénistique de nombreux monuments et cet arc était destiné à séparer la cité classique des réalisations impériales. C'est pourquoi il est inscrit (en grec) sur sa face nord-est : « Ici est Athènes, l'ancienne ville de Thésée », et du côté opposé : « Ici est la ville d'Hadrien et non plus celle de Thésée. » On ne peut pas s'y fier totalement car Plaka possède également de nombreux édifices romains. Le vestige romain le plus impressionnant d'Athènes est incontestablement le **temple** voisin de **Zeus Olympien**, consacré par Hadrien en 131 ap. J.-C., sept siècles après la pose de la première pierre. Ce temple fut le plus vaste de la Grèce antique mais il ne reste plus que quinze des cent quatre colonnes corinthiennes d'origine. Indépendamment de l'état du temple, ses environs ont toujours joui de la faveur du public, même s'ils n'ont pas toujours été utilisés comme prévu. A l'époque byzantine, un stylite vivait au sommet d'une des architraves conservées.

A l'époque ottomane, ayant identifié Zeus Ombrios, dieu de l'Orage, à Allah, les musulmans l'y priaient pour qu'il envoie la pluie et, jusqu'au début des années 60, les laitiers d'Athènes y tenaient leur Festival annuel. Une large allée de terre qui borde le site archéologique, à l'est, descend au sud vers la seule section de la **rivière Ilissos** qui ne soit pas comblée ou recouverte, bien que son lit normalement sec disparaisse bientôt dans un tunnel sous le boulevard Kalirois. On a peine à croire qu'il s'agit de la rivière alimentée par les sources de Kaisariani qui faisait les délices de Socrate et de son entourage.

Un embranchement aboutit à la chapelle d'**Haghia Photini**, au sud de la rue Arditou, construite sur un ancien sanctuaire des nymphes. Avec sa cour en contrebas occupée par une fontaine et des bancs, c'est un étonnant havre de paix à quelques mètres seulement de la circulation.

A l'est du chemin, la pointe du triangle que forment la Leoforos Olgas et la rue Arditou renferme les terrains du **club de tennis** et du **club national de gymnastique**, malheureusement réservés à leurs membres. Il vaut donc mieux foncer dans la circulation vertigineuse et traverser la rue Arditou pour gagner Mets. Avant la Première Guerre mondiale, ce quartier était appelé Yefiria, du nom des ponts qui enjambaient l'Ilissos dont le lit n'était pas encore sec. Le nom français actuel dérive d'un café partisan de l'Entente qui s'y trouvait après 1914 (la famille royale étant dans le camp de

A gauche, atmosphère visible d'un kiosque à journaux ; ci-dessous, l'arc d'Hadrien.

l'Allemagne, une petite guerre civile eut lieu avant que la Grèce ne rejoigne le camp des Alliés en 1917). Après la guerre, le quartier accueillit des artistes, jusqu'à la dépression de 1929. Aujourd'hui Mets est de nouveau un des quartiers les plus chics de la ville.

Mets

Le quartier ne couvre qu'une cinquantaine de pâtés de maisons mais semble plus étendu, surtout quand on gravit une de ses nombreuses rues-escaliers. Sa rénovation a malheureusement coûté cher. La plupart des vieilles maisons qui subsistaient encore dans les années 60 ont été remplacées par des bâtiments, de hauteur limitée et assez élégants certes, mais modernes. Le prix du terrain et les loyers sont actuellement si élevés qu'aucun artiste ne peut se permettre d'y vivre. Pour retrouver le passé, cherchez la **rue Kefalou** (près du club de gymnastique), la plus étroite de toutes les rues d'Athènes. Elle n'est pas asphaltée, et une rangée de maisons néoclassiques abandonnées y attend la prochaine flambée des prix de l'immobilier et le marteau des démolisseurs. La rue **Markou Moussourou**, lisière arbitraire de Mets au nord-est, abrite les restaurants et les bars chics. Le plus célèbre (sa réputation rend toute enseigne superflue) est **Myrtia**, au numéro 35. Depuis qu'il a été découvert par le commandant Ladas, un des colonels les plus brutaux et les plus redoutés de la junte, ce lieu est le rendez-vous de l'élite politique.

C'est un tout autre genre de bruit que l'on entendait jadis dans la minuscule rue **Nikiforou Theotoki**, un peu plus au nord. C'est d'ici et de la colline voisine d'Ardettos que les forces de l'E.L.A.S. ont bombardé le quartier général britannique de Syndagma en décembre 1944. Les guérilleros de gauche finirent par se retirer, non sans une résistance acharnée. La plupart des maisons de la rue ont été remises en état car le quartier s'est embourgeoisé mais, il n'y a pas si longtemps,

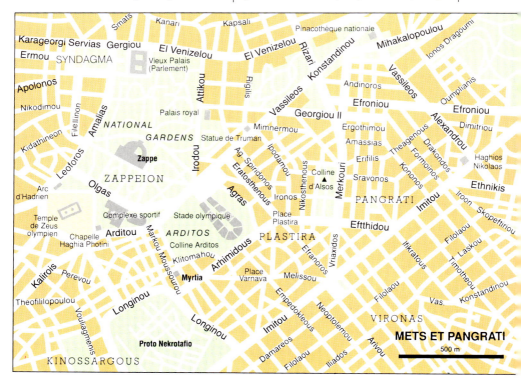

elles portaient toutes encore des traces de combat. La **colline d'Ardettos** est moins connue que les autres hauteurs d'Athènes mais c'est sûrement la plus boisée. On protège les épaisses pinèdes des pyromanes en en interdisant l'accès.

Le stade olympique

Il est blotti au flanc de la colline, face au nord-ouest. Initialement construit en 330 av. J.-C. pour les Panathénées et adapté par les Romains à leurs spectacles, il a été généreusement rénové par Hérode Atticus. A l'époque byzantine et au Moyen Age, les soixante mille sièges ont été systématiquement pillés car leurs blocs de marbre étaient faciles à réutiliser pour de nouvelles constructions. En 1895, le stade trouva, grâce aux dons de M. Yiorgos Avéroff, sa forme actuelle. L'année suivante, il accueillit les premiers jeux Olympiques modernes. Sa piste a conservé sa forme antique d'origine. Elle fait 204 m de long et 33 m de large. Les courses de l'Antiquité avaient pour mesure le stade, soit 192 m, et le parcours était jalonné de bornes représentant Hermès, le messager des dieux, aux pieds ailés.

Le cimetière Proto Nekrotafio

Quand les Athéniens méritants décèdent, ils n'ont pas à aller très loin pour trouver le paradis : le cimetière Proto Nekrotafio (premier cimetière) rappelle par certains aspects le Père-Lachaise à Paris, même s'il n'y a aucun admirateur sur la tombe des célébrités. On y accède uniquement par la **rue Anapafseos** (du repos éternel), à la lisière ouest de Mets, en gravissant une pente douce qui passe devant des magasins d'art funéraire. A côté des fleuristes et des fabricants de pierres tombales, on voit dans les vitrines des portraits commémoratifs en céramique.

Les portraits des sommités disparues, tels le poète Séféris, l'urbaniste Constantin Doxiades, l'acteur Manos

Image populaire de Mets.

Katrakis, le romancier Ilias Vénézis, etc., y sont bien visibles.

Une fois passé la porte principale, on découvre les mausolées grandioses des Grecs et des philhellènes les plus célèbres – Emmanuel Bénaki, Yiorgos Avéroff, Kolokotronis notamment – puis ces tombeaux néoclassiques font place à des tombes familiales plus modestes. La plus célèbre et la plus aimée est la **Kimomeni** (jeune fille endormie) du sculpteur Halepas, une merveilleuse effigie postromantique qui orne le caveau de la famille Afendakis, à 300 m à droite. Bien que la jeune fille de dix-huit ans idéalisée ait disparu il y a plus d'un siècle, les visiteurs déposent toujours des œillets rouges sur ses genoux. En revanche, Ioannis Metaxás, le dictateur des années 30, décédé en odeur de sainteté après avoir bravé les Italiens, n'eut le droit qu'à une tombe discrète recouverte d'une simple dalle vers le fond du cimetière. Le Proto Nekrotafio sert de champ de bataille, considéré comme légitime, aux rivalités des Grecs. Le cimetière est complet depuis longtemps et comme les concessions datent des années 60, elles pourraient théoriquement changer de mains pour un million de drachmes.

Ceux qui n'appartiennent pas aux familles de haut rang possédant déjà un caveau peuvent être enterrés dans des cimetières moins cotés et être exhumés au bout de trois ans selon la tradition grecque orthodoxe. Leurs ossements seront alors déposés dans l'immense ossuaire à gauche de la porte. D'après la numérotation, plus de neuf mille squelettes y reposent.

Étant donné les délais d'ensevelissement et les lacunes de la réfrigération, les odeurs qui en flottent sur le cimetière ont suscité bien des débats publics sur les avantages respectifs de l'embaumement et de l'incinération. L'Église défend obstinément sa position et menace d'excommunier les dissidents, puis tout le monde finit par oublier l'affaire jusqu'à l'été suivant. Les visites au cimetière constituent pour la famille du défunt une très

Détail d'une tombe du cimetière Proto Nekrotafio

honorable excursion de fin de semaine. Les parents y pique-niquent, balaient, changent les fleurs et, suivant une très ancienne coutume, déposent sur les tombes du *kollyva* (blé et autres céréales bouillies) et en offrent aux passants. Tant qu'ils sont discrets, les étrangers sont eux aussi invités à se promener dans ce parc paisible et évocateur planté de cyprès.

Pangrati

A l'angle nord-est du cimetière, du côté de la rue Markou Moussourou, la rue Arhimidous se faufile dans un défilé rocheux qu'on peut considérer comme le début du quartier de Pangrati. Au carrefour suivant, à l'angle de la rue Domboli, se trouve le **Centre d'Athènes**, un des instituts culturels et linguistiques de la ville. La véritable curiosité de la rue Arhimidous est le **marché en plein air du vendredi** qui occupe quatre pâtés de maisons à l'ouest de la place Plastira. On y trouve surtout des fruits et légumes frais, du poisson, des fruits secs et des œufs, mais aussi des plantes d'intérieur, des arbres, des carpettes et des ustensiles de cuisine. Il faut y aller de bonne heure car il se termine vers 14 h. En hiver, ce sont les bananes qui se vendent le mieux, même à 400 drachmes le kilo. Les Grecs en sont toujours très friands, il faut dire qu'ils en ont été privés pendant vingt ans, car au début de la junte, l'importation en fut interdite, pour favoriser, prétend-it-on, l'unique plantation de bananes de Crète dont le propriétaire était un ami du colonel Patakos. Après le retour à la démocratie, il fallut attendre 1988 pour que soit levé l'embargo. La **Platia Varnava**, avec ses bancs, sa fontaine et ses arbustes, est un excellent exemple des espaces verts créés à Athènes au début des années 80. La plus ancienne et la plus populaire des tavernes qui l'entourent est **Vellis'**, qui sert depuis toujours le même menu, très bon ; ce restaurant se situe vraiment aux antipodes de Myrtia.

Au marché de Pangrati, le vendredi matin.

Entre la place Varnava et la rue Imitou, des immeubles quelconques alternent avec les maisons et les jardins clos du début du siècle, de plus en plus rares. Au nord-ouest de la place Pangratiou, le **parc de l'Alsos**, qui descend jusqu'à la rue Spirou Merkouri, est apprécié pour sa fraîcheur. L'été, c'est le rendez-vous des riverains. La **rue S. Merkouri** est une artère animée au fond d'une sorte de vallée, au pied des pentes de Pangrati. Contrairement à Mets, les constructions ici ne dépassent pas la limite des sept étages imposée dans presque toute la ville. L'atmosphère y est bourgeoise alors que la rue Imitou est devenue une rue commerçante clinquante, envahie par les néons et les cinémas. Plus loin, à l'est de la rue Merkouri, deux curiosités pour la Grèce : une église moderne assez belle (**Haghios Nikolaos**) et une cité gigantesque. L'accession à la propriété, même s'il s'agit d'un sombre cagibi dans un gratte-ciel, est un idéal profondément enraciné dans l'esprit des Grecs, mais on a très rarement construit de grands ensembles même après le retour des Grecs d'Asie Mineure.

Plus à l'ouest, la colline située au-dessus d'Alsos n'est qu'un pâle reflet de sa voisine, mais si l'on descend du côté opposé vers une vallée que traverse la **rue Eratosthenous**, on retrouve certains aspects de Mets : les rues-escaliers, les immeubles peu élevés et même quelques maisons néoclassiques. En haut de la rue Eratosthenous, le somptueux **Kafeneion Ellas**, à l'ancienne mode, possède une terrasse à pergola qui permet de voir la **place Plastira**.

A l'autre bout, c'est l'avenue Vassileos Konstandinou, lisière nord-ouest de Pangrati. Au carrefour de la rue Rigilis et de l'avenue Vassileos Konstandinou, se dresse la **statue de Truman**, controversée depuis qu'elle a été élevée en 1965 par un groupe de conservateurs grecs et américains. Un extrait de la doctrine de Truman justifiant l'intervention des États-Unis dans la guerre civile en 1947-49 figure sur un mur voisin. Sous les colonels, la gauche grecque tenta de détruire la statue ; la bombe fut découverte mais un policier fut déchiqueté en la désamorçant et la statue en resta légèrement inclinée. Remis en place récemment, l'ancien président est gardé jour et nuit pour éviter que de tels incidents se répètent.

La **Pinacothèque nationale**, au bout de l'avenue Vassileos Konstandinou, marque la limite nord de Pangrati. Au rez-de-chaussée, une galerie abrite une riche collection d'œuvres de Nikos Hatzikyriakos-Gikas, un des rares peintres grecs à avoir des disciples à l'étranger. L'aile opposée est consacrée aux expositions temporaires et la mezzanine expose quelques rares toiles de Théophile de Lesbos, un spécialiste de la peinture murale du début du siècle. L'étage est occupé par les peintres modernes, le centre par des marines de la fin du siècle dernier, et les sections de droite par des sujets religieux, des thèmes révolutionnaires (on notera un Delacroix) et des portraits de la noblesse après l'indépendance.

Ci-dessou[s] porte ouvragée, à droite, Mets et Pangra[ti] attirent de[s] personna[ges] truculents.

LES AUTRES QUARTIERS

Juste derrière l'Acropole, s'étend la **colline des Muses** (colline Philopappos), îlot de verdure entouré d'agréables quartiers. Les cabarets touristiques de Plaka débordent un peu sur Makriyani mais ne vont pas au-delà de la rue Hatzihristou. Les deux quartiers de **Veïkou** et **Koukaki** s'ordonnent chacun autour de la place du même nom et sont bordés par deux rues piétonnières, Drakou et Olimpiou. Koukaki est un peu plus animée mais les deux places sont entourées de nombreuses tavernes, des *psistaries* (rôtisseries), des boulangeries et des crémeries-glaciers. Ce sont des quartiers familiaux, bien différents d'Exarchia et de Pangrati. A partir de 11 h du soir, les restaurants se vident et les trottoirs sont déserts. Les artères parallèles à la rue Singrou regorgent de magasins de pièces détachées pour les automobiles, mais plus on monte vers Philopappos, plus le quartier est calme et agréable. Il est habité par les membres des professions libérales indépendantes, l'avant-garde des jeunes cadres dynamiques d'Athènes que l'on aperçoit, penchés sur leur planche à dessin, par la fenêtre des maisons néoclassiques de la **rue Philopappos**. Ces quartiers sont depuis peu très cotés et les logements y sont relativement chers. Les étrangers ont aussi commencé à s'y installer. Au sud de la colline de Philopappos, les rues abruptes se pressent entre la pente et la voie rapide Kalirois (qui recouvre toujours la rivière Ilissos) et à Koukaki succède **Ano Petralona**.

En continuant à pied, on arrive à un labyrinthe de ruelles des années 20, entre les rues Kalisthenous et Apoloniou. Un tunnel qui passe sous celle-ci mène à une église villageoise entourée de carrés de légumes, au pied du **théâtre Dora Stratou** où, en saison, des spectacles de danses folkloriques ont lieu chaque soir. Chaque pièce de ces maisons modestes était, à l'origine, habitée par une famille qui partageait avec les voisins un robinet, les toilettes et la cour. Leur situation s'étant améliorée, certains réfugiés ont déménagé et ceux qui sont restés ont transformé ces bicoques en demeures pour une seule famille.

On prendra le trolleybus n° 9 jusqu'à la **place Ano Petralona**. A part de rares vestiges archéologiques dans un coin, il n'y a pas le moindre semblant de vie mais, à quelques centaines de mètres au nord, le quartier est habité par la classe ouvrière ; les édifices néoclassiques cohabitent harmonieusement avec les bâtiments des années 20.

Les tavernes sont excellentes et sans prétention. **Askimo-papo**, au nord de la zone de baraquements, n'est peut-être pas la meilleure mais c'est la plus célèbre. Pendant le premier mandat d'Andréas Papandréou en effet, les dirigeants du PASOK venaient ici. Un autre groupe de vieilles maisons au nord de la **rue Dimofondos** a échappé au béton. Indépendamment de tout règlement officiel, des limitations de

A gauche, tradition et modernité ; ci-dessous, on devine, sur le panneau, que les indications des noms de rues ont deux orthographes.

hauteur s'imposent d'elles-mêmes sur ce type de terrain et les promoteurs ne sont pas intéressés par cette enclave qui ne serait pour eux qu'une perte de temps. La plupart des maisons de réfugiés n'ont toutefois pas été construites pour durer ; les édifices encore debout sont plutôt décrépits.

Les collines des Nymphes et de la Pnyx

On peut monter par un sentier à la colline des Nymphes, couronnée par un observatoire du XIXe siècle que coiffe une figure d'Arion chevauchant son dauphin. Il est fermé au public, mais de la petite coupole auxiliaire, plus haute, on jouit d'un panorama superbe sur l'Acropole sans voir la foule des visiteurs. En suivant la crête vers le sud-est, on passe devant les vestiges des remparts antiques et l'on arrive à la colline de la Pnyx, où se tenaient à l'époque classique les réunions de l'Assemblée du peuple (*Ecclesia*). Aujourd'hui, c'est sur la plate-forme partiellement restaurée que s'installent les soirs d'été les spectateurs du Festival *Son et Lumière* de l'Acropole. Le terrain s'incurve à l'emplacement d'une ancienne porte dans les remparts ; c'est là que se niche l'église byzantine **Haghi Dimitris Lombardaris**, qui date du IXe siècle. Les Athéniens viennent s'y promener le week-end et prendre un café près de l'entrée principale du théâtre Dora Stratou, toute proche.

La montée au **mausolée** tronqué de **Philopappos** (116 ap. J.-C.), à travers les conifères et les arbrisseaux, est très agréable. C'est le tombeau d'un prince de la dynastie des Commagène (en Asie Mineure), bienfaiteur d'Athènes, qui est représenté en consul romain conduisant son char. Du sommet de la colline (147 m), on bénéficie d'une très belle vue panoramique sur la ville. La colline est truffée de cavernes, chambres, niches, escaliers taillés dans le roc. Au nord-est, trois chambres portent l'appellation plus poétique que véridique de **prison de Socrate**.

Vue de l'hôtel Hilton.

En 1687, quand les Vénitiens assiégèrent l'Acropole occupée par les Turcs, un artilleur suédois nommé Akerhjelm tira d'ici le coup de canon qui emporta le toit du Parthénon. En 1967, les colonels installèrent leurs chars au pied de la colline. Celle-ci a aussi des utilisations plus gaies : on y lance traditionnellement des cerfs-volants le premier jour du carême et les « branchés » de Koukaki y font assidûment leur jogging ou promènent leur chien dans le parc.

Autour d'Ambelokipi

Il y a des années, les autorités ont essayé de changer le nom de l'avenue Panepistimiou pour celui de Vénizélos, Premier ministre au début du siècle ; l'ancien nom n'a jamais disparu et, finalement, l'une des rues les plus longues de la ville porte les trois noms de Panepistimiou, El. Venizelou et Vassilisis Sofias ; cela dépend de la carte que l'on consulte et de la personne à qui l'on parle. Elle va de la place Omonia à la place Syndagma, puis à l'hôtel Hilton et continue jusqu'à Ambelokipi, près de l'ambassade des États-Unis. A l'est du Jardin national, le premier centre d'intérêt, à droite, est le très beau **Musée byzantin**. C'est un édifice du XIXe siècle construit autour d'une jolie cour et dont les deux ailes, récemment restaurées, abritent une collection d'icônes. Le bâtiment du fond renferme des ornements de marbre (chapiteaux, plinthes et figures animales).

A 200 m à peine, c'est le **musée de la Guerre**, l'unique fondation à caractère culturel de la junte. L'armement et les méthodes de guerre du néolithique à l'époque ottomane sont fort bien présentés mais, quand on arrive à l'époque moderne, l'exposition tourne au pur militarisme. L'avenue est essentiellement bordée d'hôpitaux et d'ambassades.

La **statue de Vénizélos**, antérieure au changement de nom de la rue (qui lui est peut-être dû), se dresse sur une grande pelouse, près de l'hôpital naval

Le Musée byzantin.

qui fut une base militaire de 1920 à 1922 avant de devenir un camp de réfugiés. Juste à côté de l'ambassade des États-Unis, la **salle des amis de la musique**, commencée il y a plus de dix ans, est en cours d'achèvement. L'avenue Sofias-Venizelou passe ensuite devant la **tour d'Athènes**, le plus haut gratte-ciel de la ville avec ses vingt-sept étages, et aboutit au carrefour d'**Ambelokipi**. Ce quartier est plus animé le soir avec ses cinémas et ses bons clubs de musique.

Kifissia

Ce faubourg, situé à 8 km du centre d'Athènes, a toujours été un havre de paix. Dans l'Antiquité, les écrivains vantaient ses bosquets aux eaux abondantes et remplis d'oiseaux, deux curiosités dans cette région aride qu'est l'Attique. A l'est, le **mont Pentélique** (1 109 m), dont les carrières de marbre au grain fin et serré sont exploitées depuis le VIe siècle av. J.-C., fait obstacle au soleil le matin mais offre des couchers de soleil spectaculaires. Les sources qui jaillissent du pied de la montagne sont à l'origine de l'oasis qui leur doit indirectement son nom : Kifissia était une nymphe des eaux. A l'époque ottomane, Kifissia était un village d'environ mille cinq cents habitants, peuplé de chrétiens et de musulmans, fait étonnant car, à l'époque, les Turcs vivaient rarement hors des villes. Après l'indépendance, les Grecs apprécièrent peu à peu les avantages du lieu. Dans les années 1860, les aristocrates d'Athènes commencèrent à y passer l'été à cause de sa fraîcheur relative. Le trajet par la route était extrêmement pénible. Il l'est toujours, mais aujourd'hui Kifissia est reliée au centre d'Athènes par le métro.

En 1900, Kifissia était mondialement connue parce qu'elle possédait les seuls hôtels corrects de l'Attique. Les familles les plus riches s'y firent construire des villas exotiques dans des styles souvent hybrides. Entre les deux guerres, le nombre des habitants ne cessa d'augmenter. Les politiciens Éleuthérios Vénizélos et Georges Papandréou fondèrent plusieurs écoles et la « Grande Catastrophe » d'Asie Mineure n'y eut que de faibles répercussions : quelques propriétaires mirent gracieusement leurs villas à la disposition des réfugiés.

L'abondance de l'eau permit d'irriguer de nombreux potagers et jardins d'agrément. Le développement fut aussi encouragé par la famille Mouhlidis, anciens jardiniers paysagistes du sultan. C'est ainsi que naquit le marché aux fleurs d'Athènes, et Kifissia est toujours célèbre pour ses nombreuses pépinières. L'élégant **Alsos** (bosquet) de Kato Kifissia est le résultat de cette tradition horticole. Le grand botaniste Costas Goulimis travailla à Kifissia et Niki Goulandris, sa jeune assistante qui était peintre botaniste, fonda le musée d'Histoire naturelle avec son mari en 1964.

L'éminent chef d'orchestre Dimitris Mitropoulos donna ici, en 1937, une représentation de la symphonie *Pastorale* de Beethoven, à l'apogée de la « Belle Époque » qui prit brusque-

Planche du musée d'Histoire naturelle de Kifissia.

ment fin. Le 28 octobre 1940, à 3 h du matin, le représentant de l'Italie, Grazzi, remettait l'ultimatum de son pays au dictateur grec Ioannis Metaxás, qui résidait dans sa villa récemment achetée de la rue Kefallinias. Le *okhi* (« non ») apocryphe de Metaxás précipita l'entrée de la Grèce dans la Seconde Guerre mondiale aux côtés des Alliés. Pendant l'occupation nazie, Kifissia eut à souffrir de quelques dégâts matériels.

C'est aujourd'hui une ville de cinquante-cinq mille habitants dont les gloires passées ne sont plus que des souvenirs. Le célèbre *platanos* (platane) de la place centrale de **Kato Kifissia**, près de la station de métro a succombé il y a des années aux ravages du pavage, de l'émondage et de la circulation. Les calèches, rares vestiges du passé, transportent encore les touristes.

La **rue Tatoïou**, une longue artère orientée nord-sud, est fière des belles villas qu'elle a conservées. Le dernier des hôtels de luxe est le **Cecil**, à l'angle des rues Xenias et Harilaou Trikoupi. Trikoupis, Premier ministre au siècle dernier, habitait au 13, rue Bénaki alors que Bénaki (le fondateur du musée du même nom) logeait au 42.

La famille Pesmazoglou habitait au numéro 25 de la rue qui porte son nom et qui est bordée de plusieurs belles villas. Une des plus ornées est la **maison Yiorganda-Kolokotroni** au 7, rue Kolokotroni, et la plus simple est celle du rival politique de Trikoupis, Deliyannis, au 19, rue Levihou. Il est difficile de dater avec précision les autres édifices car la salle des archives de Maroussi a été incendiée pendant la Seconde Guerre mondiale.

La seule villa dans laquelle on est sûr de pouvoir entrer est le **musée d'Histoire naturelle**, au 13, rue Levihou. On y verra des oiseaux et des papillons grecs ainsi que des espèces plus exotiques comme le phoque à ventre blanc et la tortue marine. Le musée a un café et un magasin de souvenirs attenants.

Kifissia, un quartier reposant.

LE PIRÉE

La plupart des touristes n'ont jamais la chance d'explorer cette ville de bord de mer, même ceux qui ont gardé un souvenir ému des cafés et des quais pittoresques du film *Jamais le dimanche*. Certains ouvrages ont tendance à considérer Le Pirée comme le port agité et bruyant d'Athènes que les voyageurs sont obligés de traverser pour aller aux îles. Ils préviennent que Le Pirée n'a aucun charme et qu'il est inutile d'y perdre son temps, à moins de dîner sur le port hypertouristique de Microlimano.

Le Pirée mérite pourtant que l'on consacre au minimum une journée à explorer ses trois ports, ses musées et ses charmants restaurants de bord de mer. Un marché aux puces très animé se tient le dimanche et l'été, des troupes internationales se produisent au théâtre de plein air Veakio. Ceux qui souffrent du bruit et de la pollution, que la chaleur aggrave encore, préféreront séjourner au Pirée, en bord de mer, plutôt que dans la capitale. Athènes n'est qu'à une demi-heure d'autobus (services fréquents), de métro ou de taxi.

Un peuple de guerriers

Le Pirée a une longue histoire bien qu'il n'ait gardé que peu de monuments anciens. Des tribus qui apparurent sur les rivages du Pirée, la première fut celle des Minyens, peuple de marins et de guerriers. Ils adoraient la déesse Mounichia, dont le temple se trouvait sur la colline appelée aujourd'hui **Kastella**, à l'emplacement de l'église actuelle du **Prophète Élie**. Un autre vestige de la civilisation préhistorique est le **Sérangeion** ou **grotte de Paraskeva**, derrière la plage de Votsalakia, au pied de Kastella. Les maisons d'origine près de la grotte furent aménagées en thermes à l'époque romaine. Après la Seconde Guerre mondiale, la grotte fut transformée en petit club où se produisaient les artistes célèbres de l'époque.

On peut la visiter mais il faut se munir de chaussures à semelles de caoutchouc et d'une torche électrique.

C'est Phalère et non Le Pirée qui fut le premier port d'Athènes d'où, selon la légende, Thésée s'embarqua pour la Crète. Au Ve siècle av. J.-C., Le Pirée supplanta Phalère et devint la base navale d'Athènes. Thémistocle avait persuadé les Athéniens d'utiliser Le Pirée pour leur nouvelle flotte et les chantiers navals du Pirée les remercièrent en construisant près de cent galères par an. Le Pirée devint bientôt un centre commercial à la pointe du progrès. Les femmes étaient autorisées à vendre des comestibles au marché et les temples étaient ouverts aux étrangers comme aux Grecs. Le Pirée fut alors fortifié et les Longs Murs *(Makra Teixoi)* qui partent du pied de la colline de Mounichie (actuelle Kastella) et rejoignent Athènes furent construits de 460 à 457 av. J.-C. Vers 450, Le Pirée fut reconstruit sur le plan orthogonal diffusé par l'urbaniste Hippodamos de Milet, qui fut une des grandes réussites de l'âge d'or.

En 405, Sparte anéantit la flotte athénienne et s'empara du Pirée ; le général Lysandre ordonna la démolition de l'enceinte que le chef athénien Conon fit restaurer en 393, de même que les Longs Murs, mais Athènes déclina et les murs tombèrent en ruine. En 85 avant J.-C., le général romain Lucius Cornelius Sylla rasa Le Pirée et anéantit les ports. Le Pirée perdit alors toute importance et fut déserté. Au Moyen Age, Le Pirée portait le nom de Porto Leone, à cause de l'imposant lion de marbre de 3 m de haut qui gardait l'entrée du port depuis l'époque classique. En 1687, le général vénitien Francesco Morosini, non content d'avoir fait sauter la plus grande partie du Parthénon, décida de confisquer le lion et de l'emporter à Venise en souvenir.

Les temps modernes

Par deux fois, des Grecs souhaitèrent s'installer au Pirée ; tout d'abord en 1792 les habitants de l'île d'Hydra, à cause d'une épidémie ; puis en 1825

Pages précédentes : importation des îles. A gauche, le port e plaisance.

ceux de Psara après les massacres perpétrés par les Turcs. Les deux demandes furent rejetées. En 1834, le gouvernement grec entama la reconstruction du Pirée. Les architectes Stamatis Kléanthis et E. Schaubert, auteurs du plan d'Athènes, dessinèrent également celui du Pirée. Les premiers habitants furent cent six réfugiés qui avaient émigré de Chio à Syros après les massacres de la guerre d'Indépendance. Ils arrivèrent au Pirée en 1835, un an après qu'Athènes fut devenue la capitale du nouvel État. Le Pirée n'était qu'un désert dont l'unique édifice était le monastère en ruine de Saint-Spyridon.

Le gouverneur offrit des terres aux immigrants à des conditions intéressantes, dans l'espoir qu'ils subviendraient aux besoins de la nouvelle capitale, mais ceux qui s'installèrent autour du port rêvaient de créer une « nouvelle Chio ». Avec leurs solides connaissances commerciales et industrielles, ils firent du Pirée une ville marchande, indépendante et non un simple satellite d'Athènes. Le Pirée absorba bien d'autres immigrants : tout d'abord des Hydriotes, en 1837 ; puis des Crétois, pendant les révoltes de 1866-69 ; des Péloponnésiens à diverses reprises, dans la seconde moitié du XIXe siècle ; et des réfugiés d'Asie Mineure en 1922. La population passa rapidement de deux mille cinq cents habitants en 1840 à dix mille en 1870. En 1920, Le Pirée comptait cent trente mille âmes, chiffre qui fut pratiquement doublé après la « Grande Catastrophe » d'Asie Mineure. D'après un recensement récent, la population s'est stabilisée à un peu moins de deux cent mille habitants. L'industrialisation commença avec les Hydriotes qui fondèrent la première usine en 1847. Au début du siècle, Le Pirée comptait soixante-seize usines, soit un tiers de la totalité des usines de Grèce, ce qui lui a valu le surnom de « Manchester grec ».

La vie culturelle du Pirée se développa parallèlement à la croissance économique. Le superbe **théâtre**

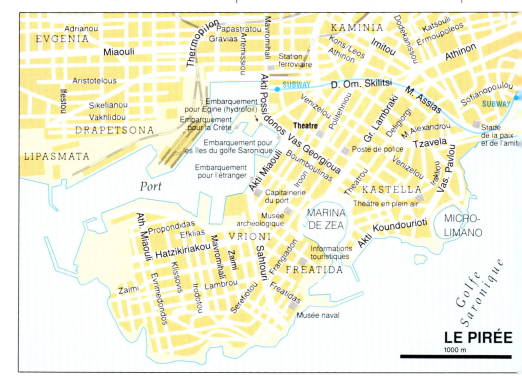

municipal fut construit dans les années 1880. La ville acquit une réputation de centre littéraire en 1892, quand fut lancé le magazine *Apollon*, auquel vint s'ajouter *Notre magazine*, la première revue littéraire grecque moderne à publier des articles écrits par des Athéniens célèbres.

La création, en 1925, de l'équipe de football Olympiakos fut un événement capital pour une grande partie de la population. Rivale de la Panathinaikos d'Athènes, c'est toujours une des équipes les plus populaires de Grèce.

A partir de 1900, l'élite devint malheureusement de plus en plus pro-athénienne. Les écrivains furent attirés dans la capitale par les éditeurs et les quotidiens. Dans les années 20, Le Pirée ne conservait plus qu'un rôle économique et Athènes était redevenue le centre culturel de la région. Le Pirée perdit de son attrait entre les deux guerres : la vie sociale et culturelle stagnait et la ville était surtout habitée par la classe ouvrière et la petite bourgeoisie. Dans les années 30, le monde du *rembetika*, une culture marginale ayant son propre mode de vie, son habillement et sa musique, finit par devenir le symbole du Pirée. Contrairement à Athènes, le port a été lourdement bombardé pendant la guerre et une grande partie de la ville a été reconstruite.

Entre 1951 et 1971, la population du Pirée diminua de 3 % alors que celle d'Athènes augmentait de 55 %. Sous le régime des colonels, la municipalité eut le tort de lancer une campagne pour la modernisation du Pirée. Plusieurs bâtiments historiques furent détruits et remplacés par des constructions d'une navrante laideur. Les charmants *periptera* (kiosques) de bois furent également démolis et remplacés par d'horribles boîtes de métal ondulé.

Le port aujourd'hui

Le Pirée est devenu un important centre bancaire et d'assurances mais il est surtout synonyme de marine et de commerce maritime. La crise mondia-

Jamais dimanche, seconde version, ou : « Melina Mercouri et ses amis ».

LE REMBETIKA

Le port du Pirée a été le foyer du *rembetika*, musique populaire urbaine que l'on compare souvent au blues. *Rembetika* dériverait du turc *rembet*, qui signifie hors-la-loi ou étranger. Les premières chansons de rembetika datent des années 1800 et, jusqu'en 1920, ces complaintes mélancoliques, sur les thèmes de la pauvreté, de la solitude, de la mort et de l'amour perdu, étaient chantées uniquement par les classes défavorisées. Le rembetika acquit une popularité extraordinaire à partir de 1922, quand la Grèce fut submergée par un million et demi de réfugiés de Turquie, lors des échanges de populations qui firent suite à la « Grande Catastrophe » de Smyrne. Les sans-abri, pour la plupart des hommes d'affaires de la haute bourgeoisie réduits à la misère, affluèrent au Pirée et furent souvent obligés d'habiter des logements médiocres, ou de dormir dans les gares ou les jardins. La plupart des réfugiés luttaient pour survivre dans un environnement hostile et n'avaient guère de temps à consacrer aux loisirs. Peu à peu, ils firent renaître le rembetika, dont les épreuves avaient rendu les accents anatoliens encore plus déchirants. Ils bouleversèrent également la vie nocturne d'Athènes et du Pirée en introduisant la mixité dans les boîtes de nuit fréquentées jusque-là exclusivement par les hommes, par quelques prostituées et par des femmes originales constituant l'équivalent féminin du *rembetis* appelé *derbederisses*. Les *rembetis* étaient des esprits libertaires qui suivaient un mode de vie bien à eux, portaient des costumes ajustés de style anglais, des chaussures vernies pointues et un Borsalino et parlaient un argot particulièrement étoffé. Le soir, ces bohèmes se réunissaient dans les *tekes*, des fumeries de haschich, et apaisaient leurs chagrins en fumant et en jouant leur musique évocatrice. Dans les années 20, le haschich était légal en Turquie ; en Grèce, la loi l'interdisait, mais il fut toléré jusqu'en 1936, début de la dictature de Metaxás. Certains chanteurs rebelles appartenaient au *manges* (pègre), buvaient beaucoup et cachaient dans leur ceinture des armes utilisées lors des rixes fréquentes. De nombreux *rembetis* moururent de faim pendant la Seconde Guerre mondiale. Les survivants durent s'adapter aux grands orchestres, jouant sur des instruments électriques une forme de rembetika qui est toujours très populaire.

Les instruments de musique les plus importants dans le rembetika sont le *bouzouki* (instrument à cordes) et le *baglama* (bouzouki miniature). Dans les années 30, l'époque « classique » du rembetika, le bouzouki se jouait seul ou accompagné au *baglama*. On ajouta ensuite un second bouzouki, un accordéon et un piano, un *santouri* (tympanon à marteau) ou un *kanoni* (cithare). Jusqu'aux années 60, alors que les meilleurs airs étaient déjà composés, le nombre des exécutants ne cessa d'augmenter, les instruments furent doublés et électrifiés, et on leur ajouta souvent la batterie et l'orgue électrique. Les deux principales danses qui accompagnent le rembetika sont le *zeybekiko*, intense et solitaire, et le *hasapiko*, exécuté par deux ou trois personnes. Le *tsifteteli* (danse du ventre) plus sensuel, et le *karsilama*, dansé en couple, qui viennent d'Anatolie, sont moins répandus.

Autrefois, bourgeois et aristocrates n'appréciaient guère le rembetika. Supprimé en 1936 par le gouvernement de Metaxás, il fut méprisé par la gauche jusqu'à une date récente parce que les *rembetis* sont apolitiques et improductifs. Le rembetika, qui a connu un regain de popularité il y a quelques années, est aujourd'hui apprécié par tous. Il existe plusieurs clubs de rembetika où l'on joue les « chansons légères » des années 50 et 60 plutôt que les premières chansons sentimentales, préférées des puristes.

le de la navigation qui sévit actuellement a grevé l'économie du Pirée, et ceux qui travaillent pour la flotte marchande grecque, la première du monde, ont connu de sérieuses difficultés, de même qu'une bonne partie des quelque six cents compagnies de navigation. Les habitants du Pirée sont fiers de leur ville qui a récemment fait peau neuve : les maires successifs ont créé des espaces verts et des zones piétonnes. Les plages de **Fréatida** et **Votsalakia** ont été aménagées et équipées ; si les campagnes écologiques antipollution aboutissent, on pourra s'y baigner en toute quiétude. Les quartiers derrière la marina de Zea et sur la colline de Kastella se sont améliorés. Les gracieuses maisons néoclassiques ont été restaurées avec amour, et les nouvelles constructions ne déparent pas le paysage. L'atmosphère du Pirée est très cosmopolite car de nombreux étrangers y habitent, provisoirement ou en permanence : armateurs, employés de bureau, marins, courtiers maritimes et ouvriers. La proximité de la mer semble adoucir le caractère des habitants. Tous ces facteurs font du Pirée une ville attrayante.

Le **théâtre municipal**, sur la **place Koraï**, en face de la préfecture, est un superbe édifice néoclassique de huit cents places, construit entre 1884 et 1895. Son plan s'inspire de celui de l'Opéra-Comique de Paris. Son acoustique serait la meilleure des Balkans. Sur cette place se trouve également le **musée** de Panos Aravantinos consacré au **théâtre**, qui abrite des peintures, des maquettes de scènes et de décors de théâtre utilisés par cet artiste dont la carrière s'est déroulée en grande partie en Allemagne.

Le **Musée archéologique**, au 31, rue Charilaou Tricoupi, est très apprécié des savants et des touristes. Les pièces les plus précieuses sont deux statues de bronze découvertes en 1959 lors de la construction des canalisations du Pirée : un superbe *kouros* (jeune homme) intact, du VIe siècle av. J.-C. et une Athéna casquée du IVe siècle,

Image du Festival du Veakio.

étrangement mélancolique pour une déesse guerrière. Les deux statues proviendraient d'une cargaison ayant échappé aux conquérants romains au Ier siècle av. J.-C. Le **Musée naval** du **quai Thémistocléous**, à la marina de Zea, expose treize mille objets évoquant l'histoire de la marine grecque de l'Antiquité à nos jours : maquettes, bannières, figures de proue, uniformes, manuscrits, fragments authentiques de bateaux célèbres... Les vestiges les plus importants sont les fragments des Longs Murs incorporés aux fondations mêmes du bâtiment. Le quai Thémistocléous en possède aussi un tronçon. La plupart des ruines antiques ont été restaurées.

Le **marché aux puces** se tient le dimanche matin jusqu'à 14 h dans les rues Dragatsaniou et Mavromichali, à cinq minutes de marche du métro. Il est agréable de flâner au milieu des articles de maison, vêtements d'occasion, matériel électronique, vidéocassettes, vêtements de sport et trésors sans grande utilité. N'oubliez pas de marchander ! Les bons antiquaires se trouvent dans le pâté de maisons délimité par les rues **Alipedou**, **Plateon**, **Skilitsi** et la **place Hippodamos**, non loin de la station de métro. Une demi-douzaine de magasins sont spécialisés dans les meubles anciens, les bijoux, les lampes, les icônes et les broderies. Le magasin de Yiorgos Yiorgas, Ta Mikra Teixoi, au 2, rue Pilis, est l'un des plus intéressants.

On y trouve surtout coffres de bois, barattes et berceaux. Un fragment des Longs Murs du Ve siècle constitue le mur du fond de ce magasin très fréquenté. Le marché de la **rue Navarinou** et des rues adjacentes, derrière Akti Posidonos, est bien approvisionné : fruits frais et secs, boulangeries, fromageries et charcuteries. Ceux qui s'embarquent seront avisés d'y faire des provisions car, sur les bateaux, les repas sont coûteux et laissent plutôt à désirer. Les Athéniens vont au Pirée pour ses grottes et ses ports, pour sa brise fraîche et ses restaurants, les meilleurs de la capitale.

La prise du jour.

La marina de Zea et Microlimano

C'est le plus grand port de plaisance du Pirée. Au IVe siècle av. J.-C., il abritait près de deux cents trirèmes. Il offre aujourd'hui un ancrage à plus de trois cent cinquante bateaux. Le port s'appelait initialement Pacha Limani, c'est-à-dire « le port du pacha », parce que le vaisseau amiral du pacha turc y stationnait. Le quai est bordé de restaurants, de bars, de magasins de fournitures pour bateaux et de bureaux de navigation. Dans les rues transversales, on trouvera de beaux magasins d'habillement et des coiffeurs. La presqu'île de Piraiki s'étend entre la marina de Zea et le grand port. Elle possède des fragments des Longs Murs, surplombés par quelques cafés et tavernes. Le « petit port » est un lieu charmant très fréquenté. On dînera sous un auvent au bord de l'eau, qui clapote contre les bateaux de pêche multicolores. La petite crique abrite plus de vingt restaurants qui servent des menus quasi identiques. Le choix est une question de goût personnel. On dégustera du poisson frais puis on flânera sur la **colline de Kastella** qui surplombe Microlima-no et qui offre un superbe panorama sur le golfe.

Manifestations spéciales

Le Salon nautique *Posidonia* se tient tous les deux ans en juin au palais des Expositions proche de la douane. Il dure une semaine et accueille un millier d'exposants. La Semaine nautique a lieu tous les deux ans parallèlement à Posidonia. Le **stade de la paix et de l'amitié**, surnommé « la chaussure » à cause de sa forme, accueille manifestations sportives, concerts, congrès et expositions. Il se trouve à **Neo Faliro**, non loin de Microlimano et d'une station de métro du même nom.

Le Festival du Veakio, auquel participent durant deux mois des troupes de danse et des orchestres étrangers, se tient en été au **théâtre Veakio**, sur la colline de Kastella.

barcations crolimano.

A UNE HEURE D'ATHÈNES

Le **monastère de Kaisariani**, blotti au creux d'un vallon verdoyant sur les pentes du **mont Hymette**, occupe un emplacement stratégique. Même à faible distance, il est pratiquement invisible, mais il offre de magnifiques vues sur les environs. Ce caractère défensif était capital au XIe siècle pour assurer la protection des moines car le couvent servait aussi de refuge en cas d'invasion. Comme il ne se voit pas de la route, les 16 km qui le séparent de la place Syndagma peuvent facilement se transformer en trois heures de randonnée sur les pentes de l'Hymette. Les panneaux routiers, quand il y en a, ne se voient pas toujours. Ceux qui envisagent de visiter ce lieu charmant ont intérêt à demander des instructions précises avant de démarrer ou à prendre un taxi place Syndagma en gardant l'autobus pour le retour (bus n° 224, toutes les vingt minutes, de 5 h à minuit).

Kaisariani est un excellent but pour les amateurs d'excursions courtes. Le monastère est situé dans une vaste enceinte dont les chemins aménagés serpentent à travers les cyprès, les pins et les fleurs sauvages qui poussent en abondance. Les bosquets, fourmillant d'animaux sauvages, alternent avec des champs dégagés d'où l'on jouit des vastes panoramas que les Athéniens appréciaient tant autrefois.

Les moines qui habitaient initialement Kaisariani pratiquaient l'apiculture, leur principal source de revenus. Le mont Hymette, dont les pentes étaient alimentées par des sources souterraines, était célèbre dans l'Antiquité pour son miel de qualité, à tel point que l'évêque Synesios ironisait sur les écoles de philosophie installées sur la colline en les accusant d'attirer les étudiants avec le miel local et non la qualité de leur enseignement.

Les bâtiments du monastère s'ordonnent autour d'une belle cour dallée. A l'ouest se trouvent le réfectoire et la vieille cuisine ; au sud, les bains, méconnaissables jusqu'à une date récente car ils avaient été transformés en pressoir à l'époque turque. A l'est de la cour, l'église en pierre et brique, au plan en croix grecque, est dédiée à la Présentation de la Vierge. La coupole repose sur quatre colonnes ioniques provenant d'un temple antérieur et s'orne d'un Christ Pantocrator. Les parties hautes des murs sont couvertes de fresques des XVIIe et XVIIIe siècles, de style crétois, caractérisées par la vigueur de leurs couleurs et l'équilibre des compositions. La parabole du Bon Samaritain, sur la voûte sud du narthex, est particulièrement riche en détails. Les bains, construits sur une source naturelle et contemporains de l'église du XIe siècle, figurent parmi les très rares exemples de cette époque. Leur plan est inspiré des thermes romains. Les sources ont toujours contribué au développement du mont Hymette, notamment par leurs propriétés favorables au miel. Depuis l'Antiquité, différents temples et sanc-

Pages précédentes : statue d'Hermès, le messager des dieux, mais aussi le dieu des commerçants ... et des Voleurs, tenant le caducée. A gauche, le monastère Kaisariani.

tuaires élevés sur la montagne ont été dédiés à la source de la rivière Ilissos. Une fontaine en forme de tête de bélier orne un mur extérieur du monastère. Son eau est censée favoriser les maternités. La tête n'est qu'un moulage, la pièce d'origine ayant été transportée au musée de l'Acropole. Kaisariani est alimenté en eau par cette source située plus haut dans la montagne, qu'Ovide a immortalisée dans *l'Art d'aimer*. Appelée **Kyllou Pera**, elle alimentait jadis tout Athènes en eau potable.

Après avoir visité Kaisariani, on peut continuer, par une route en lacet, jusqu'au sommet du mont Hymette (1 026 m), qui a inspiré à Chateaubriand ces lignes : *« J'ai vu du haut de l'Acropolis le soleil se lever entre les deux cimes du mont Hymette : les corneilles qui nichent autour de la citadelle, mais qui ne franchissent jamais son sommet, planaient au-dessous de nous ; leurs ailes noires et lustrées étaient glacées de rose par les premiers reflets du jour ; des colonnes de fumée bleue et légère montaient dans l'ombre, le long des flancs de l'Hymette, et annonçaient les parcs ou les chalets des abeilles ; Athènes, l'Acropolis et les débris du Parthénon se coloraient des plus belles teintes de la fleur du pêcher... »* Il est également très agréable de déjeuner dans un champ voisin, en compagnie des ânes et des chevaux, et de jouir d'un vaste panorama sur Athènes, la plaine de l'Attique et les îles lointaines du golfe Saronique. Ceux qui n'ont pas emporté de pique-nique déjeuneront au minuscule café situé à environ 1,5 km sur la route principale. Tout en préparant du Nescafé sur un réchaud de camping, le propriétaire abordera tous les sujets possibles avant de vous servir des sandwiches sur une table de pique-nique près d'une source fraîche.

Le mont Parnès

Les amateurs de randonnée et de fleurs sauvages choisiront l'excursion au mont Parnès, la plus haute mon-

Petite chapelle au bord de la route.

tagne d'Attique (1 411 m), à une heure au nord d'Athènes. Le printemps est la meilleure saison à tout point de vue ; l'été attire de nombreux visiteurs mais, sauf en cas de mauvais temps, l'atmosphère de ces pentes boisées est revigorante tout au long de l'année ; le mont Parnès est un parc national aux nombreux sentiers balisés.

Prenez l'autobus n° 726 à l'angle des rues Stournari et Aharnon près de la place Omonia ; au village d'**Acharnes** (45 minutes de route), prenez le n° 724 jusqu'à Thrakomakedones. Du terminus, grimpez à pied pendant cinq minutes jusqu'à un virage en épingle à cheveux bordé par un mur de soutènement et une maison neuve. Descendez jusqu'au ruisseau (l'**Houni**) et prenez le sentier sur l'autre rive. Continuez à grimper cinquante minutes en suivant les jalons fréquents, jusqu'à un carrefour indiqué par un panneau (tournez à gauche) à la lisière d'une forêt de sapins. Au bout de deux heures de marche, vous arriverez au refuge de montagne de **Bafi**, ouvert toute l'année le vendredi soir et le week-end, et les autres jours sur réservation *(tél. 246-1528)*. Sauf en plein hiver, il y a toujours de l'eau courante.

Vous poursuivrez le circuit du Parnès en traversant le parking du refuge et en tournant à droite pour rejoindre la route de ceinture pavée. Au bout de 300 m, prenez à gauche le sentier fléché *Mola*, qui franchit le col séparant l'Ornio, couronné par une tour des télécommunications, et le sommet de Karambola, qui est en zone militaire. A la chapelle, passez de l'autre côté de la montagne, traversez la route de crête et suivez le sentier qui descend à travers une forêt très épaisse où la neige persiste tard ; de décembre à mars, il est bon d'être chaussé en conséquence et de se munir d'une canne.

A un autre carrefour fléché, quarante-cinq minutes après Bafi, tournez à gauche (la route de droite va à l'aire de repos de Mola) pour prendre le cir-

Le mont Parnès est couvert de fleurs.

cuit recommandé vers **Skipiza**. Vous parcourerez pendant une heure les pentes nord puis nord-ouest de la montagne ; le terrain est d'abord plat, puis il s'élève et franchit la crête surplombée par une coupole de radar très mal camouflée et descend en pente raide vers la source de Skipiza.

La fontaine, au centre de la chaîne, se trouve à un carrefour à quatre branches ; en tournant le dos à la fontaine, prenez le chemin de gauche en direction du sud-est (indications en blanc, puis en rouge) vers **Haghia Triada**. Après avoir franchi une série de vallons, vous descendrez une heure en direction du sud en suivant le lit d'un ruisseau et vous rejoindrez la route de ceinture à la source de Paleohori. Tournez alors à gauche (vers l'est) et continuez sur la route asphaltée un quart d'heure jusqu'à Haghia Triada où la grand-route qui vient d'Acharnes rejoint la route circulaire. Le **chalet Kiklamina** est idéal pour prendre un café ou se restaurer après la randonnée, à condition de le quitter de bonne heure. Le dernier autobus (n° 714) qui descend vers Acharnes quitte l'arrêt voisin de la chapelle et de la source à 16 h précises. Si vous le ratez, il est assez facile de faire de l'auto-stop ou encore prenez le chemin qui part de l'hôtel **Xénia** (à 1 km au sud) et descend dans le vallon. En bas, continuez vers la rangée d'hôtels et de tavernes d'**Ano Acharnes** desservis par l'autobus n° 729 ou allez à **Thrakomakedones** prendre le n° 724. Il y a une heure de route pour rentrer à Athènes.

Le seul casino d'Athènes se trouve à l'**hôtel Mont Parnès**, accessible par la route ou en téléphérique (partant du lieu-dit **Métohi**, à 22 km d'Athènes).

Le monastère de Daphni

Situé à 11 km à l'ouest d'Athènes, ce monastère consacré à la Dormition de la Vierge est célèbre pour ses splendides mosaïques byzantines à fond d'or. Daphni se trouve presque à mi-chemin de la **Voie Sacrée**, la route

Christ de la coupole du monastère de Daphni

antique qui reliait Athènes au sanctuaire païen d'**Éleusis**. Le site, au pied des **monts Aigaleo**, **Poikilon** et **Korydallos**, était occupé initialement par un sanctuaire d'Apollon entouré de lauriers. Dans la mythologie grecque, Apollon était amoureux de la nymphe Daphné (désigne le laurier en grec) qui fut changée en laurier pour échapper aux ardeurs du dieu. En 395, ce temple fut détruit par les chrétiens et les matériaux utilisés pour élever une basilique sur son emplacement, dans l'espoir de gagner au christianisme les païens curieux qui se rendaient à Éleusis pour célébrer les mystères. Daphni accueille aujourd'hui de nombreux visiteurs attirés par la **Fête du vin** qui se déroule tous les ans en août et en septembre dans le parc voisin du monastère. Le billet d'entrée donne droit à la dégustation de vin à volonté. On a le choix entre plus de soixante crus, servis souvent directement au tonneau. Cette fête rappelle les antiques Anthestéries, célébrées en février en l'honneur de Dionysos.

Elles duraient trois jours pendant lesquels des concours de buveurs étaient accompagnés d'un carnaval. Au XIIe siècle, une église octogonale remplaça l'ancienne basilique. Le porche gothique a été ajouté au XIIIe siècle, quand Daphni appartenait aux moines cisterciens et servait de lieu de sépulture aux ducs francs d'Athènes. L'église, au décor de mosaïques et de marbre, est coiffée d'une coupole splendide qui couvre pratiquement la totalité de l'édifice. La lumière entre à flots par seize fenêtres percées dans cette très haute coupole (plus de 16 m à la clef).

Daphni se distingue des autres églises byzantines de la région d'Athènes par ses mosaïques à fond d'or contemporaines de celles de Saint-Marc à Venise (fin du XIe siècle), dont certaines ont été effacées à l'époque turque. Le sommet de la coupole est occupé par un Christ Pantocrator (tout-puissant) sévère et impressionnant, tenant de ses beaux doigts allongés une Bible contre sa

Silhouettes maritimes.

poitrine. Il est entouré de seize prophètes, placés entre les fenêtres, dont l'attitude rappelle les statues de l'Acropole. Aux quatre trompes de la coupole sont représentées quatre fêtes religieuses : Annonciation, Nativité, Baptême du Christ et Transfiguration. Cette coupole scintillante aux tons harmonieux de bleu et d'or est si captivante qu'il est difficile de détourner le regard vers les soixante-seize autres scènes des murs, toutes différentes, qui illustrent les enseignements de l'Église (XIe et XIIe siècle).

C'est de Daphni que Chateaubriand découvrit Athènes : *« Nous aperçumes le monastère de Daphné, bâti sur les débris du temple d'Apollon, et dont l'église est une des plus anciennes de l'Attique. Un peu plus loin nous remarquâmes quelques restes du temple de Vénus. Enfin, le défilé commence à s'élargir ; nous tournons autour du mont Poecile placé au milieu du chemin, comme pour masquer le tableau ; et tout à coup nous découvrons la plaine d'Athènes. »*

Ceux qui connaissent le monastère de Kaisariani seront peut-être déçus par Daphni et, à part les mosaïques, trouveront l'excursion moins intéressante. Hors de l'enceinte fortifiée de l'église, le monde moderne reprend ses droits. La Voie Sacrée est devenue l'autoroute Athènes-Corinthe, encombrée et bruyante, à quelques pas de l'entrée. Le parc de la fête du vin est lui aussi étrange, avec sa taverne au toit de plastique et ses énormes tonneaux sur le parking.

On peut contourner à pied les collines boisées qui s'élèvent derrière l'église si l'on est équipé de chaussures de marche car les pentes, couvertes d'aiguilles de pin, peuvent être très glissantes. Daphni se trouve à moins d'une heure d'autobus d'Athènes. Les ruines antiques d'Éleusis, 11 km plus loin, sont malheureusement proches de la ville moderne industrielle mais le musée mérite une visite. Dans l'Antiquité, on y célébrait en l'honneur de Déméter les fameux Mystères dont le secret n'a jamais été révélé.

Sous le soleil.

Les plages d'Athènes

Les Athéniens n'ont pas oublié les eaux propres et les routes dégagées d'il y a quelques années et refusent de se baigner à moins de 65 km du centre. La circulation pose des problèmes l'été mais le plus grave est la menace de pollution qui a accompagné l'explosion démographique et l'industrialisation. Peut-on ignorer impunément la pollution ? Ceux qui n'ont pas peur de se baigner sur une plage proche d'Athènes constateront qu'ils ne sont pas les seuls dans leur cas et que les plages sont très fréquentées l'été. De très nombreuses plages, aménagées ou nom, se trouvent théoriquement à une heure de route du centre d'Athènes. Chacun ayant sa vision personnelle de la plage idéale, il est difficile d'en conseiller une en particulier, mais il faut en tout cas s'éloigner de la capitale qui est enfermée dans les terres.

Les plages se trouvent dans deux secteurs : la côte ouest, au sud de la ville, et la côte est, préférable pour les automobilistes qui cherchent le calme et la solitude. Les plages principales des deux secteurs sont desservies par des services réguliers d'autobus mais elles sont souvent bondées, surtout en plein été. Les plages du sud-est d'Athènes s'égrènent le long de la côte d'Apollon, entre Le Pirée et le cap Sounion, au bord du golfe Saronique. Ce sont en majorité des plages payantes très bien équipées, alternant avec des plages dont l'entrée est libre, comme celle de **Kavouri**.

Les cinq plages gérées par l'Office national hellénique du tourisme (O.N.H.T.) sont celles d'**Alimos**, de **Voula** (deux plages), de **Vouliagméni** et de **Varkiza**, à une demi-heure trois quarts d'heure de route si la circulation est fluide. Elles sont équipées de douches, bar, self-service, terrain de jeux pour les enfants, terrain de basket-ball et de volley-ball et courts de tennis. Les parasols sont bien sûr monopolisés par les premiers arrivés. On peut également louer des canoës et des pédalos.

Touristes contemplatifs

Il est tentant d'aller aux plages les plus proches, mais les plus éloignées sont généralement préférables. Celle de **Paleo Faliro** est à éviter, à moins d'apprécier le spectacle des pétroliers qui attendent pour entrer au Pirée. Le seul avantage des plages d'Alimos et de **Glyfada** est à proximité du centre commercial cosmopolite de Glyfada – pour certains c'est plutôt un inconvénient. Elles sont également voisines d'un aéroport très actif et très bruyant.

A Voula, la côte devient un peu plus verdoyante. Vouliagméni, à 25 km du centre ville, est une station balnéaire très sympathique dans laquelle on a le choix entre la plage d'**Oceanis**, gérée par l'O.N.H.T., et celle d'**Asteras**, gérée par l'hôtel Astir Palace, plage payante où le sable est plus abondant. L'équipement est meilleur et trois pontons amarrés au large attendent les bons nageurs. Vouliagméni a aussi une école de ski nautique et de planche à voile. Ces plages sont fréquentées par des estivants de tout genre et de tous âges mais les familles ont été découragées par le prix d'entrée élevé de la plage d'Asteras, lieu à la mode où prédominent les jeunes et les couples.

Le **lac de Vouliagméni** est un plan d'eau en plein air dont les eaux minérales troubles auraient des vertus thérapeutiques. Situé dans un beau cadre rocheux, mais survolé par les avions qui descendent sur l'aéroport d'Athènes, le lac est paisible.

Si les plages entre Voula et Vouliagméni ont été plantées d'arbres pour offrir un peu de verdure aux baigneurs, les pinèdes de la côte est sont plus épaisses et les baies abritées plus petites. La mer y serait dans l'ensemble un peu plus propre mais ce n'est pas le cas du port de **Rafina** ni de **Nea Makri**, très fréquenté, mais qui abrite aussi d'importants camps militaires. Ceux qui préfèrent une plage bien équipée choisiront celle de l'O.N.H.T. à **Porto Rafti**, ou la longue plage de sable de **Schinias**, toutes deux à une heure de route vers l'est et le nord. Si l'on n'est pas motorisé, on peut difficilement dénicher des coins isolés. Les plages qui n'ont pas de self-service ont pratiquement toutes, au nord et au sud d'Athènes, de bonnes tavernes servant du poisson, parfois installées directement sur le sable.

Sur la plupart des plages d'Athènes, l'eau est très claire. Même sur la côte très encombrée entre Voula et Vouliagméni, les baigneurs sont agréablement surpris de sentir des poissons frôler leurs chevilles. Si les eaux sont toujours poissonneuses, la pollution ne doit pas être très redoutable. Les vacanciers doivent toutefois savoir que bien des baigneurs ont contracté des maladies dans les environs d'Athènes. Aucune plage de l'Attique ne répond aux critères draconiens du plan européen « Drapeau bleu », qui vise à nettoyer les zones de baignade du Marché commun.

Il reste enfin la solution d'aller plus loin, par exemple à **Oropos**, au nord d'Athènes ou vers le **cap Sounion**, tout au sud. Deux arguments plaident en faveur de ces endroits : la visite vaut largement le détour et, en outre, la circulation est plus fluide à mesure que l'on s'éloigne de la capitale.

Certaines plages sont accessibles par bateau comme celle, à droite, de Glyfada

A UN JOUR D'ATHÈNES

On peut, en partant d'Athènes, visiter dans la journée plusieurs sites antiques – Épidaure, Corinthe et Mycènes – mais c'est **Delphes**, centre spirituel du monde classique, qui remporte le plus de suffrages. Le site occupe un emplacement exceptionnel, surplombant les vallées et les bois de cyprès, et l'excursion est très agréable.

Le trajet peut toutefois être fatigant et les visites organisées en autocar ne prévoient que deux heures au plus pour la visite du site et du musée. Il est possible de passer la nuit dans le village de Delphes, appelé **Kastri** avant la redécouverte du sanctuaire. Dans ce cas, il vaut mieux réserver d'Athènes un hôtel qui donne sur la vallée pour jouir du panorama qui a fasciné les Anciens.

Delphes passait dans l'Antiquité pour le « nombril » du monde, l'endroit que deux aigles lâchés par Zeus aux extrémités de la terre choisirent pour se rencontrer. C'est Apollon, fils de Zeus, qui aurait fondé le sanctuaire qui lui est dédié. Des découvertes récentes permettent d'affirmer que le site a certainement été habité par des populations venues peut-être de Crète vers le VIIIe siècle av. J.-C. Rares sont les sources anciennes qui donnent un tableau complet de Delphes à son apogée ; l'oracle était si célèbre aux quatre coins de la Grèce que tout document était superflu. Les gens traversaient tout le pays pour venir le consulter.

Le rituel était simple. Après avoir sacrifié un animal, le consultant inscrivait sa question sur une tablette de plomb qu'il remettait à une vieille femme appelée la Pythie. Cette prêtresse était assise sur un trépied qui est aujourd'hui un rocher rectangulaire d'environ un mètre de long sur lequel sont ciselés trois trous principaux et plusieurs trous secondaires. Elle respirait les exhalaisons enivrantes qui émanaient d'une fissure dans le sol et proférait des paroles incohérentes qu'un prêtre transcrivait en clair et remettait au demandeur. Delphes devint de plus en plus riche et puissante. Malgré les nombreuses prédictions confuses, Strabon écrivit : « *De tous les oracles du monde, Delphes avait la réputation d'être le plus véridique.* »

En quittant Athènes, la route actuelle passe d'abord par la cité antique de **Thèbes**, patrie de Pindare et de Dionysos dont la mère, Sémélé, était une princesse thébaine. Au IVe siècle av. J.-C., Thèbes dominait toute la Grèce. Elle fut également le théâtre de la chute du roi Œdipe, qui assassina son père et épousa sa mère. C'est aujourd'hui une ville moderne animée, entourée de camps de gitans.

Les guides signalent souvent au passage le lieu précis où la tragédie d'Œdipe se serait déroulée, sur le **mont Parnasse**. Après la ville banale de **Livadia** (dont le clocher fut offert par lord Elgin), en approchant du sommet de la montagne, trois carrefours convergent vers une cabane de

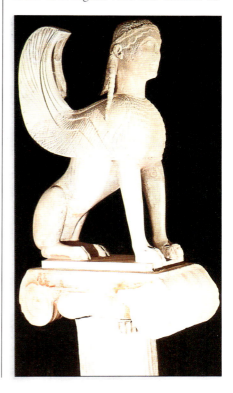

A gauche, la Tholos, Marmaria ; à droite, le Sphynx Naxiens.

berger aux tuiles rouges. La route de droite va vers Thèbes, celle de gauche vers Delphes, la troisième vers le nord. On ignore si c'est là le lieu réel du meurtre ou si sa localisation n'est due qu'à l'imagination des guides touristiques, mais le paysage désolé convient parfaitement à une tragédie. La grande ville que l'on traverse avant d'arriver à Delphes est **Arachova**, dont les maisons aux toits rouges dévalant de la montagne évoquent un village de Toscane. Les femmes d'Arachova tissent et brodent, tandis que les hommes élèvent des visons et tannent le cuir pour en faire des vestes. On achètera à bon prix des lainages ou des tapis *flokati* de laine teints à la main. Si l'on est motorisé, mieux vaut tenter sa chance dans les villages de montagne, à l'écart des circuits touristiques. Le superbe monastère byzantin d'**Hosios Loukas**, à l'ouest de Livadia, mérite véritablement le détour. Delphes est certainement le site le plus célèbre de la Grèce classique. L'oracle devait sa richesse inouïe non seulement aux cités-États grecques mais aussi aux souverains de pays lointains comme l'Égypte et la Sicile. Delphes connut l'apogée de sa prospérité vers 582 av. J.-C. : les jeux Pythiens, célébrés tous les quatre ans dans le stade construit au point le plus élevé de la cité sacrée, n'étaient égalés que par ceux d'Olympie. Des bâtiments somptueux furent construits au bord de la Voie Sacrée pour abriter les présents offerts à l'oracle. Dans l'escalier du musée, un dessin représente Delphes telle qu'elle était à son apogée, luxueuse, débordante de temples et de statues aux couleurs vives.

Le grand **temple d'Apollon** domine aujourd'hui le site. Restauré en 1940, il a retrouvé un état fragmentaire mais imposant. Cinq temples dédiés au dieu l'auraient précédé sur ce site : le premier en feuilles et branches de laurier, avec un autel fait de plumes et de cire d'abeille. Les autres étaient faits d'un matériau plus solide, c'est-à-dire le calcaire local. Le dernier temple était un édifice dorique, qui faisait 60 m de

Le temple d'Apollon.

long sur 24 de large, et qui comptait quinze colonnes dans la longueur et six sur sa largeur. La plus grande partie de sa façade du IVe siècle est conservée et témoigne de sa magnificence extrême.

Le **Trésor des Athéniens**, qui date probablement des années 490 av. J.-C., s'élève sur une terrasse desservie par un escalier partant de la Voie Sacrée. C'est le seul trésor qui ait été reconstruit à Delphes, en partie grâce aux fonds réunis au début du siècle par la ville d'Athènes. Cet édifice dorique en marbre de Paros est couvert de plus de cent cinquante inscriptions.

Le vestige le plus photographié à Delphes, la **Tholos**, ne se trouve pas dans l'enceinte sacrée mais appartient au sanctuaire de la Marmaria, dans un vallon à l'est. Cette magnifique rotonde du IVe siècle av. J.-C., élégante et simple, entourée de vingt colonnes doriques sur un soubassement de trois marches, était en marbre blanc agrémenté de calcaire noir somptueux du plus bel effet. On ignore quelle était la fonction ou l'utilité de l'éblouissante Tholos.

Le **musée de Delphes** renferme des objets trouvés dans la ville antique et dans tous les sanctuaires de Phocide. L'affiche est en grec et en français et on trouve des guides dans toutes les langues. Les deux pièces les plus importantes de la belle collection de sculptures des VIe et Ve siècles sont le Sphinx ailé des Naxiens et l'Aurige, une statue de bronze grandeur nature qui semble vivante (remarquez les ongles impeccables des pieds) et qui date de 475 av. J.-C.

Le cap Sounion

Le promontoire le plus méridional de l'Attique se trouve à 70 km d'Athènes, soit moins de deux heures de route. Des excursions en autocar sont organisées presque tous les matins et après-midi au départ d'Athènes. En sortant de la banlieue d'Athènes, la route longe la côte et la vue est donc meilleure si l'on a choisi un siège à droite dans l'autocar. Ces excursions organisées sont assez complètes mais ne laissent pas le loisir d'explorer les secteurs moins touristiques autour du cap Sounion. Les ruines antiques y sont nombreuses et constituent un très agréable but de promenade si l'on désire passer une journée entière loin de la canicule de la capitale.

Le chapelet de stations balnéaires prend fin environ 12 km avant le cap Sounion et le voyage devient accidenté et grandiose. Des rochers noirs s'avancent dans la mer et aux bungalows succèdent les falaises balayées par le vent. Au point culminant du promontoire se dressent, isolés, les vestiges du superbe **temple de Poséidon** construit vers 444 av. J.-C. C'était peut-être un prolongement du programme de construction publique lancé par Périclès à Athènes. Des trente-quatre colonnes doriques d'origine, il en reste neuf sur le côté sud, le plus photographié, et six au nord. Les colonnes sont différentes de celles d'Athènes car elles s'ornent de seize cannelures et non des vingt canoniques. Du temple, la vue s'étend très

Tête de l'Aurige de Delphes, l'une des rares statues à avoir conservé ses yeux d'onyx.

loin. Par temps clair, on voit la côte du Péloponnèse, les îles du golfe Saronique, les îles de Kythnos et Serifos dans l'archipel des Cyclades, et même la lointaine Milo. Le site pouvant être très venteux, sauf s'il fait très chaud, il est bon d'emporter un gilet.

Le cap Sounion est apprécié des voyageurs étrangers depuis fort longtemps. Au XIXe siècle, c'était une étape obligatoire pour les jeunes gens aisés qui effectuaient leur « grand tour ». Lorsque Byron vint le visiter, il grava son nom sur une des colonnes et composa quelques vers en l'honneur du temple. Les couchers de soleil sont spectaculaires.

Les îles de la mer Égée

Un des avantages d'Athènes est la proximité de la mer qui permet de visiter facilement un certain nombre d'îles accessibles en ferry-boat, en paquebot ou en hydroglisseur. Les distances sont toutefois trompeuses en mer Égée et on croit souvent à tort que des îles comme Santorin, la Crète et Mykonos peuvent être visitées en un temps limité. Il n'en est rien : la traversée pour Mykonos peut prendre jusqu'à huit heures et un week-end est insuffisant si l'on veut vraiment en profiter. Les liaisons aériennes sont commodes mais les avions, très fréquentés par les Athéniens, sont souvent complets des semaines à l'avance. Les îles qui se prêtent le mieux aux excursions de courte durée sont celles du **golfe Saronique**, au sud-ouest du Pirée.

On pourra aussi visiter l'île peu connue de **Kea**, dans l'archipel des Cyclades, desservie par un bon service d'autocars jusqu'au port de **Lavrio**, puis par ferry. Le trajet dure trois heures. Les maisons cubiques blanches de la capitale, **Ioulis**, dévalent au flanc de la montagne comme dans toutes les îles grecques et l'île possède des plages de sable. En dehors de la saison d'été, rares sont les habitants qui parlent des langues étrangères mais c'est l'île idéale pour ceux qui veulent par-

Le temple du cap Sounion.

tager la simplicité de vie des insulaires. La plupart des touristes choisissent à juste titre les îles du golfe Saronique. Elles sont desservies plusieurs fois par jour par bateau au départ du Pirée et se trouvent à moins de trois heures de traversée. L'île de **Salamine**, la plus proche, ne se trouve qu'à une demi-heure de bateau. Elle fut, en 480 av. J.-C., le théâtre d'une célèbre bataille navale entre les Grecs et les Perses, mais elle ne présente pas de réel intérêt touristique. La jolie île de **Spetsai**, à quatre heures du Pirée, convient mieux à une excursion de fin de semaine. La place principale entourée de tavernes et de cafés est animée et l'on s'y déplace surtout en fiacre. Des hydroglisseurs plus rapides relient le port de la marina de Zea, près du Pirée, à Spetsai ; quand la mer est un peu agitée, les services sont annulés.

Croisière à Poros, Hydra et Égine

Après Delphes, l'excursion la plus appréciée au départ d'Athènes est la croisière d'un jour aux trois îles d'Égine, Hydra et Poros. Chaque escale durant au maximum une heure et demie, les visites sont nécessairement rapides. Mais rien ne vous empêchera de retourner dans l'île que vous aurez préférée.

Poros, la première escale, se compose en fait de deux îles reliées par un pont. **Kalavria**, au nord, est verdoyante et au moins dix fois plus grande que **Spheria**, l'îlot volcanique dans lequel vit la majorité des habitants. La ville est construite autour de plusieurs collines dont la plus proche est couronnée par une tour de l'horloge bleu et blanc. L'escale durant une heure, on peut visiter cette tour mais la montée est assez fatigante. Au port assez quelconque succèdent le soleil et le calme : melons, raisins et fleurs luxuriantes surplombent les vérandas des maisons et l'on peut observer d'en haut l'agitation du port.

Si vous en avez le temps, allez visiter le **monastère de la Panaghia-Zoodochos-Pigis** (Vierge Source de

campagne verdoyante des îles du golfe Saronique.

Vie) et les vestiges du **temple de Poséidon** (vers 500 av. J.-C.).

En remontant sur le bateau, restez sur le pont car la navigation dans le détroit de Poros est impressionnante. Dans *le Colosse de Maroussi*, Henry Miller le décrit ainsi : « *... je me rendis compte, brusquement, que nous voguions dans les rues de la ville... La terre converge de tous côtés et le bateau est resserré dans un étroit passage qui paraît sans issue. Les gens de Poros, hommes et femmes, se penchent aux fenêtres, juste au-dessus de vous... Les flâneurs sur le quai vont à la même allure que le bateau ; plus vite même, s'il leur chante d'activer le pas.* » Les rues dont parle l'écrivain sont en fait le bras de mer de 400 m de large qui sépare Poros des côtes du Péloponnèse et qui donne son nom à l'île (le mot *poros* signifie détroit).

Hydra

Du détroit de Poros, il y a une heure de navigation jusqu'à l'île cosmopolite d'Hydra, le lieu idéal pour les achats de souvenirs. Dans les années 60, attirés par le port harmonieux et la lumière vive et intense, les artistes y élirent domicile, bientôt suivis par des hippies fortunés. Hydra devint une île à la mode, fréquentée par la haute société. Les célébrités sont parties depuis longtemps mais l'île est restée cosmopolite. Au XVIIe siècle, Hydra était le centre de la marine marchande en Méditerranée orientale. Les capitaines de navire se firent construire d'immenses résidences autour du port, dont l'une abrite aujourd'hui l'**École athénienne des beaux-arts**.

Dans le port, d'intéressantes demeures anciennes attendent votre visite : la **maison de Coundouriotis** (la plus belle), celle **de Boulgaris**, celle **de Tombazis** et celle **de Boudouris**, qui a une petite chapelle privée. Les rues pavées et sinueuses derrière le port sont bordées de boutiques élégantes et de restaurants. Les murs blanchis à la chaux sont percés d'élégants porches aux heurtoirs de cuivre qui appartien-

Reproductions en céramique typiques d'Égine.

nent aux résidences d'été des riches Athéniens. Les petites places blotties dans les recoins accueillent les amateurs de calme.

Un séjour prolongé à Hydra permet de visiter les charmantes chapelles de l'intérieur de l'île, qui ne sont accessibles qu'à pied car la circulation automobile est interdite sur l'île. A voir également, deux monastères : celui du **Prophète-Élie**, perché à 500 m dans une pinède, et celui de **Zourvas**. Enfin, si vous êtes lassé par les monuments, vous pourrez profiter des paysages de la superbe **baie Mandraki**.

Égine

Cette île, dernière escale de la croisière, fut habitée dès 3000 av. J.-C. Les premiers habitants choisirent de s'installer sur la **colline de Kolona**, près de la ville d'Égine. Il n'y reste qu'un fût de colonne d'un temple construit en l'honneur d'Apollon, mais les archéologues ont mis au jour des vestiges indiquant que l'île a été continuellement habitée pendant les deux millénaires suivants. Au VIIe siècle, Égine frappait les premières pièces de monnaie grecques, les « tortues » (chaque cité gravait un animal, Athènes la chouette par exemple) d'argent qui furent pendant un siècle l'unique monnaie d'argent de toute la Grèce. Cette petite île devint de plus en plus riche et puissante et, en 1828, elle fut choisie comme capitale temporaire de la Grèce libérée. Le premier gouverneur, Jean Capo d'Istria, fit construire de belles demeures dont certaines bordent toujours les élégants boulevards de la ville moderne.

Si vous disposez d'un temps limité, il est conseillé d'opter pour l'excursion en autocar au **temple d'Aphaia**, à 12 km au nord-est de la ville d'Égine. Dédié à la déesse de la Sagesse et de la Lumière, le temple a probablement été construit entre 510 et 480 av. J.-C. Situé au point culminant de l'île, il offre une vue extraordinaire sur la mer. L'endroit pouvant être très venteux, mieux vaut prévoir des vêtements chauds.

Vingt-quatre des trente-deux colonnes d'origine sont conservées, ainsi que les fondations d'un autel et les vestiges des habitations des prêtres. C'est le seul temple grec préservé avec une deuxième rangée de petites colonnes à l'intérieur du sanctuaire. Les frontons sculptés de scènes évoquant la guerre de Troie sont aujourd'hui conservés à la glyptothèque de Munich, mais les objets découverts au cours des fouilles sont exposés au **Musée archéologique** d'Égine.

Égine est renommée pour ses pistaches. Elle mérite un séjour prolongé non seulement pour ses excellents restaurants de poissons et ses calèches pittoresques mais pour visiter la ville byzantine abandonnée de **Paléochora**, accrochée à la colline, aux maisons en ruine et aux nombreuses églises. Une autre excursion intéressante (conseillée en milieu de semaine pour éviter la foule des Athéniens) est celle du ravissant **îlot de Moni** que l'on peut gagner en caïque au départ de **Perdika**.

Ci-dessous, quelques îles possèdent les calèches. Pages suivantes : le casque de Périclès devait ressembler à celui-ci ; gamins au marché.

INFORMATIONS PRATIQUES

Préparatifs et formalités de départ 234
Passeports et visas. Animaux. Climat.
Vêtements à emporter. Réservations.
Aller en Grèce 235
En avion. En bateau. Par la route. En train.
A l'arrivée 237
Douanes. Transports depuis l'aéroport.
Monnaie. Taux de change.
A savoir une fois sur place 238
Heures d'ouverture. Jours fériés.
Postes et télécommunications. Santé et urgences.
Médias. Sécurité. Où laisser ses bagages. Où se renseigner.
Comment se déplacer 241
En avion. En bateau. En transports en commun. En taxi.
En voiture. Location de voitures. Locations de deux-roues.
Location de bateaux. Croisières.
Pour mieux connaître la Grèce 245
Économie. Population. Us et coutumes. La langue.
Loisirs et spectacles 248
Fêtes et Festivals. La musique grecque. Cinéma.
Vie nocturne. Vos achats.
Nature et sports 251
Musées et curiosités touristiques 252
Musées. Excursions. Guides touristiques. Librairies.
Pour les gourmets 254
Le goût grec. Le miniguide du gourmet.
Quelques restaurants à Athènes.
Où loger 258
Hôtels à Athènes. Hôtels et pensions
en dehors d'Athènes. Pensions. Appartements meublés.
Auberges de jeunesse. Campings.
Indications bibliographiques 262
Crédits photographiques 264
Index 264

PRÉPARATIFS ET FORMALITÉS DE DÉPART

PASSEPORTS ET VISAS

Les ressortissants des pays de l'Europe de l'Ouest et du Canada, qui sont en possession d'un passeport valide (ou périmé depuis moins de cinq ans) ou d'une carte d'identité, peuvent entrer en Grèce et y séjourner pendant trois mois. Dans ce cas, aucun visa n'est nécessaire. Pour rester plus longtemps, le passeport est obligatoire mais il faut également un permis de résidence dont on peut faire la demande à la **Direction du service des étrangers**, *173, avenue Alexandras ; 115 22 Athènes, tél. 646 81 03 et 770 57 11, poste 379 ou 37, rue Iroon Polytechniou, 185 10 Le Pirée, tél. 412 25 01, 412 86 07 (8 h-14 h30).*

Les ressortissants des autres pays doivent contacter l'ambassade ou le consulat de Grèce le plus proche de chez eux et se renseigner sur les conditions d'obtention d'un visa.

Paris
Ambassade de Grèce
17, rue Auguste-Vacquerie, 75116 Paris, tél. 47 23 72 28.
Consulat général
23, rue Galilée, 75016 Paris, tél. 47 23 72 23, 47 20 40 64.
Marseille
Consulat général
538, rue Paradis, 13008 Marseille, tél. 91 77 54 01.
Bruxelles
Ambassade de Grèce
430, avenue Louise, 1050 Bruxelles, tél. 648 17 30, 648 33 02.
Consulat
115, rue Defacqz, 1050 Bruxelles, tél. 537 29 60, 537 24 92.
Berne
Ambassade de Grèce
3, Jungfraustrasse, 3005 Berne, tél. 441 637-8, 440 016, 448 607.
Zurich
Consulat général
Muehlebachstrasse 44, 8008 Zurich, tél. 25 24 844-45.
Genève
Consulat général
1, rue Pedro Meylan, 1208 Genève, tél. 353 747, 357 390.
Montréal
Consulat général
2015, rue Peel, Suite 750, Montréal-Québec H31 1T8, tél. 845 21 05, 845 21 06.
Toronto
Consulat général
100, University Avenue, Suite 1004, Ontario M5J 1V6, tél. 593 1636-7.

● **Automobilistes**
Pour les ressortissants de la C.E.E., il suffit de présenter un permis de conduire national, sans oublier la carte grise et la carte verte. Tout automobiliste qui envisage de rester plus de quatre mois en Grèce doit obtenir un carnet de passage en douane de l'automobile-club de son pays d'origine. **Prix de l'essence :** super 110 dr, ordinaire et sans plomb 105 dr, gasoil 50 dr. En dehors d'Athènes, le prix de l'essence peut être augmenté de 1, 50 à 3 dr.

ANIMAUX

Certificat de bonne santé et vaccination antirabique obligatoires pour les chiens et les chats. Le certificat ne doit pas avoir plus d'un an pour les chiens, plus de six mois pour les chats et doit avoir été délivré plus de six jours avant la date d'arrivée dans le pays.

CLIMAT

La région d'Athènes jouit d'un climat méditerranéen : hivers doux et humides, étés chauds et secs. Température moyenne en janvier 9 °C, en août 28 °C. Température moyenne de la mer : mars 14 °C, août 26 °C. Si les étés sont parfois caniculaires (en juillet-août, la température peut atteindre 35 °C et 25 °C la nuit), l'hiver est pluvieux et venteux et les températures correspondent à celles du printemps en Europe. La plus grande partie des pluies tombe en novembre et en décembre et la neige couvre l'hiver les sommets du Parnès, du Pentélique et de l'Hymette. La période idéale est avril-mai-juin ou septembre-octobre.

VÊTEMENTS A EMPORTER

Si vous visitez la Grèce pendant l'été, vous emporterez des vêtements simples et légers. Prévoyez un pull ou un cardigan, et vous serez paré pour les petits vents frais qui peuvent parfois se lever le soir. Des chaussures légères et des sandales sont ce qu'il y a de mieux. Toutefois, il peut s'avérer utile de se munir aussi d'une paire de chaussures de marche confortables, déjà portées. Si vous avez l'intention de faire des randonnées dans les montagnes ou dans les îles, emportez également des chaussures de randonnée légères. Pour se protéger du soleil intense qui règne au milieu de la journée, il est indispensable d'avoir un chapeau ou un foulard. En général, les Grecs, comme les touristes, dînent en vêtements simples. Vous n'aurez besoin de vêtements habillés que si vous avez l'intention de vous rendre dans des établissements chic, des casinos, ou pour des rendez-vous d'affaires... En hiver, il vous faut emporter le même type de vêtements que vous porteriez au printemps au Québec ou en Europe.

Pour entrer dans une église, les hommes doivent porter des pantalons, et les femmes avoir les bras couverts. Très souvent, on vous procurera le nécessaire à l'entrée de l'église, si vous n'en disposez pas. Le fait de ne pas se conformer à cet usage peut être pris pour une insulte. Dans certaines circonstances, il en sera de même si vous souhaitez vous baigner nu. Cela n'est autorisé légalement que sur un très petit nombre de plages grecques, bien que socialement accepté sur beaucoup d'autres. La règle la plus simple que nous vous conseillons est celle-ci : s'il s'agit d'une plage à l'écart ou d'une plage où, d'un commun accord avec les autorités locales, le nudisme est couramment pratiqué, vous ne serez ennuyé par personne et vous n'ennuierez personne en vous y adonnant.

Enfin, pour ce qui concerne l'habillement, vous devez vous conformer aux règles en usage dans le lieu où vous vous rendez.

Quelques précautions à prendre : dans les collines, il arrive qu'il y ait des scorpions ou des serpents. Ceux-ci n'attaquent que lorsqu'on les dérange ; toutefois, il est recommandé de porter des pantalons ou des chaussettes montantes ainsi que de bonnes chaussures de marche.

Il est également recommandé de prévoir des sandales de plastique pour nager dans des eaux rodieuses ou pleines d'oursins. On peut acheter facilement ces sandales sur place.

RÉSERVATIONS

Avant de partir, mieux vaut faire confirmer les horaires de voyage et les réservations d'hôtel par votre agence de voyages ou votre tour-opérateur.
Pour se renseigner avant le départ :
Office national hellénique du tourisme
3, avenue de l'Opéra, 75001 Paris, tél. 42 60 65 75, 42 96 49 55.
Office national hellénique du tourisme
173, avenue Louise, 1050 Bruxelles, tél. 647 57 70, 647 59 44.
Griechische Zentrale für Fremdenverkehr
Loewerstrasse 25, CH 8001 Zurich, tél. 221 01 05.

Greek National Tourist Organisation
1300 Bay street, Toronto, Ontario M5R 3K8, tél. 968 22 20.
Greek National Tourist Organisation
1233, rue de la Montagne, Montreal QC H3G Quebec, tél. 871 15 35.

ALLER EN GRÈCE

EN AVION

Il existe différentes façons de prendre l'avion pour un prix largement inférieur à ceux normalement pratiqués par les lignes régulières (Apex, *stand-by*, places de dernière minute, charters). Vous avez intérêt à vous informer sur les différentes possibilités, leurs avantages relatifs et leurs inconvénients, avant d'acheter un billet. La grande majorité des voyageurs qui arrivent en Grèce par avion débarquent à l'aéroport Hellénikon d'Athènes. Si vous voyagez par Olympic Airways, vous débarquerez à l'Aérogare Ouest, sinon vous arriverez à l'Aérogare Est. Les deux aérogares sont reliées par un réseau de taxis et de bus qui démarrent toutes les vingt minutes.

France
Par Air France, vol quotidien Paris-Athènes, le dimanche vol Marseille-Athènes et Nice-Athènes. Par Olympic Airways, vol quotidien Paris-Athènes l'été, quotidien sauf jeudi l'hiver ; Marseille-Athènes 2 vols par semaine l'été, 1 vol par semaine l'hiver.
Renseignements et réservations
Air France
119, avenue des Champs-Élysées, 75008 Paris, tél. 45 35 61 61.
Olympic Airways
3, rue Auber, 75009 Paris, tél. 47 42 87 99, 42 65 92 42.
41, la Canebière, 13001 Marseille, tél. 91 91 27 75.
57, rue du Président-Édouard-Herriot, 69002 Lyon, tél. 78 37 44 97.
Belgique
Par Sabena, cinq vols Bruxelles-Athènes par semaine. Par Olympic Airways, vol quotidien.
Renseignements et réservations
Sabena
35, rue du Cardinal-Mercier, 1000 Bruxelles, tél. 723 31 11.
Olympic Airways
138a, avenue Louise, 1050 Bruxelles, tél. 649 81 58, 649 90 10, 649 81 58.

Suisse
Vols quotidiens Genève-Athènes et Zurich-Athènes par Swissair et par Olympic Airways.
Renseignements et réservations
Swissair
Gare de Cornavin, Genève, tél. 798 21 21 et Hauptbahnhof, Zurich, tél. 258 33 11.
Olympic Airways
4, tour de l'île, 1204 Genève, tél. 219 621-4 et Talstrasse 66, Zurich, tél. 211 37 37.
Canada
Par Air Canada et Olympic Airways, vol Toronto-Montréal-Athènes direct une fois par semaine l'hiver, deux fois par semaine l'été. Les autres jours, correspondance à Londres ou à Paris.
Renseignements et réservations
Olympic Airways
1200 McGill College Avenue, Suite 1250, Montréal-Quebec H3B 4G7, tél. 878 38 91, 878 96 91.
80, Bloor St. West, Suite 502, Toronto ONT M5S 2V1, tél. 964 71 37, 920 24 52.

EN BATEAU

La grande majorité des touristes qui entrent en Grèce par bateau arrive par l'ouest, c'est-à-dire par l'Italie. Vous pouvez embarquer à Venise, Ancône, Bari. Mais le port le plus couramment utilisé est celui de Brindisi. Des liaisons quotidiennes (quoique moins fréquentes pendant la basse saison) existent entre Brindisi et Patras.
Patras est préférable si vous désirez vous rendre directement à Athènes ou dans le Péloponnèse. Des bus ou des trains relient régulièrement Patras et Athènes (quatre heures en bus). Si vous avez l'intention d'arriver avec votre voiture, vous avez intérêt à faire votre réservation longtemps à l'avance. Sinon, il suffit de vous présenter quelques heures avant le départ, sauf en pleine période estivale, où il vaut mieux avoir prévu des réservations.
L'Italie et l'Occident restent, de loin, le principal canal d'arrivée des voyageurs maritimes. Venant du sud, des bateaux assurent les liaisons entre Alexandrie et Le Pirée tous les dix à quinze jours. Par l'est, une liaison hebdomadaire relie Le Pirée à Haïfa et à Limassol, sans compter les nombreux points de rencontre entre les îles orientales de la mer Égée et la côte turque. Par le nord, de nombreux bateaux relient Le Pirée à Istanbul. Durant l'été, des bateaux effectuent deux fois par mois la traversée entre Le Pirée et Odessa (U.R.S.S.).

Principales lignes en service :
Ancône-Patras (Karageorgis Lines, Anek Lines, Minoan Lines, Strintzis Lines, Marlines Seven Islands Lines) Brindisi-Patras (Fragline, Hellenic Mediterranean Lines, Adriatica, Seven islands Lines, European Seaways)
Bari-Patras (Ventouris ferries)
Itinéraire Kusadasi-Samos-Paros-Le Pirée-Céphalonie-Ancône via le canal de Corinthe desservi par Minoan Lines
Itinéraire Venise-Dubrovnik-Le Pirée-Héraklion-Alexandrie par Adriatica
Itinéraire Ancône-Patras-Kusadasi-Heraklion-Ancône par Marlines
Itinéraire Le Pirée-Héraklion-Rhodes-Limassol-Haïfa par Arkadia Lines et Stability lines
Itinéraire Le Pirée-Rhodes-Limassol-Port Saïd-Haïfa par la compagnie Louis.

PAR LA ROUTE

● **D'Europe par la Yougoslavie**
La route continentale qui relie l'Europe du Nord-Ouest à la Grèce est très longue (3 082 km entre Paris et Athènes par « l'itinéraire italien » et 3 060 km par « l'itinéraire allemand et autrichien »). Il s'agit en somme d'un parcours long et peu pratique si vous désirez uniquement vous rendre en Grèce pour de courtes vacances, mais cela peut devenir un voyage intéressant si vous faites de ce trajet une partie de vos vacances. En voiture, la route E traverse la Yougoslavie par l'intérieur et pénètre en Grèce juste au-dessus de Thessalonique.

● **En venant d'Asie par la Turquie**
Si vous vous rendez en Grèce venant d'Asie, vous passerez par Istanbul et traverserez l'Evros pour y entrer. La route peut se faire en voiture ou en bus. Elle est bonne, et le trajet entre Istanbul et Thessalonique dure environ quinze heures. De nombreuses compagnies d'autocars assurent le service. Le voyage en train a toujours l'attrait légendaire du parcours de l'ancien Orient-Express. La durée du trajet peut rendre ce moyen de transport prohibitif : vingt-cinq heures d'Istanbul à Thessalonique. Entre ces deux villes, se situe la fascinante région de Thrace : une merveilleuse aventure, si vous avez le temps et l'envie de la parcourir en stop.

EN TRAIN

De Paris (gare de l'Est), départ quotidien pour Athènes à 7 h 52 avec changement le lendemain matin à Belgrade (9 h 10/9 h 25) et arrivée le surlendemain à 6 h 03.

● **Tour-opérateurs**
On peut naturellement préférer la solution du voyage organisé. La liste complète des agences proposant des séjours ou circuits en Grèce est disponible dans les bureaux de l'Office national hellénique du tourisme. Voici quelques adresses :
Air Grèce
1, place André-Malraux, 75001 Paris, tél. 42 61 82 82.
Air Sud
105, rue Monge, 75005 Paris, tél. 43 37 85 90.
Airtour/Chorus groupe
2, rue du Pont-Neuf, 75001 Paris, tél. 42 33 00 99.
Atsaro
21, rue Vernet, 75008 Paris, tél. 47 23 41 03.
Héliades
20, rue Victor-Leydet, 13100 Aix-en-Provence, tél. 42 27 17 02.
Jet Tours/Sotair
22, quai de la Mégisserie, 75001 Paris, tél. 40 41 81 42.
Nouvelles Frontières
87, boulevard de Grenelle, 75015 Paris, tél. 40 65 14 96.

A L'ARRIVÉE

DOUANES

Les visiteurs âgés de plus de dix-huit ans, en provenance des pays de la C.E.E., peuvent importer en Grèce (entre parenthèses pour les visiteurs d'autres pays) :
- 300 (200) cigarettes ou 75 (50) cigares ou 150 (100) cigarillos ou 400 (250) grammes de tabac.
- 1,5 (1) litre d'alcool ou 5 (2) litres de vin.
- 75 (50) grammes de parfum et 3/8 (1/4) litre d'eau de cologne.
- 1 kilo (500 grammes) de café ou 375 (200) grammes d'extrait de café.
- 200 (100) grammes de thé ou 75 (40) grammes d'extrait de thé.
-Des cadeaux d'une valeur totale de 70 000 (9 000) drachmes mais n'excédant pas 56 000 drachmes par article. Il est interdit d'importer des plantes.

TRANSPORTS DEPUIS L'AÉROPORT

Vers Athènes
Entre l'aéroport d'Hellénikon et le centre d'Athènes, de nombreux services sont à votre disposition. La course d'un taxi entre l'Aérogare et Athènes (Syndagma/Omonia) devrait vous revenir à environ 1000 dr et prendre à peu près trente minutes.
La plupart des vols charters atterrissent à l'aube. Les taxis pratiquent un tarif de nuit à ces heures-là.
Autobus A et B de l'aéroport Est/Ouest au centre d'Athènes (places Syndagma et Omonia) toutes les 20 mn de 6 h à minuit (160 dr) et toutes les heures de minuit à 6 h (200 dr). La ligne A continue vers la gare routière de Kifisos, la ligne B vers celle de Liosia.
Dans le sens Athènes-aéroport, les bus A et B vont au terminal Est (compagnies étrangères) et les bus A et B au terminal Ouest (Olympic Airways). Bus n° 133 d'Athènes à l'aéroport Ouest via Haghios Kosmas, toutes les 30 mn de 5 h 40 à 1 h (70 dr).
Vers Le Pirée
(terminal Akti Tzelepi) : Bus n° 19 des aéroports Est et Ouest toutes les 20 mn de 6 h à minuit (160 dr) et toutes les 90 mn de minuit à 6 h (200 dr).
Bus n° 101 Le Pirée-Aéroport Est, toutes les 20 mn, de 5 h à 22 h 45 (70 dr).
Entre les aéroports Ouest et Est
Toutes les 20 mn de 6 h à minuit et toutes les 30 mn de minuit à 6 h.

MONNAIE

Pour les étrangers, l'importation de devises est illimitée, que ce soit en liquide ou en chèques de voyages. Cependant, si vous avez l'intention de quitter le pays avec une somme équivalant au moins à 1000 $ en liquide, vous devez le déclarer à votre entrée en Grèce. L'importation de drachmes en billets de banque est limitée à 100 000 et l'exportation à 25 000.
Attention, les billets de 5 000 dr n'étant pas toujours repris par les banques hors de Grèce, il vaut mieux ne pas emporter de billets supérieurs à 1 000 dr.

TAUX DE CHANGE

1 FF = 28.50 dr (septembre 1990)
Il varie quotidiennement. Si vous désirez connaître le taux de change exact, téléphonez à la **Banque nationale de Grèce**, *55, avenue Franklin-Roosevelt, 75008 Paris, tél. 43 59 04 03* ou, à Athènes, au *86, rue Eolou, tél. 321 04 11.*
Cartes de crédit. Chèques de voyage
Les meilleurs hôtels, restaurants et magasins

acceptent les cartes de crédit ou les chèques de voyage. Cependant de nombreuses tavernes et pensions les refusent. Renseignez-vous avant d'effectuer un achat.
Argent liquide
Dans certaines circonstances où il vous est impossible de changer des chèques de voyage, il est parfois intéressant d'avoir une somme limitée en dollars, car vous trouverez toujours un Grec prêt à vous échanger des drachmes contre des dollars.
Fuseaux horaires
La Grèce est en avance d'une heure par rapport à la France et de sept heures par rapport à la côte-est du Canada.
Comme dans les autres pays du Marché commun, le passage à l'heure d'été entraîne un décalage d'une heure qui permet de profiter au maximum de la lumière du jour.

A SAVOIR
UNE FOIS SUR PLACE

HEURES D'OUVERTURE

● **Banques**
Toutes les banques sont ouvertes au public entre 8 h et 14 h du lundi au vendredi. Certaines banques ferment une demi-heure plus tôt le vendredi. Toutefois, dans les endroits très fréquentés par les touristes, certaines banques ouvrent leurs guichets de change plus longtemps et même pendant le week-end. Dans les îles, les bureaux de change ou les banques ouverts le week-end sont toujours situés aux environs immédiats du port.
Les Aérogares Est et Ouest de l'aéroport d'Athènes abritent chacun plusieurs organismes bancaires dont certains sont ouverts sept jours sur sept et 24 h sur 24.
On trouve également à Athènes des agences de grandes banques internationales :
American Express
2, rue Ermou, tél. 324 49 76.
Banque nationale de Paris
5, rue Koumbari, tél. 364 37 11.
Banque Paribas
39, avenue Panepistimiou, tél. 325 50 21.
Crédit commercial de France
20, avenue Amalias, tél. 324 18 31.
Société générale
23, rue Ippokratous, tél. 364 20 10.

● **Commerces et bureaux**
Les administrations sont ouvertes de 8 h à 15 h. Les magasins ouvrent le lundi et le mercredi de 9 h à 17 h, le mardi, jeudi et vendredi de 10 h à 19 h, et le samedi de 8 h 30 à 15 h 30.
Vous vous apercevrez bien vite qu'en fait les horaires sont très souples en Grèce (qu'il s'agisse des bureaux officiels ou des commerces). Pour éviter les déconvenues, donnez-vous toujours une marge de temps plus importante lorsque vous faites des courses ou effectuez des démarches administratives. De cette façon, vous comprendrez rapidement la mentalité grecque et apprendrez qu'en affaire, une conversation à bâtons rompus est aussi importante que le sujet pour lequel vous êtes venu discuter.

JOURS FÉRIÉS

1er janvier
Nouvel an
6 janvier
Épiphanie
Premier jour de carême
Lundi gras
25 mars
Fête de l'Annonciation,
jour de l'Indépendance et fête nationale
1er mai
Jour du Travail et fête des Fleurs
Lundi de Pentecôte
Du jeudi saint au lundi de Pâques
Pâques orthodoxes
15 août
Assomption
28 octobre
Jour du Non (rejet de l'ultimatum italien de 1940)
25 et 26 décembre
Noël et lendemain de Noël

POSTES ET TÉLÉCOMMUNICATIONS

Les bureaux de poste sont ouverts du lundi au vendredi de 7 h 30 à 19 h 30 et le samedi de 7 h 30 à 13 h. En fait, les horaires sont beaucoup plus restrictifs.
Certains services, au sein même des bureaux de poste, comme ceux des lettres recommandées ou de la distribution des paquets, peuvent fermer à 13 h 30. Si vous avez quelque chose à porter ou à retirer dans un bureau de poste, vous avez intérêt à vous y rendre le matin.
On reconnaît les bureaux de poste à leur enseigne jaune vif. La **poste centrale** d'Athènes, sur la place Syndagma, est ouverte de 7 h à 20 h 30 du lundi au samedi et de 9 h à 13 h le dimanche.

● Les tarifs postaux

Ils changent fréquemment, il est donc préférable de vous renseigner dans un bureau de poste. On peut acheter des timbres dans les bureaux de poste et dans de nombreux kiosques *(periptera)* ainsi que dans les hôtels, moyennant une légère majoration. Si vous voulez expédier un paquet, ne l'emballez pas avant qu'un employé n'en ait, au préalable, vérifié le contenu.

Dans certains bureaux de poste, vous trouverez sur place, pour quelques drachmes, le matériel nécessaire à l'emballage. Sinon il vous faudra emporter votre propre papier d'emballage, des ciseaux, de la ficelle, etc. Si vous envoyez des articles achetés sur place, faites-le faire par le magasin, car l'expédition de paquets à partir de la Grèce est un vrai casse-tête.

Vous pouvez vous faire adresser du courrier poste restante dans tous les bureaux de poste de l'O.T.E. (voir ci-dessous). Il existe quatre sortes de télégrammes différents que l'on peut envoyer : le normal, l'urgent (qui coûte environ le double du prix du normal), le télégramme de vœux (également deux fois plus cher que le normal), et la lettre-télégramme (moitié prix).

● Téléphone

Il existe dans toutes les villes un bureau de l'O.T.E. (compagnie nationale du téléphone) ouvert presque tous les jours, parfois assez tard dans la soirée, d'où vous pouvez appeler en longue distance et envoyer des télégrammes.

La plupart des kiosques sont équipés de téléphones à pièces (5 dr pour une communication). Il y a aussi des téléphones à jetons, souvent de couleur rouge, que l'on trouve dans les cafés, les hôtels, les restaurants et même dans les kiosques. A certains endroits, vous trouverez des cabines de téléphone de couleur bleue pour les communications locales, et orange pour les communications à longue distance.

Bureaux principaux de l'**O.T.E.** à Athènes : *15, rue Stadiou* (à côté de Syndagma), de 9 h à 22 h du lundi au samedi et de 9 h à 20 h le dimanche. Place Omonia ouvert 24 h sur 24.

Téléphone de Grèce en France *00/33*, en Belgique *00/32*, en Suisse *00/41*, au Canada *00/1*. De France en Grèce *19/30* suivi du *1* pour Athènes.

● Courant électrique

Le voltage est de 220 dans toute la Grèce et les prises électriques sont les mêmes qu'en France.

SANTÉ ET URGENCES

La Grèce n'est pas un pays où l'on peut contracter des maladies particulières autres que celles répandues en Amérique du Nord ou dans le reste de l'Europe. Il n'est donc pas nécessaire de faire des vaccinations spécifiques. En Grèce, l'eau est potable, les médecins et les pharmaciens assurent leur service à tour de rôle en dehors des heures d'ouverture (*tél. 105* pour renseignements à ce sujet.) Vous pouvez aussi demander des renseignements dans une agence de tourisme ou un centre d'information ou encore téléphoner à la police du tourisme.

Dans le cas d'une urgence médicale requérant une hospitalisation, appelez le *166* si vous vous trouvez à Athènes. Si, pour une raison ou une autre, cela ne marche pas, appelez alors la police touristique, au *171*. En principe, la conversation peut se faire en anglais. On vous donnera ainsi les informations nécessaires, par exemple l'adresse de l'hôpital le plus proche ayant un service d'urgences. Le système de santé grec peut paraître déroutant au touriste qui fait appel à ses services, surtout dans les cas d'urgence. L'une des choses primordiales sera de trouver un interlocuteur compétent, capable de s'exprimer à la fois en grec et en anglais, et de faire appliquer les soins nécessités par l'état du patient, tout en vous informant de ce qui se passe. Si vous êtes démuni de toute aide, tâchez alors d'appeler votre ambassade.

Attention aux coups de soleil. En plein été, le soleil est beaucoup plus fort qu'il n'y paraît, surtout à midi et en début d'après-midi. Utiliser chapeau de paille et crème solaire. Il est bon de se munir d'un produit antimoustique (crème, plaquette ou tortillon combustible). Les ressortissants des pays du Marché commun peuvent bénéficier de soins médicaux gratuits, à condition d'être munis du formulaire adéquat délivré avant le départ par la caisse d'assurance maladie.

Gendarmerie Secours (Athènes)
Tél. 100.
K.A.T. (hôpital pour accidentés)
Avenue Kifissias, tél. 801 44 11.

MÉDIAS

La presse étrangère

Dans les îles importantes, on trouve les principaux quotidiens britanniques le lendemain de leur publication. L'on peut même parfois acheter l'*International Herald Tribune* le jour de sa parution. Il existe plusieurs publications en anglais qui donnent des nouvelles et des informations pour les touristes et pour les résidents en Grèce – *The Athens News* (quotidien avec une page en français et en allemand). *The Athens News* donne un aperçu des informations couvrant le monde entier, reçues par câble, des informations concernant la Grèce, des publicités et des annonces. *The Athenian* propose de nombreux articles sur les différents aspects de la vie grecque (politique, culture, voyages) ainsi que des informations très utiles sur ce qui se passe à Athènes. Le *Athens Organizer* est une double page détachable qui contient une liste assez détaillée de numéros de téléphone intéressants et de services d'urgence. Un nouveau magazine, *30 Days : Greece This Month,* est un autre mensuel qui vaut la peine d'être mentionné, plus spécialisé dans la politique grecque et la vie des affaires. Ces publications sont disponibles dans les kiosques du centre-ville d'Athènes. Enfin, une publication en français, *le Messager d'Athènes*, est un hebdomadaire grec qui ne peut s'obtenir que par abonnement.

Le petit fascicule *Une semaine à Athènes* est publié depuis quarante ans par l'Office national du tourisme grec (EOT ou ONHT). On peut se le procurer gratuitement dans n'importe quel bureau de l'EOT.

Radio et télévision
La radio grecque se compose de trois « programmes » différents : le premier (728 kHz) et le deuxième (1 385 kHz) diffusent beaucoup de musique populaire grecque ainsi que des informations, quelques disques de musique pop étrangère et, occasionnellement, du jazz et du blues. Le troisième programme (665 kHz) diffuse beaucoup de musique classique. ERT2 (98 kHz) ressemble plus aux deux premiers programmes.

Des informations en anglais, français, allemand et arabe sont données sur le premier programme à 7 h 40, tous les jours de la semaine ; en anglais, deux fois par jour sur ERT2 à 14 h et 21 h. Il y a deux chaînes de télévision nationales en Grèce : ERTI et ERT2. Ces chaînes donnent souvent des séries télévisées et des films anglais ou américains qui ne sont pas doublés. Ils sont donc en version originale avec des sous-titres en grec.

SÉCURITÉ

Peu de vols ou d'agressions sont commis en Grèce. En cas de problème, vous pouvez contacter la police locale qui met à la disposition des touristes certains de ses officiers parlant l'anglais. Ces derniers vous apporteront leur assistance aussi bien en cas d'urgence que pour trouver à vous loger.
Police touristique à Athènes (direction)
7, avenue Singrou, tél. 923 92 24.
Numéro d'urgence : *171.*
Aéroport Est : *969 95 23.*
Aéroport Ouest : *981 40 93.*
Delphes : *(0285) 82920.*
Égine : *(0297) 22391, 23333.*
Hydra : *(0298) 52205.*
Poros : *(0298) 22462, 22256.*
Spetsai : *(0298) 73100.*
Kéa : *(0288) 22100.*

OÙ LAISSER SES BAGAGES

Il n'y a pas de consigne à l'aéroport d'Athènes. Cependant la plupart des hôtels acceptent de garder gratuitement vos bagages pendant quelques jours si vous partez en excursion mais déclinent toute responsabilité en cas de vol. Dans presque tous les ports, on trouve des consignes payantes. Il est recommandé de ne pas laisser d'objets de valeur dans vos bagages, même si les risques de vol sont minimes.

OÙ SE RENSEIGNER

● **Renseignements touristiques**
Si vous souhaitez avoir des informations touristiques concernant la Grèce avant ou pendant votre séjour, écrivez, appelez ou allez à l'Organisation nationale du tourisme grec – elle est connue sous les initiales O.N.H.T. ou E.O.T. en Grèce. Le bureau principal de l'**E.O.T.** se trouve *2, rue Amérikis, 10564 Athènes, tél. 322 31 11-9.* Bureaux les plus centraux sur la place Syndagma, *2, rue Karageorgi Servias* (à la **Banque nationale**), *tél. 322 25 45*, et *1, rue Ermou* (à la **Banque générale**), *tél. 325 22 67-8.* Bureau de renseignements de l'**aéroport Est**, *tél. 961 27 22* et au Pirée, *Marina Zeas, NTOG Building, tél. 413 57 16, 413 57 30.*

● **Ambassades et consulats**
Ambassade de France
7, avenue Vass. Sophias, tél. 361 16 63-5.
Consulat de France
5-7, avenue Vass. Konstantinou,
tél. 729 01 51-6.
Ambassade et consulat de Belgique
3, rue Sekeri, tél. 361 78 86-7, télex 21-6422.
Consulat de Belgique au Pirée
51 Akti Miaouli, tél. 411 10 11.
Ambassade et consulat de Suisse
2, rue Iassiou, tél. 723 03 64-6, 724 92 08, télex 21-6230, fax 724 92 09.

Ambassade du Canada
4, rue Gennadiou, tél. 723 95 11,
télex 21-5584, fax 724 71 23.
Ambassade de Turquie
8, rue King George B, tél. 724 59 15,
télex 21-4498.
Consulat de Turquie
22, rue Vass. Pavlou, P. Psychikon,
tél. 671 48 28.
Retour
Avant votre retour, téléphonez à l'aéroport d'Athènes pour vérifier l'heure de votre vol. Certains vols charters ont tendance à accumuler les heures de retard. Prévoyez des délais importants pour regagner Athènes, surtout si vous repartez d'une île éloignée, afin de parer aux horaires fantaisistes des bateaux.
Aéroport Est : *969 91 11.*
Aéroport Ouest : *981 12 01.*

● **Compagnies aériennes**
La plupart des bureaux en ville sont ouverts du lundi au vendredi de 9 h à 17 h ; ceux des agents officiels sont également ouverts le samedi de 9 h à 14 h.
Olympic Airways
96, avenue Syngrou, tél. 929 21 11,
réservations : *961 61 61.*
6, rue Othonos, tél. 929 25 55 (vols internationaux) et *929 24 44* (vols intérieurs).
Aéroport Ouest, tél. 989 21 11.
Air France
4, rue Karageorgi Servias, place Syndagma, tél. 323 85 07/9, 323 85 00.
Aéroport Est, tél. 961 00 02, 969 93 34.
Sabena
8, rue Othonos, place Syndagma, tél. 323 68 21. Aéroport Est, tél. 961 39 03, 961 39 25.
Swissair
4, rue Othonos, place Syndagma, tél. 323 58 10-2, 323 75 81-5.
Aéroport Est, tél. 961 02 03.
Air Canada
10, rue Othonos, place Syndagma, tél. 323 51 43, 322 32 06, 323 11 69.
Aéroport Est, tél. 995 19 90.

COMMENT SE DÉPLACER

EN AVION

Olympic Airlines est la compagnie d'aviation qui a l'exclusivité du trafic intérieur grec. Certaines îles sont reliées à Athènes par des vols assez réguliers. Les tarifs des vols sont beaucoup plus chers que ceux des bateaux (deux fois et demi plus cher) mais relativement bon marché par rapport à la moyenne européenne. On peut réserver ses billets dans n'importe quelle agence d'Olympic Airlines. Les tarifs et les horaires sont disponibles dans la plupart des bureaux de l'O.N.H.T. ainsi que dans les hôtels. Pour avoir de plus amples renseignements ou pour réserver, appelez le *961 61 61.*
Les lignes intérieures grecques réservent parfois certaines surprises désagréables, comme le manque de place dans l'avion au dernier moment, même si vous avez un billet, l'annulation impromptue d'un vol ou son départ.

EN BATEAU

Il est difficile d'imaginer un voyage en Grèce sans prendre le bateau au moins une fois. On peut atteindre presque toutes les îles des mers grecques par voie maritime, quel que soit le bateau utilisé : grand ferry transportant des voitures, petit caboteur ne prenant que des passagers ou simple *kaiki* de pêcheur. Le Pirée est la plaque tournante de tout le trafic maritime et il y a de fortes chances pour que vous y passiez au moins une fois. En général, vous aurez tous les renseignements concernant les ferries auprès de la police du port (au Pirée et dans la plupart des autres ports). Elle est connue sous le nom grec de *limenarhio* dans les bureaux de l'O.N.H.T. et dans certaines agences de voyages. Au *limenarhio*, vous trouverez les renseignements les plus complets et les plus récents. Le bureau de l'O.N.H.T. sur la place Syndagma à Athènes propose un horaire hebdomadaire qu'il vous faudra toutefois vérifier. Par ailleurs, si vous vous adressez à une agence de voyages, méfiez-vous car on risque de ne vous donner que les renseignements qui concernent la compagnie à laquelle l'agence est affiliée. Pendant la haute saison, les lignes sont nombreuses. Il est donc préférable de regarder un peu partout avant d'acheter votre billet. Il vaudrait également mieux ne pas acheter votre billet trop longtemps avant le départ prévu du bateau, car il arrive parfois, bien que ce soit très rare, que les billets pour ce départ soient en réalité tous vendus, ou, plus fréquemment, que les horaires aient été changés, et vous aurez alors un mal fou à vous faire rembourser. Il est aussi possible d'acheter votre billet sur le bateau. Bien que ce soit parfois plus cher, c'est une solution bien commode lorsque l'on s'y prend à la dernière minute. Il est recommandé d'arriver à l'avance afin de ne pas manquer le bateau car il arrive que les bateaux partent plus tôt que prévu. Lorsque vous montez à bord d'un bateau au Pirée, assurez-vous que vous êtes sur le bon bateau. Car, compte tenu des nombreux changements de dernière minute, du nombre de retards, etc., il arrive que l'on monte par erreur dans un bateau qui appareille vers une autre destination que celle que l'on a prévue, ou qui ne s'arrête pas sur l'île où on avait l'intention de descendre. Tout ce qui vient d'être dit doit vous suggérer ceci : gardez une certaine souplesse dans vos prévisions de déplacements lorsque vous voyagez sur les mers grecques. En plus des changements d'horaires, une tempête soudaine peut vous obliger à rester sur une île aussi longtemps qu'elle durera. Des grèves peuvent également survenir pendant l'été, plusieurs jours durant. Toutefois, lorsqu'elles sont prévues, les journaux en parlent à l'avance.

Si vous voyagez en voiture, surtout pendant la haute saison, vous aurez intérêt à prévoir vos déplacements longtemps à l'avance. Car pendant cette période-là, certaines lignes sont entièrement réservées depuis plusieurs semaines. Si vous voulez une couchette pour voyager de nuit pendant la haute saison, il vous faudra également réserver à l'avance. Sinon la troisième classe – connue aussi sous le nom de classe touriste ou pont – est le moyen le plus répandu et le moins cher pour sillonner les mers grecques. On y trouve toujours une place disponible, sous les étoiles, au milieu d'une foule cosmopolite, assise en cercle autour d'une guitare tout en faisant circuler une bouteille. Et si le temps se gâte, vous pouvez toujours entrer à l'intérieur dans l'un des salons, au bar ou dans un coin tranquille.

En dehors du réseau principal de ferries, il y a tout un sous-réseau de bateaux de pêche qui peuvent vous emmener vers des îles plus petites et plus retirées. Quelquefois ces bateaux cherchent des touristes, en mettant des panneaux sur le port. D'autres fois, lorsque votre destination est vraiment peu connue, vous devez demander autour de vous.

Les îles proches d'Athènes sont desservies par les services réguliers suivants de bateaux, hydroglisseurs (« Flying Dolphins ») et catamarans :

Les bateaux de la ligne Argosaronique relient Le Pirée à Égine (1 h 30), Hydra (4 h 10), Poros (3 h 40) et Spetsaï (5 h 25) plusieurs fois par jour. Renseignements : *411 58 01* et *451 13 11*.

Les hydroglisseurs (plus rapides mais plus chers et annulés quand la mer est mauvaise) relient le port de Zea à Égine (40 mn), Hydra (1 h 20), Poros (1 h) et Spetsaï (2 h). Il existe aussi une ligne Le Pirée-Égine. Renseignements : *452 71 07*.

Les catamarans partent de Flisvos (près de Paleo Faliro) pour Poros (1 h 15) et Spetsaï (2 h 30). Renseignements à Athènes : *325 36 40*, au Pirée : *413 83 71*, à Poros *(0298) 23 980*, à Spetsaï *(0298) 72 888*.

Croisières de la journée à Égine, Hydra et Poros. Départ de Paleo Faliro à 8 h 30, retour à 19 h 30 (possibilité de transfert au départ d'Athènes). Renseignements : **Pleasure Cruises**, *2, rue Afentouli, Le Pirée, tél. 452 48 42* et **Cycladic Cruises**, *81, rue Patission, Athènes, tél. 822 94 68* et *883 21 11-2-3*.

Pour se rendre dans l'île de Kea, prendre le car Athènes-Lavrion (terminal *14, rue Mavromateon*, près du musée national d'Archéologie, *tél. 821 32 03*), puis le bateau Lavrion-Kea (2 h 30). Renseignements : *(0292) 25 249*.

Téléphone utile :
Capitainerie du port du Pirée : *451 13 11*.

EN TRANSPORTS EN COMMUN

● **Autocars**

Le K.T.E.L. est un syndicat de compagnies privées d'autocars dont les tarifs sont bon marché. Ils sont généralement à l'heure et vous emmèneront partout où l'on peut se rendre avec un véhicule à quatre roues. Chez les Grecs, c'est le moyen de transport le plus populaire et le plus fréquenté, vous serez donc en bonne compagnie. Les autocars K.T.E.L. ont souvent une petite « touche personnelle » – beaucoup de conducteur en sont également propriétaires (ou alors quelqu'un de leur « famille »), ils décorent et entretiennent donc leur bien avec beaucoup de soin. Ils sont fiers de leur autocar et de la façon dont ils le conduisent. La chose la plus importante à savoir en ce qui concerne les autocars du K.T.E.L., c'est que, dans les plus grandes villes, chaque destination est desservie par une station d'autocars différente. Les billets sont vendus dans le car : ne vous étonnez pas si le prix indiqué sur le ticket ne correspond pas à celui demandé par le chauffeur : les compagnies utilisent les billets imprimés jusqu'à leur épuisement même si les tarifs ont changé.

Athènes-cap Sounion par la route côtière, terminal au *14, rue Mavromateon*. Durée : deux heures. Renseignements : *821 32 03*.

Athènes-Delphes, terminal au *260, rue Liossion*. Durée : trois heures et demie. Renseignements : *831 70 96*.

● **Métro**
Ligne unique Le Pirée-Kifissia via Omonia et Monastiraki, toutes les cinq minutes, de 5 h 05 à 0 h 15.

● **Bus urbains**
En Grèce, presque tous les bus urbains ont un système de billetterie automatique installé à l'intérieur du bus qui fonctionne avec des pièces de monnaie. Un ticket coûte 50 ou 70 dr. Ayez toujours l'appoint sur vous, car le conducteur n'a jamais de monnaie.
Principales lignes
Athènes-Le Pirée, bus vert n° 040, via rue Philellinon, avenue Amalias, avenue Syngrou, toutes les dix minutes, 24 h/24. Bus n° 049, via rue Athinas, rue Sofokleous, toutes les dix minutes, 24 h/24.
Athènes-Varkiza (Alianthos), bus n° 115, via avenue Vass. Olgas, avenue Singrou, toutes les vingt minutes, 24 h/24.
Athènes-Vouliagmeni, bus n° 118, via avenue Vass. Olgas, avenue Singrou, toutes les vingt minutes, de 12 h 45 à 20 h 15.
Athènes-Glyfada, bus n° 121, via avenue Vass. Olgas, aéroport Est, toutes les vingt minutes, de 6 h à minuit.
Athènes-Voula, bus n° 122, via avenue Vass. Olgas, avenue Syngrou, toutes les vingt minutes, de 5 h 30 à minuit.
Athènes-Kessariani, bus n° 224, via rue Patission, avenue Vass. Sofias, toutes les vingt minutes, de 5 h à minuit.
Athènes-Kifissia, bus n° 538 de la place Kaningos, toutes les cinq minutes, de 5 h à minuit.
Athènes-Éleusis via Daphni, bus n° 853 de la place Koumoundourou, toutes les vingt minutes, de 5 h 10 à 22 h 15.
Athènes-mont Parnès, bus n° 714 de la rue Aharnon. Durée 1 h 30.
Bureau de renseignements de l'Organisme des transports urbains : *tél. 185.*

EN TAXI

Les taxis en Grèce, surtout à Athènes, mériteraient à eux seuls un guide complet. Il se peut que votre expérience de taxi grec figure parmi les souvenirs les plus mémorables de vos vacances. C'est presque impossible à certains moments de la journée d'appeler un taxi, et probablement pire encore juste avant l'heure du repas au début de l'après-midi. Quand vous hélez un taxi, essayez d'y entrer avant d'annoncer votre destination. Les chauffeurs sont très tatillons et, souvent, ne vous laisseront monter que si vous allez dans la même direction qu'eux. Si vous devez l'énoncer, dites-le fort et distinctement (et avec la bonne prononciation) ou alors ils vous laisseront sur place. Si vous voyez un taxi vide, courez vite, soyez le premier, sinon vous vous ferez prendre de vitesse par un Athénien plus rapide que vous. Assurez-vous que le compteur est branché lorsque vous démarrez, et non sur « 2 » – ce qui correspond au tarif double qui ne doit être appliqué qu'entre 1 h et 5 h du matin. Une fois à l'intérieur, vous pouvez avoir la surprise d'y trouver déjà quelqu'un. Ne vous paniquez pas. Il est courant qu'un chauffeur s'arrête pour prendre deux, trois, et même quatre passagers individuels, tablant sur le fait qu'ils vont sensiblement dans la même direction. Dans ce cas, notez ce que le compteur affiche. En fait, les taxis étant très bon marché, ils fonctionnent comme un service de minibus. C'est ici que commence l'aventure proprement dite. Embarqué avec une mamma grecque rentrant du marché avec des paniers pleins à craquer, un homme d'affaires bien mis de Kolonaki et un étudiant de style plutôt bohème, vous pouvez vous retrouver au milieu (littéralement) d'une conversation vraiment intéressante. Si, par chance, vous êtes seul vous bavarderez avec un ancien marin qui vous racontera les aventures qui lui sont arrivées lors de son séjour aux États-Unis, ou alors avec un chauffeur qui ne parle pas un mot de français. Si vous avez voyagé avec d'autres personnes, assurez-vous que vous ne payez pas pour la part du voyage effectué avant que vous ne montiez. Sinon le compteur vous donnera le prix exact. Depuis quelques années, des services de radio-taxis ont commencé à s'implanter à Athènes. Ils peuvent venir vous chercher peu de temps après votre appel. Cependant, ces taxis sont souvent plus chers que les taxis ordinaires.

EN VOITURE

En tant que touriste, vous aurez le droit de conduire pendant quatre mois sans avoir à payer les taxes routières grecques. Quand vous entrerez dans le pays avec votre voiture, cela sera mentionné sur votre passeport. Cela signifie que vous n'avez pas le droit de quitter le pays sans votre voiture. Si, pour une raison ou une autre, vous désirez le faire, vous êtes obligé d'y faire apposer les scellés et de la retirer de la circulation avant votre départ. Attention : ce procédé peut être très compliqué et prendre beaucoup de temps, ce qui est un vrai problème si vous devez quitter le pays rapidement. Il est recommandé aux automobilistes étrangers d'avoir un permis de conduire international. Les panneaux de signalisation et les contrôles de circulation grecs sont pratiquement les mêmes que ceux du reste de l'Europe continentale. La conduite demeure assez... typique ! Un feu rouge est plutôt considéré comme une suggestion que comme une obligation de s'arrêter. La Grèce a le taux d'accidents le plus élevé d'Europe après le Portugal ; il faut être prudent. Le port de la ceinture de sécurité est devenu obligatoire. Si vous ne la portez pas, vous risquez une contravention. Dans le centre d'Athènes, à l'intérieur du *daktylios* (cercle), les voitures et les taxis circulent un jour sur deux du lundi au vendredi, les véhicules dont le numéro minéralogique se termine par un chiffre impair circulant les jours impairs et ceux dont le numéro se termine par un chiffre pair circulant les jours pairs. Le samedi, le dimanche et les jours fériés, la circulation est libre. Le Touring Club de Grèce (E.L.PA.) fournit renseignements et assistance aux automobilistes qui lui sont affiliés comme à ceux d'associations étrangères.

E.L.P.A. (Automobile Club de Grèce)
2, rue Messogion, tél. 779 16 15, pour les renseignements concernant l'état des routes et la prolongation du permis de circulation.
Renseignements touristiques d'E.L.P.A.
Tél. 174.
Assistance routière d'E.L.P.A.
Tél. 104.
Police routière d'Athènes
38, rue Agiou Konstandinou, tél. 523 01 11.

Heures d'ouverture des stations-service : 7 h-19 h du lundi au vendredi, 7 h-15 h le samedi, 19 h-24 h stations-service ouvertes la nuit, 7 h-19 h stations-service ouvertes le dimanche.

LOCATIONS DE VOITURES

Les locations de voitures sont relativement chères en Grèce par rapport aux autres pays européens. Les prix varient en fonction du type de voiture, de la saison et de la durée de location mais ne comprennent pas les taxes locales et les droits divers qui peuvent monter jusqu'à 18% du prix de la facture. En général, on peut payer avec la plupart des cartes de crédit. Il est souvent demandé un permis de conduire international et vous devez avoir au moins 21 ans.

Avis
48, avenue Amalias (en face du temple de Zeus Olympien), *tél. 322 49 51-5* ; bureaux à l'aéroport.
Budget rent a car
8, avenue Syngrou, tél. 921 47 71-3.
Aéroport Est 961 36 34.
Aéroport Ouest, tél. 984 55 38.
Hertz
12, avenue Syngrou, tél. 922 01 02-4.
Aéroport Est, tél. 961 22 74.
Aéroport Ouest, tél. 981 37 01.
Inerrent-Europcar
4, avenue Syngrou, tél. 921 57 88-9.
Aéroport Est, tél. 961 34 24.
Aéroport Ouest, tél. 982 95 65.
Just rent a car
43, avenue Syngrou, tél. 923 91 04, 923 85 66.
Thrifty rent a car
24, avenue Syngrou, tél. 922 12 11 3.

LOCATIONS DE DEUX-ROUES

Vous trouverez des agences qui louent des petites motos, des bicyclettes et toutes sortes de scooters. Dans les îles, c'est certainement le moyen de transport le mieux adapté. Pour un prix modique, il vous donne la liberté d'aller et venir où bon vous semble, quand vous en avez envie. Les tarifs sont dégressifs en fonction du nombre de jours de location. Avant de vous mettre en route, assurez-vous que l'engin fonctionne correctement. Demandez à faire un essai le long de la rue. Sinon vous risquez de vous faire coincer, pire vous pourriez être rendu responsable du mauvais fonctionnement de l'engin lorsque vous le rapportez. Surtout, soyez prudent. Plus d'un séjour de vacances en Grèce a été gâché à cause d'un stupide accident de Mobylette.

Meidanis Rent A Moto
4 Dion, rue Areopagitou, tél. 323 23 46.
Motorent
5, rue Falirou, tél. 923 49 39.

LOCATIONS DE BATEAUX

L'un des moyens les plus agréables de « faire » les îles grecques est d'affréter un yacht et d'aller d'une île à l'autre. Ce n'est certainement pas bon marché, quoique louer un bateau pour un groupe d'amis peut très bien ne pas revenir beaucoup plus cher que payer une chambre tous les soirs pour le même nombre de personnes.

Tout dépend de vos aptitudes à la navigation et de votre goût pour l'autonomie, vous pouvez soit prendre le gouvernail vous-même, soit faire appel à un équipage qui le prendra pour vous. Il y a plus de mille yachts à louer en Grèce, tous inscrits et inspectés par le ministère de la Marine marchande. Pour avoir de plus amples renseignements sur les locations de bateaux en Grèce, contacter :

Association grecque des propriétaires de yachts
56, rue Vass. Pavlou, Kastella, Le Pirée, tél. 452 54 65-6.
Association hellénique des propriétaires de yachts professionnels
43, rue Freattydos, Marina Zea, Le Pirée, tél. 452 63 35.
Association grecque des courtiers et des experts maritimes
36, rue Alkyonis, P. Phaliron, Athènes, tél. 981 65 82, 982 71 07.
Association des agents d'affrètement de yachts
Boîte postale 30 393, 100 33 Athènes, tél. 982 71 07.
Marinas proches d'Athènes
Vouliagmeni, *tél. 896 00 12.*
Glyfada, *tél. 894 79 79, 894 19 67.*
Zea, *tél. 451 39 44-7, 451 14 80.*
Alimos, *tél. 981 33 15, 982 18 50.*
Flisvos, *tél. 982 92 18, 982 85 37.*

L'O.N.H.T. publie un excellent guide consacré à la navigation de plaisance qui comporte des informations sur la météorologie, les stations de radiotéléphone de la côte, les règles en usage pour entrer et sortir des ports. Il contient en outre des détails sur les marinas, les ports où l'on peut faire le plein d'essence ou s'approvisionner dans des coopératives maritimes.

CROISIÈRES

Si vous n'avez pas envie de choisir l'itinéraire, ni de piloter le bateau, ni de faire la cuisine, laissez ce soin à d'autres et partez en croisière. Le choix vous est offert entre une vingtaine de croisières différentes sur la mer Égée, qu'elles soient limitées au territoire grec, ou qu'elles aillent jusqu'à Venise ou Port-Saïd. Leur durée varie aussi énormément, d'une balade à la journée dans le golfe Argosaronique à quatorze jours complets en Méditerranée orientale. Les noms des compagnies de navigation qui offrent des croisières en Méditerranée ou dans les îles grecques sont répertoriés ci-dessous. Pour avoir de plus amples renseignements, voyez une agence de voyages.

Adriatica
85, Akti Miaouli, Le Pirée, tél. 452 66 52.
4, rue Philellinon, Athènes, tél. 324 63 00.
Chandris
95, Akti Miaouli, Le Pirée, tél. 412 09 32.
31, rue Akademias, Athènes, tél. 360 98 01.
Cycladic Cruises
81, rue Patission, Athènes, tél. 822 94 68
Épirotiki
87, Akti Miaouli, Le Pirée, tél. 452 66 41.
11, rue Voukourestiou, Athènes, tél. 360 19 19.
HLM-Hellenic Mediterranean Lines
Electric railway station building, Le Pirée, tél. 417 43 41.
28, avenue Amalias, Athènes, tél. 323 63 33.
Intercruise Ltd
126, rue Kolokotroni, Le Pirée, tél. 418 49 01.
Med Sun Lines Cruises Ltd
5, rue Sachtouri, Le Pirée, tél. 452 48 04.
Saronic Cruises S.A.
14, rue Xenofondos, Athènes, tél. 323 42 92.
Sun Line Ltd.
3, rue Iasonos, Le Pirée, tél. 452 34 17.

POUR MIEUX CONNAITRE LA GRÈCE

ÉCONOMIE

Les grèves sont monnaie courante en Grèce. Lors de votre séjour, vous échapperez difficilement à une grève des postes, des éboueurs, du téléphone, des contrôleurs du ciel, de l'aviation civile, des autobus ou des taxis. Si vous séjournez à Athènes plus de trois jours, vous assisterez au moins à une manifestation, mais celles-ci se déroulent dans le calme et sont inséparables de la vie en plein air ; pour les Athéniens, elles font partie du paysage urbain. Le Premier ministre Andréas Papandréou et son Mouvement panhellénique socialiste (PASOK) ont été accusés de corruption en 1988 et 1989. Le parti est toujours sous le coup des scandales et a perdu deux élections générales en 1989, après un mandat de huit ans, au profit du Parti de la Nouvelle Démocratie mené par Constantin Mitsotakis. Athènes est paisible les jours d'élection car, sur ses 3 millions d'habitants, plus de la moitié ne sont pas de véritables Athéniens et ils doivent retourner dans leur village de montagne ou leur île où la loi les oblige à voter. Entre 1975 et 1980, la Grèce a connu une inflation galopante qui s'est répercutée sur les prix des services utilisés par les touristes. L'inflation a été de 20% en 1986, 16% en 1987 et 12% en 1988. La drachme s'est toutefois bien comportée par rapport aux autres devises et la Grèce est toujours une destination abordable pour les touristes.

POPULATION

La Grèce est un des pays d'Europe situés les plus au sud, ce qui lui assure un ensoleillement important pendant la plus grande partie de l'année. La population d'Athènes et de sa périphérie, y compris Le Pirée, s'élève à plus de quatre millions d'habitants. La Crète est l'île la plus peuplée, avec un demi-million d'habitants, suivie par Corfou (97 000), Lesbos (89 000) et Rhodes (88 000). Les îles les moins peuplées sont les îles reculées des Cyclades comme Danoussia, Iraklia, Schinoussa et Koufonissia qui n'ont que deux cents ou trois cents habitants chacune.

US ET COUTUMES

● Pourboires

Dans la plupart des restaurants et des tavernes le service est compris, mais il est d'usage de laisser un pourboire. Si vous voulez laisser un pourboire à un serveur *(micro)*, laissez-le à même la table. Les « micros » comptent sur les pourboires pour améliorer leur salaire. Si vous êtes satisfait de votre repas, faites-le savoir au propriétaire du restaurant : les Grecs sont très sensibles à ce genre de compliment.

● Sieste

La sieste est parfois très strictement observée l'été surtout entre 14 h et 17 h. La plupart des boutiques sont fermées et ne rouvriront que le soir. Cela dit, si vous êtes bien équipé pour vous protéger du soleil, c'est aussi le moment rêvé pour visiter les sites archéologiques, quasi désertés aux heures chaudes.

LA LANGUE

Il est possible de passer des vacances en Grèce sans connaître le moindre mot de grec. Quelques notions d'anglais seront tout à fait suffisantes pour vous faire comprendre. Les Grecs ont vu défiler chez eux tellement de touristes qui parlaient anglais, et ils ont eux-mêmes des liens si étroits avec le monde anglophone (par l'émigration, les médias, la scolarité) que vous trouverez toujours des Grecs qui comprendront quelques mots de ce que vous essayerez de leur dire. Ce paragraphe n'a donc pas l'ambition de vous faire acquérir un vocabulaire de « survie » mais de vous initier à une langue pour vous permettre d'établir des contacts entre vous, touriste étranger, et le Grec du pays, afin d'être perçu comme un *ksenos*, un hôte arrivant de l'extérieur, et non comme un *tourista*.

Les Grecs sont très fiers de leur langue et sont très flattés lorsqu'un étranger fait des efforts pour essayer de l'apprendre. Précisément parce que les Grecs sauront apprécier vos efforts, c'est sans doute l'une des langues européennes les plus gratifiantes à apprendre.

Ce qui suit est une liste de mots et de phrases qui peuvent vous être utiles. Vous n'oublierez pas d'avoir toujours avec vous un dictionnaire de poche français-grec/grec-français.

Expressions de base

Oui	Né
Non	Ohi
D'accord	En dàksi
S'il vous plaît	Paralalo
Merci beaucoup	Efharisto para poli
Excusez-moi	Signomi
Ça n'a pas d'importance	Dhen piràzi
Ce n'est rien	Tipota
Certainement	Malista
Bonjour	Kali méra
Bonsoir	Kali spéra
Bonne nuit	kali nihta
Au revoir	Addio
Souhaits ! « bonne santé »	Yà sou, yà sas
Souhaits ! « réjouissez-vous »	Hérete
Bon voyage	Kalo taksidhi
Bienvenue	Kalos ilthateh
Bonne chance	Kali tihi
Comment allez-vous ?	Ti kanis, ti kanete
Très bien (en réponse)	
Comme ci comme ça (réponse)	Kalà Étsi kétsi
Heureux de vous rencontrer	Harika
Moi aussi	Kai ego
Avez-vous... ?	Éhete... ?
Y a-t-il... ?	Éhi... ?
Combien coûte ceci?	Poso kàni ?
C'est (trop) cher	Ine (poli) akrivo
Combien ? (prix)	Poso ?
Combien ? (nombre)	Posa ?
Avez-vous une chambre ?	Éhete éna domatio ?
Puis-je... ?	Boro na... ?
Quand ?	Pote ?
Où se trouve... ?	Pou ine... ?
D'où... ?	Apo pou... ?
D'où venez-vous ?	Apo pou iseliste ?
Comment vous appelez-vous ?	Pos se/sas léne ? Milas/milàte
Parlez-vous anglais ?	anglika ?
Comprenez-vous ?	Katàlaves ?
Quelle heure est-il ?	Ti ora ine ?

LOISIRS ET SPECTACLES 247

A quelle heure part-il ?	Ti ora tha figi ?	Docteur	Yatros
Je veux	Thélo	Hôpital	Nosokomio
J'ai	Ého	Police	Astinomia
Je suis/nous sommes	Ime/imaste	Gare	Stathmos
Je comprends	Katalavéno, katalàvo	Arrêt (de bus)	Stàsi
		Bus/train	Leoforio/tréno
Je paie	Plirono, ploroso	Automobile	Aftokinito
Je m'en vais	Piyaino, pào	Bateau	Karàvi, vapori
Je dois	Prépi na	Station-essence	Benzinadhiko
J'ai besoin d'un(e)	Hriàzome ena/mia	Bicyclette/vélomoteur	Podilato/moto-podilato
		A pied	Me ta podhia
Aujourd'hui	Simera	Ticket	Isitirio
Demain	Àvrio	Route/rue	Dhromos/odhos
Hier	Hihes	Plage	Paralia
Maintenant	Tora	Église	Eklisia
Ici/là	Edho/eki	Ruines anciennes	Arhéa
Près/loin	Kondà/makrià	Centre	Kéntro
Petit/grand	Mikro/megàlo	Place	Platia
Moins/plus	Ligotero /perisotero	Mer	Thàlassa
		Village	Horio
Vite	Grigora	Printemps	Pigi
Lentement	Argà, sigà		
Bon/mauvais	Kalo, oraio/kako	**Nombres**	
Chaud/froid	Zesto/krio		
Douche chaude	Douz me zesto nero	**1** énna/mia	
		2 dhio	
Hôtel	Ksenodhohio	**3** tria/tris	
Lit	Krevàti	**4** téssera	
Clé	Klidhi	**5** péndhe	
Chambre (avec fenêtre)	Domatio (me paràtiro)	**6** éksi	
		7 eptà	
		8 oehto	
Entrée	Isodhos	**9** ennea	
Sortie	Eksodhos	**10** dhéka	
Toilettes	Touleta	**11** éndheka	
Pour dames	Ginékon	**12** dhodeka	
Pour messieurs	Andron	**13** dhekatria	
Magasin	Magazi	**14** dhekatéssera	
Kiosque	Periptero	**20** ikosi	
Ouvert/fermé	Aniktos/klistos	**21** ikosi énna	
A quelle heure ouvrez-vous?	Ti ora anigi ! Klini?	**30** trianda	
		40 saranda	
		50 peninda	
Bureau de poste	Tahidromio	**60** eksinda	
Timbre	Grammatosima	**70** evdhominda	
Lettre	Gramma	**80** ogdhonda	
Enveloppe	Fàkelos	**90** enneninda	
Téléphone	Tiléfono	**100** ekato	
Banque	Tràpeza	**150** ekatopeninda	
Boulangerie	Fournos	**200** diakossia	
Ambassade	Presvia	**300** triakossia	
Consulat	Proksenion	**400** tetrakossia	
Place du marché	Agorà	**1000** hilia	
Pharmacie	Farmakio		

Jours de la semaine

Lundi	Deftéra
Mardi	Triti
Mercredi	Tetàrti
Jeudi	Pémpti
Vendredi	Paraskevi
Samedi	Sàvato
Dimanche	Kiriaki

Mots intraduisibles

Kéfi, être de bonne humeur, en bonne compagnie. Passer un bon moment avec ses *paréa* – groupe de très bons amis proches. *Kaimos* est dans un certain sens l'opposé de *kéfi*, être triste, affligé par la vie. *Palikàri*, un brave homme (honorable, courageux, intelligent, etc.).
On peut considérer que *levendi* est un synonyme de *filotimo*, adjectif qui signifie littéralement « amour de l'honneur ». *Màngas*, un « dur », un macho.
Re, abréviation de *moré*, bébé, enfant, pantin ; interjection lancée à une autre personne, à un « pote », quand on s'adresse à lui amicalement.
Malàkas littéralement « branleur » très souvent associé au mot *re* (*re malàkas*) peut être employé envers des amis de manière affectueuse ou envers d'autres personnes avec une connotation péjorative.
Paidhià « les garçons », les types, les mecs ; *alitis'* un bon à rien, à peu près l'opposé de *palikàri*, *lipon* ; bien, donc, et alors ; *élla* ! allez ! allons-y ! *Oriste* (?) puis-je vous donner un coup de main? *Po po po* ! Oh ! là ! là ! Voyez-moi ça ! *Opa* ! attention ! est également employé dans les *taverna* où l'on joue de la musique par exemple pour « sens à suivre ! », « d'accord ! » etc.

Le langage des gestes

Le grec est une langue gestuelle ; vous ne devez donc pas parler en gardant vos mains dans vos poches, ni en restant au garde-à-vous.
Le corps et ses mouvements font partie intégrante du processus de communication. Vous n'apprendrez cet aspect du grec que par une sérieuse observation. Deux des gestes les plus courants sont ceux qui veulent dire oui et non.
« Non » se dit en secouant la tête et le menton d'abord vers le haut puis vers le bas rapidement, c'est souvent un geste imperceptible. Quelquefois même, seulement les sourcils ou les yeux esquissent le mouvement.
« Oui » est un geste beaucoup plus doux, un lent mouvement de la tête vers le bas.

LOISIRS ET SPECTACLES

FÊTES ET FESTIVALS

● **Liste partielle des fêtes**
L'Église orthodoxe grecque influence beaucoup la vie des Grecs aussi bien à Athènes que dans les îles.
1er janvier
Fête de saint Basile, célébrée dans toute la Grèce.
6 janvier
Épiphanie (Theophania), bénédiction des eaux dans toute la Grèce, en particulier au Pirée.
Février-mars (les trois semaines qui précèdent le carême)
Saison du carnaval dans toute la Grèce, surtout à Athènes.
Lundi gras
Commencement du jeûne de carême, pique-nique dans la campagne, envol de cerfs-volants dans toute la Grèce.
25 mars
Jour de l'Indépendance, anniversaire du jour où l'évêque Germanos souleva la révolte contre les Turcs à Kalavryta en 1821, parade militaire dans toutes les villes importantes.
Fête de Pâques
Célébrés dans toute la Grèce, souvent quelques semaines après celle des autres pays d'Europe, la fête de Pâques est la plus importante fête religieuse. On trouve partout des mets traditionnels, préparés à cette occasion, comme le *tsourekia*, un pain tressé garni d'œufs peints en rouge, et le *koulouria*, un biscuit spécial que l'on ne fabrique qu'à cette période. (Mieux vaut éviter de prévoir un voyage pendant la semaine qui précède ou suit les fêtes de Pâques car beaucoup d'endroits sont fermés.)
23 avril
Fête de saint Georges, le saint patron de la Grèce.
1er mai
Fête du Travail, fête des Fleurs, pique-nique dans la campagne dans toute la Grèce.
15 août
Assomption de la Vierge, fête dans toute la Grèce. Pélerinage très important dans l'île de Tinos.
28 octobre
Jour « *ohi* », anniversaire de la défaite des Italiens dans leur projet d'envahir la Grèce en 1940 et rejet de l'ultimatum italien auquel Metaxás répondit « non ». Parades militaires dans la plupart des villes.

Noël
Dans toute la Grèce, les enfants chantent des chansons à la porte des maisons en échange de quelques pièces de monnaie.
31 décembre
Veille de la nouvelle année, tous les Grecs jouent aux cartes ou autres jeux de hasard, pour s'attirer la chance.
Au lieu de souhaiter les anniversaires, les Grecs souhaitent les fêtes *(yiorti),* chaque jour correspondant à un nom de baptême orthodoxe.

● **Festivals**
Son et Lumière à l'Acropole d'Athènes (colline de la Pnyx, entrée St. Dimitrios Lombardiaris), d'avril à octobre tous les jours, 21 h en anglais, 22 h 10 en français sauf les mardi et vendredi où le spectacle est à 22 h et en allemand (une heure plus tôt en octobre) ; durée quarante-cinq minutes ; billets (500 dr, étudiants 200 dr) délivrés avant le spectacle à la Pnyx *(tél. 922 62 10)* ou à l'avance, *4, rue Stadiou, Athènes, tél. 322 14 59 et 322 31 11-240.*
Festival d'Athènes, de juin à septembre : théâtre antique, opéra, concerts et ballet, troupes grecques et étrangères de renommée mondiale à l'Odéon d'Hérode Atticus, à 21 h (20 h 30 en septembre). Billets en vente sur place une heure avant le spectacle ou à l'avance, *4, rue Stadiou, Athènes, tél. 322 14 59.*
Troupe de danses folkloriques Dora Stratou, théâtre de Philopappos, de fin mai à fin septembre, tous les soirs à 22 h 15.
Représentation supplémentaire mercredi et dimanche à 20 h 15. Billets 800, 1 000, 1 200 dr. Renseignements : *324 43 95,* de 9 h à 14 h et *921 46 50,* de 19 h à 23 h.
Fête du vin à Daphni, août et septembre, tous les jours de 19h à 0 h 30 ; billets 300 dr, étudiants 150 dr. Renseignements : *4, rue Stadiou, Athènes, tél. 322 79 44.*

LA MUSIQUE GRECQUE

La Grèce a donné naissance à une musique incroyable, ou, plutôt, à des musiques allant du folklore à la « musique populaire légère », du *rembetika* à la chanson byzantine, de Theodorakis et Hazidakis à Dionisios Savopulos. Dans le domaine folklorique, gardez l'oreille attentive à la grande variété des musiques régionales qui existent encore de nos jours. La Crète possède l'une des traditions les plus riches, caractérisée par la *lyra* (lyre), la *laouta* (luth) et le *santouri* (tympanon à marteau). L'Épire est également remarquable, caractérisée par l'utilisation étendue du *klarino* (clarinette) et par une tradition extraordinaire de chants polyphoniques en voie de disparition. *Nisiotika* est le nom généralement donné à la « musique des îles » qui a ses propres sons, son propre style et ses propres instruments qui varient d'un groupe d'îles à l'autre (les îles Ioniennes, les Cyclades, le Dodécanèse, etc.).
Si vous voulez vous initier au monde de la *rebetika*, écoutez les plus grands : Vassilis Tsitsanis, Markos Vamvakaris, Sotiria Bellou, Kazantzides, Papazoglou, Papaionaou et Tsaousakis. La meilleure initiation personnelle à la rembetika reste toutefois la consultation des 6 volumes de *l'Histoire du Rembetika* édités par EMI.
Il vaut mieux être déjà un peu initié si l'on veut apprécier la musique de Mikis Theodorakis et celle de Manolis Hazidakis. Vous entendrez leurs chansons dans les autobus, les bateaux et les avions grecs. La star du folk-rock, Dionisios Savopulos, se situe dans une veine totalement différente. Puisant dans le creuset grec des mélodies de Byzance et d'Asie Mineure, il crée un style musical de folk-rock contemporain qui lui est très personnel. Un autre groupe récent qui puise également son inspiration dans la tradition grecque et produit une musique résolument contemporaine est le Himerini Klimvites (avec un album du même nom édité chez Lyra Records en Grèce).

CINÉMA

Aller au cinéma en Grèce pendant l'été est un plaisir qu'il ne faut pas manquer. Presque tous les cinémas ouverts l'été sont en plein air. Lorsqu'ils sont entourés d'immeubles, les habitants peuvent suivre les films de leur balcon. Ailleurs, ils peuvent être perchés sur un promontoire au bord de la mer, sous les palmiers, les étoiles et la lune (à Égine, par exemple). Les billets ne sont pas chers et la bande-son est toujours la bande originale du film. C'est donc un excellent moyen de combattre la chaleur qui règne en Grèce pendant l'été.

VIE NOCTURNE

A Athènes – métropole de la vie culturelle et artistique – vous aurez le choix entre plusieurs théâtres, de nombreux cinémas, en salle ou en plein air, où l'on passe toujours les films en version originale, et l'Opéra avec des œuvres du répertoire classique. Il y a en outre un grand nombre de cabarets, discothèques,

bars ou piano-bars et établissements de bouzouki, surtout dans le centre d'Athènes, à Plaka et le long de la côte d'Apollon.
Le seul casino d'Athènes est aménagé dans l'**hôtel Mont Parnès**, *tél. 246 91 11-4*.

● **Clubs de rembetika**
Après la chute des colonels, la musique de *rembetika* a connu un très net renouveau à Athènes. **Marabout**, le premier club, qui existe toujours, fermé par la police a rouvert en 1980 au *113, rue Panormou, Ambelokipi*. La mode du *rembetika* battait son plein en 1981-82 avec plus d'une douzaine de clubs, surtout dans le quartier d'Exarchia. On peut toujours écouter du *rembetika* dans un cadre plus intime mais de nouveaux clubs ouvrent chaque jours tandis que d'autres ferment.
Il est préférable de réserver une table par téléphone (surtout les week-ends). Les tables sont en général de quatre personnes. Les spectacles commencent tard – inutile d'arriver avant 22 h 30 – et il n'y a vraiment de l'ambiance qu'après minuit. L'entracte intervient en général vers 1 h, ce qui permet de s'éclipser discrètement pour continuer la nuit ailleurs. Une tournée de ce genre est très amusante mais peut coûter cher !

Quelques bonnes adresses
Frangosyriani
57, rue Arahovis, Exarchia, tél. 360 06 93. Fermé le jeudi. L'orchestre joue surtout des airs de Bellow, Tsitsanis, Vamvakaris et d'anciens compositeurs mais les performances sont inégales. Instruments style années 50 avec bouzouki, baglama et accordéon. Bonne chanteuse. Pas de restauration. Prix moyen d'une consommation 1 000 dr.
Taksimi
29, rue Isavron, près de la rue Harilaou Trikoupi, Exarhia, tél. 363 99 19. Fermé le mercredi. Très fréquenté, au troisième étage d'une vieille maison. Pas de restauration. Prix moyen des consommations 1000-1200 dr. Orchestres jeunes jouant des airs des années 50 mais trop de *laika* (airs « légers ») pour faire plaisir aux puristes. Sans prétention et très bonne ambiance.
Rembetiki Istoria
181, rue Ippokratous, Exarchia, tél. 642 49 37. Fermé du lundi au mercredi.
Minore
34, rue Notara, près du musée national d'Archéologie, Exarchia, tél. 823 86 39. Fermé lundi et mardi.
Rembetiki Nichta
102, rue Formionos, Pangrati, tél. 766 99 03. Fermé le mercredi.

Amifori
47, rue Vass. Yorgiou, Le Pirée, tél. 411 58 19. Le *rembetika* sur son lieu de naissance.

● **Autres clubs de musique**
Voici quelques adresses de clubs de jazz, de folklore grec et de musique internationale. Certains sont de véritables institutions comme le Half Note, mais les autres surgissent et disparaissent chaque jour et les programmes sont de qualité imprévisible. Les clubs de musique sont plus coûteux que les clubs de rembetika : environ 4000 dr. minimum. A condition de lire le grec, on trouvera dans *Athinorama* la liste à jour des établissements ouverts.
Half Note
Angle des rues Nikiforou Duranou et Patriarhou Fotiou, Kolonaki, tél. 364 18 41. Fermé le mardi. De très bons musiciens de jazz dans ce club qui a récemment quitté Ilissia pour s'installer ici.
Latin
69, rue Kallidromiou, Exarchia, tél. 364 59 78. Club nouveau et novateur (pour la Grèce) avec du folklore péruvien, de la salsa, etc., certains soirs. Ouvert tous les jours.
Ravanastron
60, rue Dimitsanas, Ambelopiki, tél. 644 95 34. Club récent de musique folklorique grecque et turque jouée sur des instruments traditionnels.
Esmeralda
50, rue Kefallinias, Kipseli, au nord du parc Areos, tél. 867 12 90. On y écoute le joueur de bouzouki Babis Gkoles. Fermé le mardi.
Paniyiri ton Trellon
97, rue Evelpidon, Kipseli, près du parc Areos, tél. 884 35 95. Une des plus anciennes tavernes où l'on peut également se restaurer. Musique grecque continentale et insulaire. Fermé le mardi et tout l'été.
Ambelofyllo
3, rue Samothrakis à Karayanni, Kipseli, tél. 867 88 62. Une autre taverne très ancienne. Fermé le mercredi.

VOS ACHATS

Les quartiers les plus commerçants sont ceux de Syndagma, Kolonaki, Omonia, Monastiraki, Pangrati, la rue Patission, Glyfada et Kifissia. On trouvera vêtements et articles de cuir, bijoux, fourrures, antiquités, articles d'art populaire, éponges, blouses brodées, tapis *flokati*, céramiques, miel, *loukoumia*, gilets de laine. Les magasins d'art populaire sont ouverts de 8 h à 20 h 30. Ceux de Monastiraki sont ouverts également le

dimanche de 8 h à 15 h. S'il est d'usage de marchander sur les marchés ou dans les échoppes en plein air, cela ne se fait dans les magasins. Deux grands magasins près d'Omonia :
Lambropoulos
Rues Eolou et Lykourgou.
Minion, *13-15, rue Patission.*

● **Les kiosques**
Appelés *Periptera*, les kiosques (au nombre de trois mille à Athènes) qui sont ouverts jour et nuit, sept jours sur sept, représentent un des piliers de la vie en Grèce. On y trouve des journaux, du tabac, des produits de toilette, de la quincaillerie… Ces bazars en miniature sont souvent tenus par une seule famille, ce qui explique la souplesse de leurs horaires d'ouverture. Les kiosques ont été offerts autrefois par le gouvernement aux anciens combattants blessés pendant la guerre des Balkans ou la Première Guerre mondiale.

NATURE ET SPORTS

La Grèce offre la possibilité de pratiquer un grand nombre de sports et d'activités de plein air. La plupart des hôtels possèdent des courts de tennis et des facilités pour pratiquer le ski nautique. Sur la grande majorité des plages, on trouve des planches de surf, des pédalos, des masques, des tubas et des planches à voile.
Plages aménagées de l'O.N.H.T.

Alimos, *tél. 982 70 64 et 982 73 45.*
Voula, Akti A, *tél. 895 32 48 et 895 16 46.*
Voula, Akti Alkioni, *tél. 895 95 69.*
Vouliagmeni, *tél. 896 09 06-7.*
Varkiza, *tél. 897 21 02.*
Porto-Rafi, *tél. (0299) 72572.*
Autres plages
Le Pirée, Fréatys, *tél. 451 75 18.*
Kastela, Votsalakia, *tél. 412 47 97.*
Glyfada, Astéras, *tél. 896 02 02.*
Haghios Kosmas, *tél. 983 92 14.*

Stades

Stade Olympique d'Athènes, près de Maroussi, *tél. 683 40 00*, et **Stade de la Paix et de l'Amitié**, à Néo Faliro, *tél. 481 95 13.*

Courses hippiques

Hippodrome du Phalère
Avenue Singrou, tél. 941 77 61 et 363 17 45.

Ski nautique

Fédération grecque de ski nautique
32, rue Stournara, Athènes, tél. 523 18 75.

Voile

Fédération hellénique de yachting
7, Akti Navarhou Koundouriouti, Kastella, Le Pirée, tél. 413 73 51.

Tennis

Courts de tennis sur toutes les plages aménagées de l'O.N.H.T., au centre d'athlétisme d'Haghios Kosmas et dans les clubs d'athlétisme. Renseignements : *E. F. O. A., 89, rue Patission, tél. 821 04 78 et 881 58 04.*

Golf

Club de golf de Glyfada
A proximité de l'aéroport Est, *tél. 894 68 20 et 894 68 75*. Terrains de dix-huit trous, parcours de 6 160 m et de 5 118 m. Vestiaires, restaurants, bar.

Water-polo

Renseignements à la **Fédération hellénique de natation**, *40, rue Zan Moreas, Athènes, tél. 922 24 50.*

Équitation

Club hippique hellénique
18, rue Paradissou, Maroussi, tél. 681 25 06.
Club hippique d'Athènes-Gérakas
Haghia Paraskévi, tél. 661 10 88.

Alpinisme

Le **refuge de Bafi** (altitude : 1 150 m) sur le mont Parnès, peut accueillir une centaine de personnes.
Renseignements : **Club alpin hellénique**, section athénienne, *52, rue Ermou, tél. 321 24 29.*

Randonnée

Dans les parcs nationaux. Renseignements : **Fédération des clubs d'excursion en Grèce**
4, rue Dragatsaniou, Athènes, tél. 323 41 07.

Bowling

Colline du prophète Ilias, Kastela, tél. 417 29 93.

MUSÉES ET CURIOSITÉS TOURISTIQUES

Les musées et les sites sont fermés le 1er janvier, le 25 mars, le vendredi saint, le lundi de Pâques, le 1er mai, le 25 et le 26 décembre. Les horaires ci-dessous ne s'appliquent qu'à la saison d'été.

MUSÉES

Athènes
Site archéologique de l'Acropole
Tél. 321 02 19. Ouvert tous les jours de 8 h à 19 h ; le samedi, le dimanche et durant les fêtes, de 8 h 30 à 15 h. Entrée : 800 dr y compris le musée.

Musée de l'Acropole
Sur l'Acropole, tél. 323 66 65. Ouvert tous les jours de 8 h à 19 h ; le samedi, le dimanche et durant les fêtes, de 8 h 30 à 15 h ; le lundi, de 12 h 30 à 19 h. Entrée : 800 dr y compris le site archéologique.

Musée de l'Agora antique dans le portique d'Attale
Place Thission et *24, rue Adrianou, tél. 321 01 85.* Ouvert tous les jours sauf le lundi, de 8 h 30 à 15 h. Entrée : 400 dr y compris le site archéologique.

Musée de la ville d'Athènes
7, rue Paparigopoulou, tél. 323 01 68. Ouvert le lundi, le mercredi et le vendredi, de 9 h à 13 h 30. Entrée : 100 dr. Entrée libre le mercredi.

Musée Benaki
Avenue Vass. Sophias, tél. 361 16 17. Ouvert tous les jours sauf le mardi, de 8 h 30 à 14 h. Entrée : 200 dr.

Musée byzantin
22, avenue Vass. Sophias, tél. 721 10 27. Ouvert tous les jours sauf le lundi, de 8 h 30 à 15 h. Entrée : 400 dr.

Musée des Arts des Cyclades et de la Grèce ancienne
4, rue Neofytou, Douka, tél. 724 97 06. Ouvert en semaine, de 10 h à 16 h ; le samedi, de 10 h à 15 h. Fermé le mardi et le dimanche. Entrée : 150 dr.

Monastère de Daphni
Tél. 581 15 58. Ouvert tous les jours sauf le lundi, de 8 h 30 à 15 h. Entrée : 200 dr.

Musée d'épigraphie
1, rue Tossitsa, tél. 821 76 37. Ouvert tous les jours sauf le lundi, de 8 h 30 à 15 h. Entrée libre.

Musée d'Art populaire grec
17, rue Kidathineon, Plaka, tél. 321 30 18. Ouvert tous les jours sauf le lundi, de 10 h à 14 h. Entrée : 200 dr.

Musée et centre d'études du théâtre hellénique
50, rue Akademias, tél. 362 94 30. Ouvert tous les jours sauf le samedi, de 9 h à 15 h ; le lundi, de 17 h à 20 h ; le dimanche, de 10 h à 13 h. Entrée : 150 dr.

Musée historique et ethnologique
Rue Stadiou, tél. 323 76 17. Ouvert tous les jours sauf le lundi, de 9 h à 14 h ; le samedi et le dimanche, de 9 h à 13 h. Entrée : 100 dr. Entrée libre le jeudi.

Monastère de Kaisariani
Tél. 723 66 19. Ouvert tous les jours sauf le lundi, de 8 h 30 à 15 h. Entrée libre.

Musée Kanellopoulos
Rues Theorias et *Panos, Plaka, tél. 321 23 13.* Ouvert tous les jours sauf le lundi, de 8 h 45 à 15 h ; le dimanche et durant les fêtes, de 9 h 30 à 14 h 30. Entrée : 200 dr.

Musée du Céramique
148, rue Ermou, tél. 346 35 52. Ouvert tous les jours sauf le lundi, de 8 h 30 à 15 h. Entrée : 200 dr y compris le site archéologique.

Cimetière du Céramique
Angle des rues Ermou et *Pireos, tél. 346 35 52.* Ouvert tous les jours sauf le lundi, de 8 h 30 à 15 h. Entrée : 200 dr y compris le musée.

Centre d'Art populaire et traditionnel
6, rue Hatzimihali, Plaka, tél. 324 39 87. Ouvert le mardi et le jeudi, de 9 h à 21 h ; le mercredi, le vendredi et le samedi, de 9 h à 13 h et 17 h à 21 h ; le dimanche, de 9 h à 13 h. Entrée libre.

Musée national d'Archéologie
1, rue Tossitsa, tél. 821 77 17. Ouvert tous les jours, de 8 h à 19 ; le samedi, le dimanche et durant les fêtes, de 8 h 30 à 15 h ; le lundi, de 12 h 30 à 19 h. Entrée : 600 dr y compris la salle de Santorin et le musée de la numismatique.

Galerie nationale et musée Alexandros Soutso
46, avenue Vass. Sophias, tél. 721 10 10. Ouvert tous les jours sauf le lundi, de 9 h à 15 h ; le dimanche et durant les fêtes, de 10 h à 14 h. Entrée : 30 dr.

Musée Goulandris d'Histoire naturelle
13, rue Levidou, Kifissia, tél. 808 64 05. Ouvert tous les jours sauf le vendredi, de 9 h à 13 h et de 17 h à 20 h. Entrée : 100 dr (dimanche et fêtes seulement).

Musée juif de Grèce
36, avenue Amalias, tél. 323 15 77. Ouvert tous les jours sauf le samedi, de 9 h à 13 h.

MUSÉES ET CURIOSITÉS TOURISTIQUES

Musée de la Numismatique
1, rue Tossitsa, tél. 821 77 69. Ouvert tous les jours sauf le lundi, de 8 h 30 à 13 h 30 ; le dimanche et durant les fêtes, de 9 h à 14 h. Entrée libre.

Agora romaine
Au bout de la rue Eolou, tél. 321 01 85. Ouvert tous les jours sauf le lundi, de 8 h 30 à 15 h. Entrée : 200 dr.

Temple d'Hephaïstos et agora antique
Tél. 321 01 85. Ouvert tous les jours sauf le lundi, de 8 h 30 à 15 h. Entrée : 400 dr.

Temple de Zeus Olympien
Avenues Olgas et Amalias, tél. 922 63 30. Ouvert tous les jours sauf le lundi, de 8 h 30 à 15 h. Entrée : 200 dr.

Théâtre de Dionysos
Avenue D. Areopagitou, tél. 323 66 65. Ouvert tous les jours sauf le lundi, de 8 h 30 à 15 h. Entrée : 200 dr.

Musée de la Guerre
Avenue Vass. Sophias, tél. 729 95 43. Ouvert tous les jours sauf le lundi, de 9 h à 14 h. Entrée libre.

Le Pirée
Musée naval
Akti Themistokleous, tél. 451 68 22. Ouvert tous les jours sauf le lundi, de 9 h à 12 h 3 ; le dimanche et durant les fêtes, de 10 h à 13 h et de 17 h à 20 h. Entrée : 50 dr. Entrée libre le mardi et le vendredi.

Musée archéologique
31, rue Char. Trikoupi, tél. 452 15 98. Ouvert tous les jours sauf le lundi, de 8 h 30 à 15 h. Entrée : 200 dr.

Environs d'Athènes
Cap Sounion, site archéologique
Tél. (0292) 39363. Ouvert tous les jours, de 10 h au coucher du soleil. Entrée : 300 dr.

Hossios Loukas, monastère byzantin
Tél. 321 35 71. Ouvert tous les jours sauf le lundi, de 8 h 30 à 15 h. Entrée : 300 dr.

Delphes
Site archéologique
Tél. (0265) 82313. Ouvert tous les jours, de 8 h à 19 h ; le samedi, le dimanche et durant les fêtes, de 8 h 30 à 15 h. Entrée : 500 dr.

Musée
Tél. (0265) 82313. Ouvert tous les jours, de 8 h à 19 h ; le samedi, le dimanche et durant les fêtes, de 8 h 30 à 15 h ; le lundi, 12 h 30 à 19 h. Entrée : 500 dr.

Corinthe
Site archéologique d'Acrocorinthe
Tél. (0741) 31207. Ouvert tous les jours sauf le lundi, de 8 h 30 à 15 h. Entrée libre.

Site archéologique
Tél (0741) 31207. Ouvert tous les jours, de 8 h à 19 h ; le samedi, le dimanche et durant les fêtes, de 8 h 30 à 15 h. Entrée : 500 dr. y compris le musée.

Musée
Tél. (0741) 31207. Ouvert tous les jours, de 8 h à 19 h ; le samedi, le dimanche et durant les fêtes, de 8 h 30 à 15 h, lun. 12 h 30 à 19 h. Entrée : 500 dr. y compris le site archéologique.

Épidaure
Site archéologique et musée
Tél. (0753) 22009. Ouvert tous les jours, de 8 h à 19 h ; le samedi, le dimanche et durant les fêtes, de 8 h 30 à 15 h ; le lundi, de 12 h 30 à 19 h. Entrée : 400 dr.

Mycènes
Site archéologique
Tél (0751) 66585. Ouvert tous les jours, de 8 h à 19 h ; le samedi, le dimanche et durant les fêtes, de 8 h 30 à 15 h. Entrée : 500 dr.

Éleusis
Musée
Tél. 554 60 19. Ouvert tous les jours sauf le lundi, de 8 h 30-15 h. Entrée : 200 dr y compris le site archéologique.

Égine
Temple d'Aphaia
Tél. (0297) 32398. Ouvert tous les jours, de 8 h à 19 h ; le samedi, le dianche et durant les fêtes, de 8 h 30 à 15 h. Entrée : 300 dr.

Musée
Tél. (0297) 22637. Ouvert tous les jours sauf le lundi, de 8 h 30–15 h. Entrée : 200 dr. y compris le temple d'Apollon.

Nauplie
Musée
Tél. (0752) 27502. Ouvert tous les jours sauf le lundi, de 8 h 30 à 15 h. Entrée : 200 dr.

Forteresse de Palamidi
Tél. (0752) 28036. Ouvert tous les jours, de 8 h à 19 h ; le samedi, le dimanche et durant les fêtes, de 8 h 30 à 15 h, y compris le 25 mars. Entrée : 200 dr.

Musée d'Art populaire
Tél. (0752) 28379. Ouvert tous les jours sauf le lundi, de 9 h à 19 h. Entrée libre.

EXCURSIONS

De nombreuses agences locales, situées principalement autour de la place Syndagma,

organisent des excursions en autocar, à Athènes ou plus loin.
Dans la journée, on peut se rendre ainsi au cap Sounion, à Delphes, à Corinthe, à Mycènes, à Épidaure, à Nauplie ou bien encore dans les îles du golfe Saronique. Vous trouverez les noms et adresses des agences auprès des bureaux de l'O.N.H.T. ou du concierge de votre hôtel.

GUIDES TOURISTIQUES

Vous pouvez faire appel à un guide local pour une demi-journée, une journée ou une semaine. **Association des guides officiels**, *31, rue Voulis, Athènes, tél. 322 97 05 et 322 00 90.* Hors d'Athènes, adressez-vous à la police touristique.

LIBRAIRIES

Librairie française
60, rue Sina, tél. 363 36 26.
Librairie du Stade (librairie internationale)
2, rue Stadiou, tél. 323 03 20.
Eleftheroudakis (librairie internationale)
4, rue Nikis, tél. 322 93 88.
Turtle Bookshop
24, rue Patriarcho Ioakim, Kolonaki. Livres pour enfants en français, anglais et grec.

POUR LES GOURMETS

LE GOUT GREC

En Grèce, aller au restaurant est avant tout un acte social. Que ce soit en famille ou avec son (ou sa) *parea*, ce cercle sacré d'amis, un repas à l'extérieur est une occasion qui doit être célébrée, un moment pour le *kefi*. Ceci peut s'expliquer par le fait que manger au restaurant en Grèce reste une chose abordable et populaire, et pas du tout réservée à ceux qui possède une carte de l'American Express.
L'omniprésence de la taverne, ce bastion de la cuisine grecque, est le reflet de cette popularité. Ces établissements simples ont plus ou moins le même style et le même décor dans tout le pays, et le menu qu'on y sert est toujours plus ou moins le même. Ce qui veut dire qu'on n'y trouve aucun ornement tape-à-l'œil ou superflu qui essayerait de faire croire au « client » que cette taverne est différente des autres, spéciale ou distincte : vous mangez une bonne cuisine chez Yannis ou chez Yorgos, vous vous amusez bien, sans dépenser une fortune. Cela est représentatif de la moyenne des restaurants en Grèce, en tenant compte toutefois de certaines variantes. La taverne n'est cependant pas le seul endroit où l'on peut manger. Vous trouverez aussi : l'*èstiatôrio*, le restaurant tel qu'on l'entend généralement – plus beau et plus soigné que la taverne, avec une nappe en tissu et des prix plus élevés ; la *psistarîa*, un restaurant style « barbecue » dont les spécialités sont l'agneau, le porc et le poulet servis en brochettes ; le *psaro-tavèrna* spécialisé en poisson ; l'*ouzeri* qui sert principalement des boissons, mais qui, à l'occasion, servira aussi des *mezés*, entrées de toutes sortes ; le *gyros* qui offre des sandwichs *hiro* et des *souvlâki* avec, quelquefois, des places assises où l'on sert des salades.
En Grèce, on trouve une cuisine régionale d'une extrême variété et vous devriez garder un œil attentif à toutes les spécialités que vous n'avez pas vues ailleurs.
Vous apprendrez très rapidement combien un plat peut être différent d'un endroit à un autre, selon qu'il est bien préparé ou mal préparé, par exemple, le *melitsânasâlata* ou caviar d'aubergines. Il est, par conséquent, préférable de se balader un peu avant de choisir sa taverne (surtout dans les endroits très touristiques), demander aux gens du cru de vous guider, entrer dans les cuisines pour regarder la nourriture (c'est une habitude très courante), au lieu de vous trouver coincé dans une trappe à touristes qui vous dégoûtera de la *moussaka* pour le reste de votre séjour.
Voici quelques conseils concernant les habitudes alimentaires grecques. Le repas principal se prend au milieu de la journée, entre 13 h 30 et 14 h 30, il est généralement suivi d'une sieste qui dure jusqu'à 17 h. Le repas du soir peut soit être un autre gros repas, soit un assortiment de *mezés*. Il se prend souvent à n'importe quelle heure entre 21 h et 23 h. En revanche, le petit déjeuner est plutôt réduit, consistant généralement en pain, beurre, confiture et café.
Les Grecs ne sortent jamais uniquement pour prendre un verre. Même si une soirée entraîne l'absorption de nombreux verres de *resina* et d'*ouzo*, ceux-ci seront toujours accompagnés de nourriture – une habitude bien enracinée qui minimise les effets (primaires et secondaires) de l'alcool. Quand vous commanderez votre vin, vérifiez s'il vient d'un tonneau (demandez alors un *chima*). C'est un produit local bon marché qui varie d'une ville à l'autre. Sinon vous pouvez choisir parmi les nombreux vins en

bouteilles, dont les labels les plus connus sont : Rotonda, Cambas, Boutari, Calliga. L'*aspro* est blanc, le *mavro* est rouge et le *kokkinéli* est rosé.

Vous entrerez peut-être dans certaines tavernes qui n'ont pas de menu, ou dont le menu n'affiche pas les prix. Il est alors préférable de demander au restaurateur le prix des plats avant de commander. Et, comme indiqué plus haut, il est toujours possible de savoir quel genre de plats ils servent en allant voir à la cuisine.

LE MINIGUIDE DU GOURMET

La liste ci-dessous est un aperçu des plats les plus populaires que vous trouverez partout en Grèce pendant votre voyage.

Hors-d'œuvres et canapés – généralement servis en guise d'apéritif avec du *psomi* (pain)
Kdokithâkia : beignet de courgette
Melitsânasâlata : caviar d'aubergine
Rossikisalâta : salade de pommes de terre froides, avec beaucoup de mayonnaise
Târamasalâta : œufs de poisson fumés à l'huile et mélangés à de la mie de pain
Tzaziki : yaourt avec concombre et ail

Légumes
Andinâria : artichauts
Arakades : petits pois
Bamiès : okra
Dolmadès : feuilles de vigne farcies
Fasolakia : haricots blancs
Horiatiki : salade « grecque » avec concombres, tomates, oignons, olives et *feta*
Marouli : laitue
Patzaria : betteraves
Yemistes : tomates ou poivrons farcis
Yigantes : gros haricots

Différents plats de viande
Psito : rôti
Sti souvla : cuit au barbecue sur une brochette
Tiganito : frit
Sto fourno : cuit au four
Skaras : grillé
Vrasto : bouilli
Kapnisto : fumé
Arni : agneau
Biftéki : bifteck
Brizola : côtelette de porc ou de bœuf (respectivement *chirino* ou *moschari*)
Keftédes : boulettes de viande
Kokorétsi : abats farcis rôtis à la broche
Kotopoulo : poulet
Loukanika : saucisses
Mialo : cervelle
Paidakia : côtelettes d'agneau
Sikotakia : foie grillé
Souvlâki : morceaux de porc ou d'agneau rôtis à la broche

Plats variés, soupes et spécialités
Avgolémono : bouillon de poulet épaissi avec des œufs et du citron
Fasolada : soupe de haricots
Moussaka : aubergines et viande d'agneau hachée à la sauce blanche, préparées au four et gratinées
Pastitsio : macaronis gratinés
Patsas : ragoût de tripes, vendu dans des échoppes spécialisées
Salingaria : escargots frits à l'huile et aux herbes
Stifado : toute sorte de ragoût, toute viande cuite en ragoût
Souzoukakia : rouleaux de viande cuits au four
Yiorvoulakia : boulettes de riz et de viande

Fruits de mer
Astakos : homard
Bakaliaros : morue
Galéos : « steak » de requin
Garides : crevettes
Glossa : sole
Gopes : petits poissons frits
Kalamaria : calmar
Ksifias : espadon
Ktapodi : poulpe
Pestrofa : truite
Soupiés : seiche

Desserts
On sert rarement des sucreries dans les restaurants, sauf parfois le *halva*... Vous les trouverez plutôt dans les *zachariplastia* (pâtisseries) ainsi que dans certaines *galaktopolia* (crémeries).
Baklava : pâte feuilletée fourrée de noisettes et arrosée de miel.
Bougatsa : pâte feuilletée fourrée de fromage blanc ou de crème.
Galaktobouriki : flan à la crème
Kataifi : pâte en forme de cheveux d'ange fourrée de noisettes et de miel
Krema : crème renversée au naturel
Loukoumi : loukoum
Moustalevria : pudding de raisin (l'automne)
Rizogalo : gâteau de riz
Kalamboki : épi de maïs grillé, vendu dans la rue
Koulouria : bretzel aux graines de sésame
Kreatopita : pâté à la viande
Spanakopita : pâté aux épinards

Tiropita : pâté au fromage
Tost : sandwich grillé
Kastana : marrons grillés

Boissons
Bira : bière
Kokkinéli : vin rosé
Krasi : vin
Mavro : vin rouge
Me to kilo, hima : vins locaux vendus au litre
Nero : eau
Resina : vin au parfum de résine
Ouzo : boisson anisée
Raki : alcool de raisin pressé
Tsipouro : ressemble au *raki*

Autres mots utiles
Alâti, pipéri : sel et poivre
Boukâli : bouteille
Potiri : verre
Piroûni : fourchette
Koutâli : cuiller
Maheri : couteau
Katâlogo/Lista : menu
To logaviasmô : l'addition

Café, thé
En général, les Grecs boivent le café et le thé très sucrés. Pour tous ceux qui ne veulent pas de sucre, voici l'expression à connaître : *horis zahari*, littéralement : sans sucre, et à placer après la commande. Vous pouvez également demander que votre boisson soit *sketos*, une manière moins emphatique de demander sans sucre. Si vous en désirez un peu, demandez un *métrio* (« un peu »). Si vous en raffolez, ne dites alors rien. *Me gâla* signifie avec du lait. Quand il fait chaud, vous pouvez demander un café frappé. *Elenikô café* (ou parfois *turkikô café*), c'est le café grec, bouillant et servi avec le marc, dans la tasse. Si vous désirez une grande tasse de café, commandez un *diplôs*. *Tsai* est du thé servi soit avec du lait, soit avec une rondelle de citron *(me limôni)*. *Kamomili* est une infusion de camomille. *Tsai tou vounôu* est une infusion de montagne, faite à base de toutes sortes d'herbes comme la sauge.

Les vins grecs
Les vins grecs n'auront jamais la classe des vins français, mais certains petits vins de pays méritent tout à fait d'être découverts. Les meilleures marques sont : Rotonda, Cambas, Boutari et Calliga.
Voici une liste des vins les plus connus :
Resina : le plus connu. Il a la saveur de la résine de pin et il est bon marché.
Demestica : aussi populaire que le résiné.

Blanc la plupart du temps, il en existe aussi du rouge et du rosé.
Sainte-Héléna : vin blanc demi-sec courant.
Cava-Clauss : vin rouge assez corsé, vieilli en fût de chêne dans le cellier de Gustav Clauss.
Château Clauss : autre bon vin rouge des récoltants Achia Clauss.
Danielis : vin rouge légèrement épicé.
Bon Viveur : vin blanc sec fruité.
Patras : robuste vin blanc de la région de Patras.

Prix moyen d'un repas dans un restaurant : Luxe 5 500-7 000 dr. ; très bon 3 500-4 700 dr. ; tavernes 1 600-2 500 dr. ; prix d'un café 220-350 dr.

QUELQUES RESTAURANTS A ATHÈNES

La plupart des touristes vont tout droit à Plaka où les tavernes sont nombreuses et l'ambiance garantie pour dîner en plein air. La nourriture y est pourtant, à de rares exceptions près, quelconque et les prix très élevés. On trouvera une sélection très complète des bons restaurants dans *Athinorama* (en grec, demandez à quelqu'un de traduire !). On peut également consulter les listes du magazine de langue anglaise *The Athenian*. Voici une liste de quelques établissements, par quartier.

Plaka
O Kouklis
14, rue Tripodon, tél. 324 76 05. Spécialités : hareng et saucisse flambée. Vin rouge au tonneau. Folklore.
O Kostis
18, rue Kidathineon, tél. 322 96 36. Tous les plats que l'on peut espérer trouver sur un menu grec. Situation centrale qui permet d'observer la faune de Plaka le soir.
O Xynos
4, rue Angelou Yeronda, tél. 322 10 65. Bonne cuisine et bonne musique.
Socrates' Prison
20, rue Mitseon, tél. 992 34 34. Agréable restaurant à la mode derrière le théâtre d'Hérode Atticus.
Zafiris
4A, rue Thespidos, tél. 322 54 60. Un très ancien restaurant connu pour son gibier.

Mets/Pangrati
Manesis
3, rue Markou Moussourou, Mets, tél. 922 76 84. Ragoût et plats des îles Ioniennes. Ouvert uniquement le soir. Jardin l'été.

O Mandis
68, rue Evgeniou Voulgareos, près de Moussourou, Mets. Menu raffiné. Addition si élevée si l'on ne s'en tient pas aux *mezes*. Même style que Manesis.

Ta Pergoulia
16, rue Markou Moussourou, Mets. La plus sophistiquée des trois tavernes de Mets qui pratiquent des prix raisonnables.

Myrtia
35, rue Markou Moussourou, Mets, tél. 701 22 76. Le très célèbre restaurant de cuisine grecque sur fond de guitare.

Vellis
Place Varnava, à l'angle de la rue Stilponos, Pangrati. Restaurant ancien style, bon marché, cuisine traditionnelle, dans une maison des années 20. Terrasse l'été. Ouvert uniquement le soir.

To Kalivi
39, rue Proklou, tout près de la place Varnava, Pangrati, tél. 752 06 41. Excellente taverne spécialisée dans les *mezes*, installée dans une vieille maison. Prix très raisonnables. Ouvert également le dimanche.

O Megaritis
2, rue Ferekidou, à l'angle de la rue Aratou, Pangrati. Plus sophistiqué et plus cher que Vellis mais même genre de cuisine.

O Ilias
A l'angle des rues Stasinou et Telesilis, près de la statue de Truman, Pangrati. Dans un bâtiment ancien surmonté d'une cheminée ridiculement haute, construite pour éloigner la fumée des cuisines. Bon marché et populaire. Terrasse l'été.

O Dhiasmos
16, rue Grig. Theologo, à la lisière est de Pangrati. Vin au tonneau et cuisine familiale.

Kolonaki
Gerofinikas
10, rue Pindarou, tél. 983 90 93. Au bout d'un long couloir qui ressemble à un coupe-gorge. Restaurant en vogue, fréquenté par les hommes d'affaires et les touristes. Excellents desserts. Spécialités d'Istanbul que l'on ne trouve pas ailleurs. N'oubliez pas votre carte de crédit !

Vladimiros
12, rue Aristodimou, tél. 721 74 07. Spécialités continentales sur la route du téléphérique du Lycabette. Jardin l'été.

Thekaokto
51, rue Souidias, tél. 723 55 61. Atmosphère continentale intime. Bar.

Baltazar
27, rue Tsoha et rue Vournazou, tél. 644 12 15. Restaurant moderne, très à la mode, fréquenté par les jeunes cadres dynamiques d'Athènes. Long bar dans le jardin où il est de bon ton de se montrer.

I Rouga
7, allée kapsali. Petite taverne, prix modérés. Ouvert uniquement le soir en hiver.

Kostas
54, rue Athineon Efivon, tél. 722 14 89. Rouget et autres poissons frais. Spécialités le midi.

O Vrahos
8, rue Likavitou. Très bon marché, ouvert seulement le midi en semaine. Taverne tenue par un couple âgé très sympathique.

Dimokritos
23, rue Dimokritos à l'angle de la rue Tsakalof. Taverne de *mezes*, prix modérés. Ouvert midi et soir mais fermé à la fin de l'été.

Exarhia
Bagasakos
67, rue Killidromiou. Taverne à prix modérés, clientèle de quartier, très bonnes entrées. Fermé le dimanche.

Hlorofili
12, rue Soultani, à l'angle de la rue Solomou. Élégant restaurant végétarien. Ouvert seulement le soir, doublé d'un magasin de produits naturels.

Seven Steps
49, rue Arahovis. Nouveau bistrot tenu par des Grecs d'Amérique et servant des plats comme le *chili con carne* pour les nostalgiques.

Kostoyannis
37, rue Zaimi, tél. 821 24 96. Taverne réputée et assez chère servant du gibier et d'excellents desserts. Fermé le midi et le dimanche.

Galatea
50-52, rue Valtetsiou, tél. 360 19 30. Sert les plats que l'on s'attend – en vain – à trouver dans une taverne, comme l'hummus et le fromage frit, parce que le patron est chypriote et non grec.

Le Pirée
Les Athéniens aiment dîner au Pirée pour changer de cadre et profiter de la fraîcheur marine. Le meilleur restaurant est **Vasilenas**, *au 72, rue Etolikou, tél. 461 24 57,* tenu par la même famille depuis les années 20 et fréquenté par des rois, des stars de cinéma. Réservation indispensable. Vous vous verrez servir seize à vingt-quatre plats, sous la direction de Georges Vasilenas. Les autres bons restaurants du Pirée sont disséminés dans les différents quartiers de la ville. Voici une sélection par quartier :

Piraiki (juste avant la marina de Zea)
On vient y flâner au bord de l'eau après le dîner près des « Longs Murs ». **O Diasimos**, *306, Akti Themistokleos*, tél. 451 48 87, au décor de plantes vertes, offre une belle vue sur la mer. Excellentes salades et fruits de mer. **Piraiki**, au *324, Akti Themistokleos*, tél. *451 12 31*, est réputé pour ses poissons et fruits de mer, notamment les calamars frais et les langoustines.

Marina de Zea/Pasalimani

Ce port de plaisance, le plus grand du Pirée, est bordé de restaurants et de magasins où les bateaux peuvent s'approvisionner. Allez **Chez Garth's**, *36, Akti Tr. Moutsopoulou*, tél. *452 64 20*, ou au **Landfall Club**, *3, rue Makriyianni*, tél. *452 50 74*, pour les fruits de mer et la cuisine grecque.

Microlimano

Un charmant port en forme de croissant où l'on peut dîner au bord de l'eau en admirant les bateaux de pêche multicolores. Il y a au moins 22 restaurants dans cette petite crique. Tous les menus étant sensiblement identiques, votre choix sera une affaire de goût personnel. Vous irez par exemple **Chez Zorba's**, au *14, Akti Koumoundourou*, au **Mykonos**, *au numéro 20 de la même rue*, ou au **Psaropoulou** (*n° 22*). **Kuyu-Kaplanis**, *23, rue Nafarhou Votsi*, tél. *411 16 23*, est un très bon restaurant de poissons où l'on pourra terminer par un délicieux soufflé au chocolat.

Kastella

La colline qui surplombe Microlimano offre un superbe panorama sur le golfe Saronique et les îles. Les meilleurs restaurants sont **Panorama**, *18, rue Irakliou*, tél. *417 34 75*, en face du théâtre Veakio, et **Patiniotis**, *7, rue Pythagora*, tél. *412 67 12*, pour le poisson et les fruits de mer. **Chez Ziller's**, au *1, Akti Koundouriotou*, tél. *411 20 13*, a un décor agréable et un très grand choix de plats. Superbe panorama sur la mer et la plage de Votsalakia.

OÙ LOGER

HOTELS D'ATHÈNES

l'O.N.H.T. classe les hôtels par catégorie (Luxe puis A, B, C, D, E) en fonction de l'espace, du confort et des services fournis mais ne tient pas compte du charme. De la classe C à la classe Luxe, on est certain d'avoir un bon hôtel.

Les prix des hôtels étant libres, voici une fourchette indicative pour une chambre double sans petit déjeuner (il faut compter une augmentation de 15 % par an) :
Luxe : 550 à 1 400 FF
A (4 étoiles) : 250 à 500 FF
B (3 étoiles) : 220 à 350 FF
C (2 étoiles) : 100 à 300 FF
Pensions : 100 à 150 FF
Ces prix sont indiqués hors taxes. Il faut ajouter 6 % de TVA et 4,5 % de taxe locale.
Pour réserver gratuitement un hôtel dans toute la Grèce, s'adresser à la **Chambre hôtelière hellénique**, au *2, rue Karageorgi Servias, Syndagma*, tél. 323 71 93, si l'on est sur place ; ou au *24, rue Stadiou, Athènes 10 559*, tél. 323 69 62, télex 21-4269, pour les réservations par correspondance.
On trouvera la liste complète des hôtels de Grèce dans *Greek Travel Pages* avec toutes les précisions sur les services assurés et parfois une photographie.

● **Catégorie Luxe**

Astir Palace

Place Syndagma (à l'angle des avenues Vass. Sophias et Panepistimiou, 106 71 Athènes, tél. 364 31 12, télex 22-2389. Ouvert toute l'année. Construit en 1983. 60 chambres doubles, 9 individuelles, 18 suites. Air conditionné, 4 programmes de sonorisation dans les chambres et les salons, restaurant gastronomique « Apokalypsis », cafétéria « Asteria », bar « Athos ». Télévision et vidéo dans toutes les chambres. Salles de conférences et de banquets.

Athenaeum Inter-Continental

89-93, avenue Syngrou, 117 45 Athènes, tél. 902 36 66, télex 22-1554. Ouvert toute l'année. Construit en 1982. 515 chambres doubles et 44 suites. Air conditionné l'été, chauffage central l'hiver, 2 bars, 4 restaurants, piscine, salle de conférence équipée de matériel pour traduction simultanée en 4 langues et d'une télévision en circuit fermé, téléphone automatique, télévision couleur dans toutes les chambres avec circuit interne et câble, services de secrétariat, blanchisserie et pressing, centre de santé, bureau de change, magasins.

Athens Hilton

46, avenue Vass. Sofias, 106 76 Athènes, tél. 722 02 01-9, télex 21-5808. Construit en 1963 et rénové en 1986. Ouvert toute l'année, 480 chambres doubles et 19 suites. Air conditionné, 4 bars, 4 restaurants, piscine, salles de conférence, centre d'affaires, télévision couleur avec circuit interne et câble, blanchisserie et pressing, centre de santé, bureau de change, magasins.

Grande-Bretagne
Place Syndagma, 105 63 Athènes, tél. 323 02 51-9, 325 07 01-9, télex 21-9615, 21–5346. Construit en 1862, rénové en 1981. Ouvert toute l'année. 450 chambres et 25 suites, de la Junior à la Présidentielle. Air conditionné, chauffage central, deux bars, deux restaurants, service dans les chambres 24 h/24, salles de conférences et de réunion. Toutes chambres avec télévision couleur, mini-bar, téléphone automatique.

Ledra Marriott Hotel-Athens
115 avenue Syngrou, 117 45 Athènes, tél. 934 77 11-9, télex 22-1833. Ouvert toute l'année. Construit en 1983. 242 chambres et 16 suites. Toutes les chambres sont équipées de climatisation, radio, télévision couleur avec circuit interne, minibar, service dans les chambres 24 h/24, téléphone automatique avec indicateur de message, piscine découverte sur la terrasse, hydrothérapie, bar, cafétéria, salons, salle de bal, équipement audiovisuel.

● **Catégorie A**

Astor
16, rue Karageorgis Servias, 105 62 Athènes, tél. 325 55 55, 325 51 11, télex 21-4018. Construit en 1964, rénové en 1983. Ouvert toute l'année. 98 chambres doubles, 32 individuelles et 3 suites. Air conditionné, chauffage central, bar, restaurant, service dans les chambres, télévision couleur avec câble, téléphone automatique. A deux pas de Syndagma, cet hôtel a une belle réception tout en marbre. Demander une chambre avec balcon donnant sur l'Acropole.

Electra
5, rue Ermou, 105 63 Athènes, tél. 322 32 23-6, télex 21-6896. Construit en 1965. Ouvert toute l'année. 70 chambres doubles et 40 individuelles. Air conditionné, chauffage central, bar, restaurant, service dans les chambres, minibars, télévision couleur avec câble, téléphone automatique. A deux pas de Syndagma sur une rue commerçante mais calme le soir, cet hôtel a une atmosphère intime le soir.

Esperia Capsis Hotel
22, rue Stadiou, 105 64 Athènes, tél. 323 80 01-9, télex 21-5773. Construit en 1964, rénové en 1987. Ouvert toute l'année. 152 chambres doubles et 32 individuelles. Air conditionné, restaurant, cafétéria, service dans les chambres, salles de réunion et de banquet pouvant accueillir 300 personnes. Demander une chambre avec balcon, agréable le soir

quand il n'y a plus de bruit. Atmosphère intime dans la salle à manger et le bar tapissés de bois clair.

Novotel Mirayia Athènes
4-6, rue Michail Voda, 104 39 Athènes, tél. 862 71 33, 862 71 11, télex 22-6264. 195 chambres doubles. Air conditionné, insonorisation, parking souterrain, bar, restaurant, piscine au dernier étage ; chambres avec minibar, télévision couleur avec câble, téléphone automatique, radio et réveil ; salles de réunions pouvant accueillir jusqu'à 600 personnes, service de secrétariat, boutique de souvenirs.

Zafolia
87-89, avenue Alexandras, 114 74 Athènes, tél. 644 90 12, 6443 80 86, télex 21-4468. Construit en 1974, rénové en 1989, ouvert toute l'année. 151 chambres doubles, 32 individuelles et 8 suites. Air conditionné, chauffage central, bar, restaurant, piscine, service dans les chambres, téléphone automatique, salles de conférences, parking souterrain, télévision couleur avec câble.

● **Catégorie B**

Anastasia
7, place Victorias, 104 34 Athènes, tél. 883 45 11-5. 55 chambres doubles et 6 individuelles. Air conditionné, chauffage central, bar et restaurant.

Athens Center Hotel
26, rue Sofokleous et Klisthenous, 105 52 Athènes, tél. 524 85 11, télex 22-1761. 123 chambres doubles et 13 individuelles. Air conditionné, télévision et minibar sur demande, restaurant, piano bar, piscine, salles de conférence, garage privé.

Athens Gate
10, avenue Syngrou, 117 42 Athènes, tél. 923 83 02/4, 923 87 81/2, télex 21-9660. 96 chambres doubles et 10 individuelles. Air conditionné, chauffage central, bar, restaurant, service dans les chambres, navettes, petit déjeuner américain. Près du temple de Zeus Olympien, très belle vue du restaurant en terrasse, chambres spacieuses.

Omiros Hotel
15, rue Apollonos, 105 57 Athènes, tél. 323 54 86-7. 23 chambres doubles et 14 singles. Air conditionné, chauffage central, bar, restaurant. Petit hôtel situé à la lisière de Plaka. De la terrasse, vue sur l'Acropole.

Plaka
7, rue Kapnikareas et Mitropoleos, 105 56 Athènes, tél. 322 20 96-8, télex 22-1020. 57 chambres doubles et 10 individuelles. Air conditionné, chauffage central, bar, restau-

rant, petit déjeuner buffet, salles de conférence, téléphone automatique, radio. Télévision et minibar sur demande.

● **Catégorie C**

Acropolis View
10, rue Gallis et Webster, 117 42 Athènes, tél. 921 73 03-5, télex 21-9936. Petit hôtel avec terrasse, chauffage central, air conditionné, bar et restaurant.

Aphrodite Hotel
21, rue Apollonos, 105 57 Athènes, tél. 323 43 57-9. Très bon hôtel pour sa catégorie, avec air conditionné, personnel très aimable, téléphones dans les chambres, vaste réception avec bar et excellent petit déjeuner buffet avec supplément. Les chambres des étages supérieurs donnant sur l'arrière ont une jolie vue sur les toits de tuiles et l'Acropole. Bien qu'il manque un peu de classe, c'est un bon hôtel central pour les hommes d'affaires à budget limité.

Attalos
29, rue Athinas, 105 54 Athènes, tél. 321 28 01-3, télex 21-8829. 75 chambres doubles et 5 individuelles. Chauffage central, bar, toutes chambres avec balcon, téléphone et vue sur l'Acropole.

Hermès
19, rue Apollonos, 105 57 Athènes, tél. 323 55 14-6. Voisin de l'hôtel Aphrodite, l'Hermès est plus intime et offre des services identiques. Bar à hauts tabourets dans le hall d'entrée. Hôtel fréquenté par les groupes, souvent complet.

Niki
27, rue Nikis, 105 57 Athènes, tél. 322 09 13-5, 322 08 86. Petit hôtel fonctionnel, sans place perdue, sur la rue qui va de Syndagma à Plaka. La cafétéria voisine est douillette.

HOTELS ET PENSIONS EN DEHORS D'ATHÈNES

Hôtels au Pirée
Le seul hôtel de luxe proche du Pirée est l'**Athens Chandris**, au *385, avenue Syngrou, 175 64 P. Phaleron, tél. 941 48 24-6, télex 21-8112.* Construit en 1977, ouvert toute l'année, 300 chambres doubles, 50 individuelles et 22 suites. 2 bars, 2 restaurants, piscine, navette gratuite pour la place Syndagma, télévision couleur avec câble et minibars.

Castella
75, rue Vass. Pavlou, 185 33 Le Pirée, tél. 411 47 35-7, télex 24-1891. 16 chambres doubles et 14 individuelles. Air conditionné, chauffage central, bar, restaurant, service dans les chambres, terrasse avec vue sur Microlimano. Catégorie B.

Cavo d'Oro
19, rue Vass. Pavlou, Kastella, 185 33 Le Pirée, tél. 411 37 44, 412 22 10, télex 21-2983. 62 chambres doubles et 12 individuelles. Air conditionné, chauffage central, bar, restaurant, service dans les chambres, coiffeur, discothèque. Catégorie B.

Leriotis
294, Akti Themistokleous, 185 39 Le Pirée, tél. 451 66 40, 452 12 96. Catégorie C.

Scorpios
156, Akti Themistokleous, 185 36 Le Pirée, tél. 451 21 72. Donne sur les « Longs Murs ». Catégorie C.

Hôtels à Delphes

Amalia
Tél. (0265) 82101-5, télex 21-5161. 149 chambres doubles et 36 individuelles. Catégorie A.

Xenia,
Tél. (0265) 82151-2, 82701, télex 229-607. Bureau à Athènes, 87-89, rue Solonos, tél. 363 10 38. 39 chambres doubles, 5 individuelles et 2 suites. Vue panoramique et ambiance amicale. Catégorie A.

Delphi Panorama
47, rue Ossios Louka, tél. (0265) 82437, 82061. 18 chambres doubles et 2 individuelles. Catégorie B.

Europa
Tél. (0265) 82353-4. 46 chambres doubles. Catégorie B.

Acropole Hotel
13, rue Filellinon, tél (0265) 82676/7. 30 chambres doubles et 5 individuelles. Catégorie C.

Hôtels à Égine
A Haghia Marina
Apollo
Sur la plage, tél. (0297) 32271-4, télex 21-6661. Bureau à Athènes 14, rue Xenofondos, tél. 323 42 92. Ouvert de mars à octobre. 97 chambres doubles et 10 individuelles. Catégorie A.

Argo
Sur la plage, tél. (0297) 32266, télex 21-4540. Ouvert de mars à octobre, 54 chambres doubles, 4 individuelles et 2 suites. Catégorie A.

Dans la ville d'Égine
Aegina Maris Hotel et Bungalows
Sur la plage à 8 km du port, tél. (0297) 25130-2. Ouvert d'avril à octobre. 320 lits. Catégorie B.

Hôtels à Hydra.
Hydroussa
Tél. (0298) 52217. Bureau à Athènes, *30, rue Sina, tél. 362 31 53.* Ouvert toute l'année, 36 chambres doubles. Catégorie B.
Mistral Hotel
Tél (0298) 52 509. Ouvert toute l'année, 14 chambres doubles. Catégorie B.
Pension Miramare beach
Plage de Mandraki, tél. (0298) 52 300/1. Catégorie A.

Hôtels à Poros
Latsi
Plage, tél. (0298) 22392. Ouvert toute l'année, 15 chambres doubles et 24 individuelles. Catégorie B.
New Aegli
Plage d'Askeli, tél. (0298) 22372. Télex 21-5618, ouvert d'avril à octobre. 60 chambres doubles et 12 individuelles. Balcons donnant sur la mer, plage privée. Catégorie B.
Poros
Plage de Neorion, tél. (0298) 22216/18. Bureau à Athènes, 330, rue Thisseos, tél. 943 02 01. Ouvert d'avril à octobre, 90 chambres doubles et 8 individuelles. Catégorie B.
Pensions
Villa Dimitra
Tél. (0298) 22697. Catégorie A.
Seven Brothers
Tél. (0298) 23412. Catégorie B.
Theano
Tél. (0298) 22567. sCatégorie B.

PENSIONS

● **Catégorie A**

Blue House, *19, rue Voukourestiou, 106 71 Athènes, tél. 362 03 41.*

● **Catégorie B**

Acropolis House
6, rue Kodrou, 105 58 Athènes, tél. 322 23 44, 324 41 43. Située à Plaka, cette pension installée dans un ancien hôtel particulier est fréquentée par les intellectuels et les écrivains. Atmosphère chaleureuse et agréable. Tous types de chambres mais souvent complet à cause des habitués.
Adonis
Voulis et 3 rue Kodrou, 105 58 Athènes, tél. 324 97 37, 324 97 38. Charmante pension située dans une rue piétonne. On prend le petit déjeuner sur la terrasse avec vue sur l'Acropole. Accueil chaleureux et efficace.

Athenian Inn
22, rue Haritos, 106 75 Athènes, tél. 723 80 97, 723 95 52. A deux pâtés de maison de l'élégante place Kolonaki, cette pension familiale se présente comme « votre maison à Athènes ». Très agréable cheminée, murs décorés des œuvres de peintres locaux et moquette dans les chambres.
Phoebus
12, rue Peta, Athènes, tél. 322 01 42. Pension tenue par une famille, tout près de Plaka. Chambres confortables mais décorées sans recherche. 23 chambres seulement. L'hôtel ayant ses habitués il vaut mieux réserver à l'avance.
Amazon
Metropoleos et 7, rue Pendelis, 105 57 Athènes, tél. 323 40 02-6.
George
46, rue Nikis, 105 58 Athènes, tél. 322 95 69.
Patissia
221, rue Patission, 112 53 Athènes, tél. 862 75 11.

● **Catégorie C**

Phaedre
18, rue Cherefontos, Athènes, tél. 323 84 61. On a du mal à croire que cette pension merveilleusement calme est située à deux pas de Plaka. Les chambres assez spacieuses donnent sur des palmiers et une ravissante église, mais le confort y est plutôt rudimentaire puisqu'aucune chambre n'a de salle de bains, seulement un lavabo.
Greca
48, avenue Syngrou, 117 42 Athènes, tél. 921 52 62.
Inn Student
16, rue Kydathineon, 105 58 Athènes, tél. 324 48 08.
Joseph House
13, rue Markou Moussourou, 117 42 Athènes, tél. 923 12 04.
Kouros
11, rue Kodrou, 105 58 Athènes, tél. 322 74 31.
Pella Inn
104, rue Ermou, 105 54 Athènes, tél. 325 05 98.

APPARTEMENTS MEUBLÉS

Cette formule est de plus en plus populaire, notamment auprès des familles avec des enfants en bas âge. Les appartements sont propres et confortables, même si le mobilier se réduit souvent à l'essentiel. Le prix d'un appartement de 1re catégorie est sensible-

ment le même qu'une chambre dans un hôtel de luxe. Deux agences sont spécialisées dans les appartements à Athènes :
Centre de logement
3, rue Philellinon, tél 322 00 00.
Travel-All
8, rue Ermou, tél 322 76 68.

On peut aussi s'adresser directement aux immeubles suivants :

● **Catégorie A**

Ariane
22, rue Tim. Vassou, 115 21 Athènes, tél. 646 63 61-2.
Delice
3, rue Vass. Alexandrou, 115 28 Athènes, tél. 723 83 11-3.
Embassy
15, rue Tim. Vassou, 115 21 Athènes, tél. 642 11 52-4.
Lion
7, rue Evzonon, 115 21 Athènes, tél. 724 87 22-4.
Perli
4, rue Arnis, 115 28 Athènes, tél. 724 87 94-8.

● **Catégorie B**

Ava
9, rue Lyssikratous, 105 58 Athènes, tél. 323 66 18.
Egnatia
64, rue Tritis Septemvriou, 104 33 Athènes, tél. 822 78 07.
Iokastis House
65, rue Aristotelous, 104 34 Athènes, tél. 822 66 47.

AUBERGES DE JEUNESSE

Pour loger dans les auberges de jeunesse, il faut posséder une carte de membre de la fédération, que l'on peut toujours acheter sur place pour environ 1 300 dr.

Association grecque des auberges de jeunesse
4, rue Dragatsaniou, 105 59 Athènes, tél. 323 41 07.

Adresses des **auberges** d'Athènes :
1, rue Agiou Meletinou et 57, rue Kipselis, Kipseli, tél. 822 58 60.
Avenue Alexandras et rue Drossi, tél. 646 36 69.
52, rue Peiniou, Stathmos Larissis, tél. 883 28 78.

Auberge Y.W.C.A. (Union chrétienne de jeunes filles), *11, rue Amerikis, tél. 362 61 80.*

CAMPINGS

Il existe en Grèce de nombreux terrains de camping aménagés, dont certains sont gérés par l'O.N.H.T. ou par le Touring Club de Grèce mais la plupart sont privés. Le camping sauvage est interdit en Grèce. Tarifs des campings de l'O.N.H.T. (les autres sont sensiblement identiques) :
460-580 dr par personne
240-330 dr par enfant de 4 à 10 ans
770-940 dr par camping-car
660-810 dr par tente
100-120 dr par voiture
Le terrain le plus proche d'Athènes géré par l'O.N.H.T. est à Voula, *3, rue Alkyonidon, tél. 895 16 46* et *895 32 49.* Il existe des campings gérés par des particuliers à Rafina, Kifissia, Daphni, Marathon, Sounion, Néa Makri et Varkiza. Renseignements auprès de la police touristique.

INDICATIONS BIBLIOGRAPHIQUES

HISTOIRE ANCIENNE

Aymard (A.) et Auboyer (J.), *l'Orient et la Grèce antique*, P.U.F., 1961.
Bon (A.), *la Morée franque*, E. de Broccard, 1969.
Chamoux (F.), *la Civilisation grecque à l'époque archaïque et classique*, Arthaud, 1963 ; *la Civilisation hellénistique*, Arthaud, 1981;
Flacellière (R.), *la Vie quotidienne en Grèce au temps de Périclès*, Hachette, 1971.
Finley (M.I.), *les Anciens Grecs*, Maspéro, 1980 ; *les Premiers Temps de la Grèce : l'âge du bronze et l'époque archaïque*, Maspéro, 1973.
Glotz (G.), *Histoire grecque*, P.U.F., 1950 ; *La Cité grecque*, Albin Michel, 1968.
Jaeger (W.), *Païdeïa*, Gallimard, TEL, 1988.
Mossé (C.), *la Tyrannie dans la Grèce antique*, P.U.F., 1969 ; *Histoire d'une démocratie, Athènes*, P.U.F., 1971.
Lévêque (P.), *la Naissance de la Grèce*, Gallimard, Découvertes Gallimard, 1990.
Robert (F.), *la Religion grecque*, P.U.F., Que sais-je ?, 1981.
Will (E.), Mossé (C.), Goukowsky (P.), *le Monde grec et l'Orient*, tome II, *le IVe siècle et l'époque hellénistique*, P.U.F., 1975.

HISTOIRE CONTEMPORAINE

Svarnos (N. G.), *Histoire de la Grèce moderne*, P.U.F., 1972.
Tsoukalas (B.), *la Grèce de l'Indépendance aux colonels*, Maspéro, 1970.

ARTS

Charbonneaux (J.), Martin (R.), Villard (F.), *a Grèce archaïque*, Gallimard, l'Univers des Formes, 1968 ; *la Grèce classique*, Gallimard, l'Univers des Formes, 1969 ; *la Grèce hellénistoque*, Gallimard, l'Univers des Formes, 1970.
Chailley (J.), *la Musique grecque antique*, Arthaud, 19697.
Demargne (P.), *Naissance de l'art grec*, Gallimard, 1974.
Étienne (R. et F.), *la Grèce antique, archéologie d'une découverte*, Gallimard, Découvertes Gallimard, 1990.
Martin (R.), *le Monde grec*, Fribourg, Offive du Livre, « Architecture universelle », 1966.
Ministère de la Culture, école nationale supérieure des Beaux-Arts, *Paris, Rome, Athènes, le Voyage en Grèce des architectes français aux XIXe et XXe siècles*, EBA, 1982.
Papaïoannov, *l'Art grec*, Mazenod, 1975.

LITTÉRATURE DE LA GRÈCE ANCIENNE

Battistini (Y.), *Trois présocratiques*, Gallimard, TEL, 1988.
Grimal (P.), *la Mythologie grecque*, P.U.F., 1953.
Hérodote, *l'Enquête*, Gallimard, Collection Folio,1964.
Homère, Gallimard, Bibliothèque de La Pléiade, 1955.
Les Historiens grecs, Gallimard, Bibliothèque de La Pléiade, 1964.
Polybe, Gallimard, Bibliothèque de La Pléiade, 1970.
Platon, Gallimard, Bibliothèque de La Pléiade, 1950.
Les Pré-Socratiques, Gallimard, Bibliothèque de La Pléiade, 1988.
Romilly (J. de), *Précis de littérature grecque*, P.U.F., 1980 ; *la Tragédie grecque*, P.U.F., 1982.
Romans grecs et latins, Gallimard, Bibliothèque de La Pléiade, 1958.
Les Tragiques grecs, Gallimard, Bibliothèque de La Pléiade, 1967, 1962.

LITTÉRATURE CONTEMPORAINE

Cavafy (C.), *Poèmes* (traduction de Marguerite Yourcenar), Gallimard, 1958.
Collectifs, *Voix grecques*, Gallimard, Collection du Monde entier, 1973.
Déon (M.), *le Balcon de Spetsai*, Gallimard, 1961 ; *le Rendez-vous de Patmos*, Plon, 1965.
Durrel (L.), *les Iles grecques*, Albin Michel, 1979.
Elytis (O.), *Axion Esti*, Gallimard, Collection du Monde entier, 1987 ; *Six plus un remords pour le ciel*, Fata Morgana, 1977 ; *Marie des brumes*, La Découverte, 1982.
Fakinos (A.), *les Rats de Hambourg*, 1976 ; *les Derniers Barbares* ; *Zone de surveillance*, 1972 ; *Récit des temps perdus*, 1985, Le Seuil.
Kazantzaki (N.), *Alexis Zorba*, 1963 ; *Le Christ recrucifié*, 1977 ; *la Liberté ou la mort*, 1987 ; *Lettre au Gréco*, 1961, Plon.
Lacarrière (J.), *l'Été grec*, Plon, 1976 ; *En cheminant avec Hérodote*, Seghers, 1981 ; *En suivant les dieux*, Lebaud, 1984 ; *Promenades dans la Grèce antique*, Hachette, 1978.
Miller (H.), *le Colosse de Maroussi*, Le Chêne, 1958.
Plaskovitis (S.), *le Barrage*, Gallimard, Collection du Monde entier, 1968.
Prevelakis (P.), *Chronique d'une cité*, 1960 ; *le Crétois*, 1962 ; *le Soleil de la mort*, 1966, (ouvrages traduits par Jacques Lacarrière) Gallimard, Collection du Monde entier.
Ritsos (Y.), *Erotica*, 1984 ; *le Chef-d'œuvre sans queue ni tête*, 1979 ; *Pierres Répétitions barreaux* (préface de Louis Aragon), 1971, Gallimard, Collection du Monde entier.
Séféris (G.), *Journal*, le Mercure de France, 1973.
Taktsis (C.), *la Petite Monnaie*, 1988 ; *le Troisième Anneau*, 1967, Gallimard, Collection du Monde entier.
Vassilikos (V.), *l'Eau de Kos*, 1980 ; *le Fusil-Harpon et autres nouvelles*, 1973 ; *le Journal de Z*, 1971 ; *Z*, 1967, Gallimard, Collection du Monde entier.
Venezis (I.), *Terre éolienne*, Gallimard, Collection du Monde entier, 1946.
Yourcenar (M.), *Mémoires d'Hadrien*, Gallimard, Collection Folio ; *la Couronne de Lyre*, Gallimard, 1979 ; *Pindare*, Grasset, 1932.

CRÉDITS PHOTOGRAPHIQUES

Ashmolean Museum : 51

Athens National Museum : 66

Musée Bénaki : 56, 57, 58, 60, 61, 72, 74, 75, 80, 81, 180.

British Museum : 135.

Brooke, Marcus : 37d.

Musée Byzantin : 54, 55, 197.

Couteau, Pierre : 14/15, 16/17, 25, 26, 27, 36, 70, 78, 85, 90, 95, 100, 102, 107, 110, 112, 118/119, 120/121, 126, 127, 134, 137, 138/139, 140, 144, 145, 148, 156/157, 163, 168, 178/179, 187, 189, 200/201, 214, 215, 218, 219, 222, 224, 230/231.

Decopoulos, John : 34, 37g, 38, 39, 42, 44, 48, 49, 68, 136, 223, 225.

Bibliothèque Gennadios : 59, 76.

Hionos, Markos G. : 18/19, 82/83, 96, 108, 111, 114, 116, 117, 147, 155, 171, 207, 208, 217, 228, 229.

Macrakis, Michele : 3, 28, 29, 47, 84, 84, 91, 92, 101, 103, 106, 109, 115, 169, 196, 198, 205, 206, 213, 232.

National Portrait Gallery : 77.

Princeton University Library : 32/33.

Stekovics, Janos : 20/21, 23, 24, 30/31, 35, 40/41, 43, 45, 50, 52, 53g, 53d, 64/65, 69, 71, 86, 87, 88, 89, 99, 104g, 104d, 105, 109, 113, 122/123, 131, 132, 133, 138/139, 141, 143, 152g, 152d, 153, 158, 159, 162, 165, 167, 173, 174, 177, 184, 185, 186, 190, 191, 194, 202, 216, 220, 221.

Topham Picture Library : 62, 63.

Wassman, Bill : 129, 151, 161, 175, 195, 227.

Wilson-Smith, Marcus : 9, 22, 93, 94, 97, 98, 146, 149, 154, 164, 166, 170, 181, 183, 192, 193, 199, 209, 210/211, 212, 226, 230/231.

Illustration de couverture : le Parthénon.
Photographie de **Schaff**. © Agence Jerrican.

INDEX

A

Académie, **172**
Acharnes, 215
Acropole, **127**
Aerides, **161**
Agora romaine, **162**
Ambelokipi, **197**
Anaphiotika, 141, **144**
Ano Plaka, 141
Aqueduc de Pisistrate, 153
Arachova, 224
Arc d'Hadrien, **187**
Archaïque (époque), **39**
Aristote, **49**
Athéna, **80**

B

Baie Mandraki, 229
Banque générale, 149
Banque nationale, 149
Bataille de Navarin, **76**
Bazar de Monastiraki, 165
Bâtiment Palamas, 173
Bibliothèque d'Hadrien, **163**
Bibliothèque des enfants, 154
Bibliothèque Gennadion, 183
Bibliothèque nationale, **173**
Bourse, **176**
British Council, 182

C

Cap Sounion, **225**
Centre culturel de la municipalité d'Athènes, 173
Centre d'Art populaire et traditionnel, 146
Centre d'Athènes, **191**
Centre de tradition hellénique, 160
Céramique, 168
Chapelle Haghia Photini, 187
Chapelle Haghios Yiorgos, 183
Cimetière Proto Nekrotafio, **189**
Cinquante ans (période des), **44**
Classique (âge), **43**
Clisthène, **43**
Collection Éleuthérios Vénizélos, 174
Colline d'Ardettos, 189
Colline de Kastella, 209
Colline de la Pnyx, **196**
Colline de Strephi, 185
Colline des Muses (Philopappos), 134, **195**
Colline des Nymphes, **196**
Cuisine, **101**

INDEX 265

D

Delphes, **223**
Démosthène, **49**

E

Empire byzantin, **54**
Enceinte d'Hadrien, 153
Epire d'Athènes, **44**
Exarchia, **184**
École athénienne des beaux-arts, 228
École polytechnique, 185
Écoles britannique et américaines d'archéologie, 183
Égine, **227**
Églises
- de la Dormition de la Vierge, 163
- de la Transfiguration, 144
- de Notre Dame d'Athènes, 134
- des Archanges, 162
- des Saints-Apôtres, 165
- du Prophète Élie, 203
- Haghia Dynamis, **159**
- Haghi Dimitri Lombardaris, 196
- Haghias Irinis, 177
- Haghii Kiriaki, 177
- Haghii Théodori, 174
- Haghion Assomaton, 168
- Haghios Nikolaos, 192
- Haghios Nikolaos tou Rengava, **144**
- Kapnikarea, **159**
- Panaghia Chrysospiliotissa, 177
- Saint-André, 161
- Saint-Denis-l'Aréopagite, 173
- Saint-Georges-des-Rochers, 145
- Saint-Georges-Karystos, 174
- Saint-Nicodème, 147
- Saint-Paul, 147
- Saint-Philippe, 167
- Saint-Siméon, 145
- Sainte-Catherine, 145
Éleusis, **217**
Érechthéion, 127, **133**

F

Festival d'Athènes, **109**
Fondation Dora-Stratou, 146
Fouilles de l'Agora, 167
Frise des Panathénées, **130**
Funiculaire, 183

G

Géométrique (époque), **38**
Golfe Saronique, **226**
Grotte de Paraskeva, **203**
Guerre du Péloponnèse, **44**

Guerres médiques, **43**

H

Hadrien, **52**
Hellenic Amarican Union, 184
Hellénistique (période), **51**
Homère, **39**
Hôpital ophtalmologique, 173
Hôtel de ville, 176
Hôtel Grande-Bretagne, **152**
Hydra, **228**

I

Ilion Melathron, 175
Ilot de Moni, 229
Institut français, 184
Institut Goethe, 184

J

Jardin national, **153**
Jeux olympiques, **50**

K

Kato Plaka, 141
Kea, **226**
Kifissia, **198**
Kolonaki, **181**

L

Lac de Vouliagméni, 220
Le Pirée, **203**
Linéaire B, **36**
Livadia, 223
Lord Byron, **73**
Lord Byron (statue), 154
Lord Elgin, **135**
Lycabette, **183**

M

Maison de Richard Church, **142**
Maison de Schliemann, 175
Marché aux fruits et aux légumes, 177
Marché aux puces, **166**
Marché aux puces (Le Pirée), 208
Marché central, **176**
Marché en plein air, **191**
Marina de Zea, **209**
Medrese, 163
Mets, **187**
Métropole, **160**
Microlimano, **209**
Ministère de l'Éducation nationale, 159
Minos, **36**

Monastère d'Hosios Loukas, 224
Monastère de Daphni, **216**
Monastère de Kaisariani, **213**
Monastère
de la Panaghia-Zoodochos-Pigis, 227
Monastère des Capucins, **145**
Mont Hymette, **213**
Mont Parnasse, 223
Mont Parnès, **214**
Mont Pentélique, **198**
Mosquée du marché, 164
Mosquée Fethiye, 163

Musées
- archéologique (Égine), 229
- archéologique (Le Pirée), 207
- Bénaki, **181**
- botanique, 154
- byzantin, **197**
- d'Histoire naturelle, 199
- de Delphes, 225
- de l'Acropole, 128
- de la Guerre, **197**
- de la Numismatique, 175
- de la ville d'Athènes, 174
- des Arts des Cyclades
et de la Grèce ancienne, 181
- du théâtre, 173
- Juif de Grèce, 147
- Kanellopoulos, **143**
- national d'archéologie, 128, **185**
- national historique, 175
- naval (Le Pirée), 208
Mycénienne (période), **36**

N

Navigation, **113**
Neo Faliro, 209

O

Odéon d'Hérode Atticus, **109**
Othon Ier, 60

P

Palais d'Ilion, 175
Palais de l'archevêque, 161
Palais des expositions, 154
Palais résidentiel, 154
Palais royal, **152**
Paléochora, 229
Pangrati, **187, 191**
Parc Aeros, 184
Parc de l'Alsos, 192
Parc de Pefkakia, 184
Parlement, 149
Parthénon, **128**

Petite Métropole, **160**
Périclès, **45**
Philippe II, **49**
Pinacothèque nationale, 192
Pisistrate, **42**
Place Agoras, 162
Place Ano Petralona, 195
Place Avissinas, **166**
Place de kato Kifissia, 199
Place des Pleurs-et-des-Lamentations, 174
Place Dexameni, 182
Place du 25-Mars, 174
Place Eleftherias, 168
Place Kaningos, 145, 176
Place Klafthmonos, 152, 174
Place Kolokotroni, 174
Place Kolonaki, 182
Place Monastiraki, **163**
Place Omonia, **171, 175**
Place Plastira, 192
Place Psiri, 168
Place Syndagma, **149, 159, 171**
Place Varnava, 191
Plages d'Athènes, **219**
Plaka, **141**
Politehnion, 185
Poros, 227
Porte Beulé, **136**
Portique d'Attale, 167
Propylées, 127
Psiri, **168**

R

Rembetika, **206**
Restaurants, **105**
Rivière Ilissos, 187
Rue Irodou Attikou, 154
Ruines romaines, 162
Salamine, **227**
Salle des amis de la musique, 198
Sérangeion, **203**
Socrate, **47**
Solon, **42**
Sombres (âges), **38**
Sparte, **46**
Spetsai, **227**
Spheria, 227
Stade de la paix et de l'amitié, 209
Stade olympique, 189
Statue de Truman, 192
Statue de Vénizélos, 197
Stoa (chantier de fouilles), 168
Synagogue (Plaka), 147

T

Temple d'Aphaia, 229
Temple d'Apollon (Delphes), **224**

Temple d'Athéna Niké, **131**
Temple de Poséidon (cap Sounion), 225
Temple de Poséidon (Poros), 228
Temple de Zeus Olympien, **187**
Théâtre Dora Stratou, 195
Théâtre du Lycabette, 183
Théâtre municipal (Le Pirée), 207
Théâtre national, 176
Théâtre Veakio, 209
Thèbes, **223**
Tholos, **225**

Tombe du Soldat inconnu, **149**
Tour d'Athènes, 198
Tour des Vents, **161**
Tribune des Caryatides, 133

U-Y-Z

Université, **172**
Yerladha, 141
Zappeion, **154**
Zeus, **79**